本书由上海市决策咨询研究课题《上海住房保障政策效益评价》资助（编号：2015-D-05)

中国住房市场政府干预效果区域异质性研究

施建刚　陈　超　著

同濟大學 出版社
TONGJI UNIVERSITY PRESS

内容提要

本书在对国内外相关研究综述及理论分析的基础上，以区域异质性为视角对我国住房市场政府干预效果进行了评价，并阐述了政府干预有效性及政策影响住房市场效果区域异质性的原因。首先就中国住房市场调控政策变迁与政府干预总体框架进行了阐述，随后对住房市场政府总体干预效果的区域异质性、货币政策干预住房市场效果的区域异质性、土地政策干预住房市场效果的区域异质性进行了实证分析，最后对住房市场微观行为及对不同区域干预有效性原因作了进一步的解释。

本书内容丰富、数据详实，研究方法先进、见解独到、结论明确，适合作为高年级本科生、研究生以及房地产相关专业教师的参考资料，也可供从事房地产行业的人士学习参考。

图书在版编目（CIP）数据

中国住房市场政府干预效果区域异质性研究 / 施建刚，陈超著 . -- 上海：同济大学出版社，2016.5

ISBN 978-7-5608-6241-5

Ⅰ . ①中… Ⅱ . ①施… ②陈… Ⅲ . ①住宅市场—行政干预—研究—中国 Ⅳ . ① F299.233.5

中国版本图书馆 CIP 数据核字（2016）第 047603 号

中国住房市场政府干预效果区域异质性研究

施建刚　陈　超　著

责任编辑　姚烨铭　　责任校对　徐春莲　　封面设计　潘向蓁

出版发行　同济大学出版社　www.tongjipress.com.cn

（地址：上海市四平路 1239 号邮编：200092 电话：021-65985622）

经　　销　全国各地新华书店

印　　刷　同济大学印刷厂

开　　本　787mm × 960mm　1/16

印　　张　17.5

字　　数　350 000

版　　次　2016 年 5 月第 1 版　　2016 年 5 月第 1 次印刷

书　　号　ISBN 978-7-5608-6241-5

定　　价　58.00 元

前 言

构建住房市场宏观调控长效机制是促进住房市场健康与可持续发展的重要保证，是更好地协调房地产业与国民经济关系、提升民众福祉的必然要求，而科学地评价住房市场政府干预效果是认清政策对住房市场的作用规律、构建长效机制的重要依据。由于我国住房市场宏观调控政策缺少动态一致性且调控目标、调控手段、调控对象具有多元化特征，因此其得到的干预效果评价往往带有阶段性、片面性、主观性。特别是不同区域住房市场的外部环境、发展水平、消费观念、金融结构以及市场反馈等方面都不尽相同，已经成为系统评价政策效果的最大障碍。可见，以区域异质性为视角厘清调控政策与住房市场之间的关系是客观评价住房市场政府干预效果的关键。

本书首先分析了我国住房市场宏观调控政策的变迁过程，将 1998 年以来住房市场调控政策变迁过程分为五个阶段，应用多源流框架深入探讨了我国住房市场调控政策变迁的根本动力，发现政策激励阶段、应对金融危机阶段与平稳住房价格重压阶段政策变迁的根本动力在于“问题之窗”的打开；而住房调控转向阶段与政策盘整阶段政策变迁的根本动力在于“政治之窗”的打开。同时对不同阶段调控政策变迁的规律性特征进行了对比研究，得出我国住房市场调控政策变迁存在“外部压力”和“内部压力”两种模式，同时指出任何一种模式都存在隐患，从而影响了住房市场政府干预的有效性。在此基础上进一步指出了我国住房市场宏观调控体系存在的主要矛盾，并总结了我国住房市场政府干预总体框架。

其次，应用面板聚类分析方法将我国 34 个大中城市住房市场划分为四种类别，分别对不同类别城市住房市场进行统计特征分析。紧接着在对住房价格形成机制分析的基础上，构建评价我国住房市场政府总体干预效果区域异质性的虚拟变量面板固定效应模型，采用面板数据广义最小二乘法进行回归分析。结果表明，第一次以调整住房结构为主的政策干预事件对所有类别城市住房价格波动均未能产生短期效应和渐进效应；第二次以信贷政策为主的政策干预事件对 C1 类城市作用效果不显著，对 C2、C3 和 C4 类城市“发布效应”明显；以应对金融危机为目的的第三次综合干预政策事件对所有类别城市影响效果均显著，不过，在约一年的考察期内，对不同类别城市影响路径存在差异；第四次综合干预政策事件从近一年考察期来看，对所有类别城市住房价格波动干预的短期效应和长期效应均不显著。

再者，本书又考察了独立的调控政策与住房价格之间的关系。在深入研究货币政策和土地政策作用于住房市场的传递机制，充分考虑住房价格波动的货币政策规则和土地政策对住房价格影响机理的基础上，分别应用面板向量自回归和面板误差修正模型等研究方法对政策干预住房市场效果区域异质性进行了实证分析。结果表明，货币供应量对不同类别城市住房价格波动影响程度存在明显的区域异质性，不过，C2 和 C3 类城市的脉冲响应函数比较相似；C1 类城市住房价格波动对信贷总额的脉冲响应明显有别于其他类别城市；C1 和 C2 类城市住房价格波动对利率的脉冲响应与 C3 与 C4 类城市相比，在反应程度与滞后时期上均不相同。从土地政策干预情况看，在短期内，只有 C1 类城市地方政府住房用地推出计划比较明显地考虑了当期住房市场的交易状况，并且通过住房供应量变量能够较好地传递到住房价格，即地方政府住房用地供给行为对抑制住房价格波动显著，而 C2 和 C3 类城市土地政策的干预效果不显著，C4 类城市由于相关数据缺失严重而未能纳入研究范围。

最后，本书除了在实证部分对住房市场政府干预效果区域异质性的原因做了分析外，还应用博弈论方法对住房市场参与者的微观行为进行了研究，认为参与主体的政策预期能够主导自身的行为选择，政策缺乏动态一致性将导致非理性行为，会影响到住房市场宏观调控效果。随后通过市场调研得出住房市场参与主体预期存在区域异质性的结论，从而进一步解释了住房市场政府干预效果区域异质性的原因。

目 录

第1章 绪 论

1.1 研究背景与研究意义

住房是一种特殊的产品。既具有商品属性和社会保障属性，又兼具消费功能与投资功能；土地是住房唯一载体，土地及地上建筑物满足抵押物权要件，住房体现出明显的权益分散特征。目前，中国住房市场同时呈现了垄断性、信息不对称性、外部性和投机性等多种特殊性质，市场机制在解决住房资源配置过程中很难实现帕累托最优。住房自然成为组织机构与各界人士关注的热点。

1.1.1 研究背景

改革开放三十五年以来，中国经济建设成就举世瞩目，转变经济增长模式与促进经济社会和谐发展已经成为当前国家战略的主旋律。房地产业与国民经济、社会民生息息相关，房地产市场的健康与可持续发展直接关系到经济金融系统性风险与国家产业战略调整。为了应对亚洲金融危机所造成的混乱局面以及进一步改善居民居住条件，1998年，全国统一推行城镇住房制度改革，由过去的住房实物分配向住房福利分配货币化过渡，进一步放开住房市场。然而，随着全球经济一体化进程的不断加快，在日益复杂的经济与社会环境下，外部不确定性所蕴藏的威胁令人担忧，住房价格涨幅过快与供需结构失衡等住房市场暴露出的问题层出不穷。因此，中国政府采取了多种措施对住房市场进行干预，旨在弥补住房市场失灵与规范住房市场秩序。

在世界各国，特别是西方发达国家，政策评价受到学术界和政府管理部门的普遍重视，实践范围越来越广（Ambron S R，et al.，1980）。确定政策的实际作用或结果常常是一种非常复杂且困难的任务，政策与市场之间具有时差性、滞后性，政策评价技术在很大程度上没能突破理性分析的固有局限性（Howlett，2006）。

印象主义判断往往缺乏论据并受到意识形态、政党的自我利益和其他价值标准的影响（Anderson，1990），长期以来，不论是学术界，还是实战派，对我国住房市场调控效果的评价莫衷一是，评价方法的科学性也存在争议，因此，客观、系统地评价中国住房市场政府干预效果越来越受到重视。在衡量住房市场调控政策效果时，不仅需要确定市场真实条件的变化，还需要确定它是由政策行动而非其他因素引起的；住房市场调控政策可能不会彻底解决所面临的问题而只是部分缓解或改善，但其影响程度却与没有政策时不同。在进行政策评价过程中所面对的种种问题和难点都需要理论界有针对性的重点研究。

住房市场是典型的地域性市场（龙奋杰，2008），以全国层面或单个区域子市场为切入点开展研究忽略了政策与市场之间相互作用的区域规律性，不可避免地出现研究成果与局部或全国总体实际相背离的情况，难以对住房市场宏观调控效果评价得出科学的结论。从宏观层面看，区域因素对住房市场发展水平与发展轨迹起到重要的作用，而全国性住房政策因素与区域因素对住房供需的影响力度不可能完全保持一致性。同时，区域因素还可能成为全国性住房市场调控政策的传递媒介并与其组成住房市场外部的复杂环境网络①。这意味着政策因素对不同区域住房市场的作用途径与影响程度不具备同质的空间条件，导致政策因素与不同区域住房市场之间的数量关系很难测度，隐藏在背后的政府干预住房市场有效性原因亦很难分析。目前对住房市场区域差别化的相关文献仍旧以定性分析与统计分析为主，且一般只选择个别城市做比较研究，对长期以来影响住房市场的不同干预政策工具组合与主要调控政策的区域差别化研究更是少有涉及。综上所述，本书将以具有代表性并普遍受到重点关注的大中城市为研究样本，从政策工具组合与独立的政策工具、宏观层面与微观层面等角度系统分析中国政府干预住房市场效果的区域异质性②。

① 环境网络一词来源于通信技术领域，用来说明未来的无线通信系统中将使用各种不同的无线通信技术，环境网络提出的目标就在于能够更好地支持异构网络之间的即时接入和使用。本书是用来形容不同区域住房市场与政策对接中产生的差异化的外部环境。

② 异质性一词来自于生物学领域，为了便于讨论相关文献的研究内容在后文中会用到差异化等字眼，本书没有刻意研究相近词语的区别，视为等同。

1.1.2 研究意义

房地产市场是我国国民经济发展最为纠结的一个领域（曹荣庆，2011），讨论中国住房市场宏观调控的效果及其原因，对理解和探求住房调控政策具有重要价值（谢志岿、曹景钧，2012）。基于上述研究背景，将计量经济学中的相关模型和非合作博弈方法应用于政策评价中，对中国住房市场政府总体干预效果、货币和土地政策干预效果的区域异质性以及背后的原因进行初步研究，有利于更加清晰地认识政策对住房市场作用的一般规律，能够对宏观调控政策执行情况进行有效的反馈，对优化政策工具组合、有效地开展房地产相关活动以及探讨住房市场调控长效机制具有一定的理论指导意义和实际应用价值。

理论指导意义：研究中国住房市场政府干预效果的区域异质性也可以理解为从区域异质性角度对住房市场政府干预效果做出评价。本书紧密结合政策评价这一重要领域，围绕区域异质性展开研究，工作具有学术前沿性；分析了多种政策工具对住房市场干预的作用机理，构建了多种实证研究模型定量评价住房市场政府干预效果的区域异质性，丰富了住房市场政府干预理论体系；探寻并初步解释了造成住房市场政府干预效果区域异质性的原因，拓展了住房市场宏观调控政策的研究内容和深度，有利于进一步认识调控政策对住房市场的作用规律。

实际应用价值：本书的研究成果首先对中央政府更有针对性的制定住房市场调控政策具有借鉴意义，包括对政策形成过程的认识、政策工具的使用和调控对象的选择等。区域差别化的政策制定策略将会促进不同区域的公平发展，同时也增强了政策的调控效力。对于房地产业从业者来说，通过本书的研究结论能够获取更丰富、真实的住房市场宏观调控政策信息，更加清晰地认识我国住房市场宏观调控政策的变迁过程以及不同政策在不同区域产生的异质性影响，从而有效规避政策风险并设计区域投资组合，提高有限资源的利用效率。

1.2 研究的主要内容

以区域异质性为视角对我国住房市场宏观调控政策效果进行评价，首先应该对调控政策过程本身要有清楚的认知，这是基本前提。鉴于住房市场政府干预手段的多样性，只有对不同的政策工具或政策工具组合分别进行评价，并尽可能地覆盖调控政策过程且还要充分考虑定量分析的可行性，才能满足对住房市场调控政策效果区域异性分析的系统性与客观性。此外，若要系统地解释住房市场政府干预有效性与区域异质性的原因，那么，有必要在政策形成、政策执行与政策传递、政策调控对象反应这一整个链条上进行全面的分析，才能够对住房市场政府干预有效性与区域异质性原因的解释更有说服力。因此，本书研究的主要内容如下所述。

1.2.1 中国住房市场宏观调控政策变迁根本动力与政府干预总体框架

通过回顾 1998 年以来我国住房市场调控政策的变迁过程，初步掌握我国住房市场宏观调控的时机、政策方向、调控目标、调控主体、调控对象、调控手段和调控力度，着重把握关键节点上的市场反应较大的调控政策，对调控政策变迁过程进行初步的划分，厘清我国住房市场政府干预的基本脉络。在为实证分析中政策变量的设定做准备的同时，深入挖掘住房市场调控政策形成过程的一般规律，分析调控政策变迁的根本动力，从而有助于探讨在整个宏观调控体系中政策源头环节存在的问题，为解释住房市场政府干预有效性提供初步的依据。在此基础上对我国住房市场政府干预的总体框架结构进行了高度概括，以便于对我国住房市场宏观调控体系有更准确、精炼的把握。

1.2.2 中国住房市场政府总体以及主要政策干预效果区域异质性实证

在对我国住房市场进行科学的区域划分基础上，分别对住房市场政府总体干预和独立政策干预效果区域异质性进行研究。本书更多的是关注住房价格波动问题，因此，在进行实证分析之前，首先考察了经典的住房价格形成机制及相关模型，在确定了住房价格供求形成机制前提下，对住房供给与需求的影响因素进行了分析，从总体上搜寻了影响住房价格的不同层级的定性与定量指标，为设定计量模型形式以及控制变量的选择奠定基础。选择具有代表性的不同政策变迁阶段的政府总体干预事件，探索能够描述其作用机理的量化方法，并能够合理地与前面关于控制变量选择和模型设定形式的分析结合起来，尽可能确保总体干预效果评价计量分析模型在建模过程中的误差降到最小。针对不同类别城市分别进行回归分析，并对住房市场政府干预效果区域异质性进行评价。

在总体干预效果区域异质性实证研究中关于政策事件的选择往往是一次性的且离散的，并不能代表所有政策，因此，本书还选择了货币政策和土地政策对住房市场干预效果的区域异质性来分别进行研究。深入分析货币政策与土地政策对住房市场的作用机理，探讨二者与住房市场之间的关系，为计量模型的选择和政策替代变量的选择做充分的准备。选择合适的计量研究方法，将货币政策与土地政策对住房市场的影响作为单独的系统进行分析，尽可能避开其他外部因素对模型的干扰，又能有效地测度政策与住房市场之间的关系，并在实证研究的基础上对政策干预效果区域异质性的原因做初步的分析。

1.2.3 中国住房市场政府干预有效性原因及区域异质性的解释

本书对有效性及区域异质性原因的分析其实是分散在各个核心章节的，譬如在 1.2.1 小节内阐述的从政策形成角度解释住房市场政府干预有效性的原因，在 1.2.2 小节内阐述的关于政策评价的实证分析中也会初步探讨隐藏在政策干预有效性和区域异质性背后的一些因素，不过，本书还从住房市场微观行为角度对该问题进行了研究。首先要明确住房市场的参与主体，充分论证住房市场参与者之间的利益关系，将政策因素作为模型中的不确定信息，通过构建博弈模型分析市场参与者为实现利益最大化而如何进行策略选择以及政策因素如何影响博弈各方的策略选择。通过市场调研判断不同区域住房市场参与者的微观行为或者说对政策不确定性的预期是否存在差异，并在此基础上进一步解释了住房市场政府干预有效性与区域异质性的原因。

综上所述，本书主要从政策形成过程、政策执行与传递过程以及住房市场本身和影响住房市场的其他外部因素等方面来全面评价我国住房市场政府干预效果区域异质性，并初步解释了造成区域异质性以及干预有效性的原因。

1.3 研究目标与拟解决的关键科学问题

1.3.1 研究目标

本书以区域异质性为视角研究中国住房市场政府干预效果，目标不仅仅是对住房市场宏观调控效果做出客观的评价，还希望通过本书的研究能够初步了解造成政策影响住房市场区域异质性的原因，能够为中央政府判断是否应该制定区域差别化政策提供初步的论证依据，为了实现这一研究目标，将有一系列的科学问题有待解决。

1.3.2 拟解决的关键科学问题

政策科学领域普遍认为政策效果评价是一项复杂且艰巨的任务，对于住房市场宏观调控政策而言，由于我国幅员辽阔，不同区域住房子市场之间千差万别，已经成为了科学评价住房市场宏观调控效果的最大障碍。

本书旨在解决“如何以区域异质性为切入点系统地评价中国住房市场政府干预效果”这一科学问题，并将该问题细分为以下三个紧密联系又层层递进的子问题。

子问题 1：如何对住房市场进行区域分类？

住房市场区域分类的误差大小直接决定了对区域异质性分析的科学性以及可行性。首先要解决的就是如何选择研究样本，选择城市作为样本个体还是选择省份或者其他，样本选择将对探寻区域规律性这一问题产生重要影响。其次，是采用传统的东中西分类方法还是一、二、三线城市分类法，或者重新进行分类。再次，如果重新进行分类，那么如何选择能够反映住房市场状况的指标及相关数据，选择单一指标还是构建指标体系，选择某一年的样本数据还是选择多年的样本数据，除了绝对值指标外，还要不要考虑发展速度指标以及变异程度指标等，这是进行住房市场区域划分的关键。最后，选择哪种方法对研究样本进行分类，如何确定分类数，这将会影响到最终分类的合理性。

子问题 2：如何对中国住房市场政府总体干预进行定量描述以及如何将独立调控政策分离出来？

我国住房市场调控政策出台非常频繁，因此，首先面临的问题就是如何在频繁的调控政策中选择具有代表性的事件纳入到总体干预分析中来，并且在一定程度上还能够与后面的独立政策共同覆盖不同的政策变迁阶段以体现对政策评价的完整性。其次，对于提炼出来的总体干预事件以什么样的形式纳入到计量模型中去，是选择替代变量还是采用虚拟变量，其对住房价格的作用机理又该如何分析。政府干预只是影响住房市场运行的诸多因素之一，且在多数情况下宏观经济基本面是影响住房市场最重要的因素，因此，评价特定时期政府干预政策的效果时，必须同时准确分离其他因素的影响（王松涛，2009），那么，在该模型中，对控制变量的选择又是如何考虑的。再次，独立政策评价与总体干预分析是不可分割的整体，它们既有一定关联性，又相互补充，那么，采用哪种手段能够将独立政策工具对住房市场的影响从其他因素中分离开，既有区别于总体干预分析模型，又能够减小研究独立政策与住房市场之间关系的误差。

子问题3：从哪些角度以及应用哪些方法能够初步解释中国住房市场政府干预有效性以及区域异质性的原因?

影响住房市场政府干预有效性及区域异质性的背后原因同样是一个复杂系统，这就要求在对原因解释的过程中既能做到有的放矢，又能具有一定的完整性，那么，该从哪些角度采用哪些方法对该问题进行研究。从住房市场宏观调控整个链条上看，从政策制定到政策执行，再通过某种传递机制作用到住房市场，以及市场参与者对政策的反应，每一个方面、每一个环节都有可能存在干扰政策有效性的因素。如果要系统地展开研究，那么，首先如何来考察政策制定过程是否存在问题；政策执行过程中可不可能存在违规现象，对政策执行者的违规行为又该如何通过模型进行分析；在对原因的解释中应该如何在政策传递过程环节进行探讨，能否从实证模型中反映出来；在分析过程中，采用哪种技巧将政策因素与住房市场微观行为联系起来，从微观行为角度进行分析又该通过哪些研究方法来解释住房市场政府干预效果的区域异质性等。

总之，在对中国住房市场政府干预效果区域异质性的研究过程中，每一个子问题、每一个环节以及每一个方法都需要反复的推敲，既要有可行性，又要有适用性，即便不能精确地解决全部问题，也要把误差降到最小，尽可能满足研究目标的基本要求。

1.4 研究方法与技术路线

1.4.1 研究方法

对住房市场调控政策变迁与调控体系的研究以文献分析和定性分析为主，并对不同阶段政策变迁规律性特征进行了比较研究。

采用多元统计分析中的面板数据聚类研究方法对样本城市住房市场进行了区域划分；通过构建带有虚拟变量的面板数据固定效应模型，采用广义最小二乘法对模型进行回归分析，对我国住房市场政府总体干预效果区域异质性进行评价；采用面板向量自回归模型对我国货币政策干预住房市场效果区域异质性进行实证研究；通过构建面板误差修正模型对我国土地供应政策干预住房市场效果区域异质性进行实证研究。

应用博弈论方法对住房市场微观行为进行研究，并在市场调研的基础上对我国住房市场政府干预效果区域异质性原因进行了解释。

1.4.2 技术路线

本书的技术路线如图 1-1 所示。

1.5 研究特色与创新之处

与以往的研究相比，本书在科学地评价住房市场政府干预效果方面做出了一定贡献，主要创新点在于：

（1）将多源流框架应用于解释中国住房市场宏观调控政策变迁过程，为分析住房市场宏观调控提供了新的视角，同时通过本案例的研究也发现当前的多源流框架忽略了对国际视角的考虑，问题源流与政治源流应延伸至更开放的空间，使

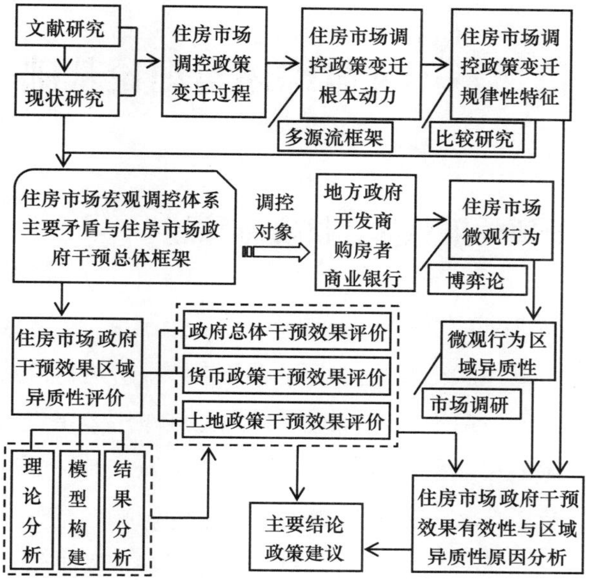

图 1-1　研究技术路线

多源流框架的扩展紧随国际化进程。

（2）通过以区域异质性为切入点对住房市场宏观调控政策进行机理分析和实证研究，进一步识别了当存在区域异质性时不同政策干预住房市场的适用性和局限性，从而丰富了住房市场政府干预理论体系。

（3）通过对住房市场微观行为进行系统分析，发现由于住房市场参与者之间相互博弈，导致政策调控从多个路径而非单一路径作用于市场行为主体，进而表明针对单个主体引导政策预期不会达到理想效果，需要以系统观为指导制定调控策略。

第 2 章　文献综述与理论基础

2.1　住房市场干预效果总体评价文献综述

关于住房市场调控政策[①]评价，主要集中于从全国层面或者某个单独政策工具进行判断，首先对中国住房市场政府干预效果总体评价进行综述，主要围绕以下几个方面展开：第一，对房地产调控政策组合工具作用效果进行综述；第二，货币政策对房地产市场的影响是国内外学者研究的重点，有必要厘清货币政策与房地产市场的关系；第三，将土地政策对住房市场的影响效果作为本部分文献综述的主要内容符合论文总体框架的需求；第四，为了保证文献综述的完整性，选择有一定代表性的其他独立政策工具调控效果评价的研究现状作为补充。

2.1.1　中国房地产政策总体调控效果综合评价

我国房地产宏观调控政策存在短期性、相机性、非均衡性等问题（张永岳、张传勇等，2010），因此，对于房地产政策效果评价都存在时期区间的边界，判断标准与评价结论莫衷一是。2003 年以来，国务院及各部委出台一系列房地产宏观调控政策，从房价稳定性、供求总量平衡性、供给结构合理性以及住房的社会公平和保障程度等方面看，住房市场宏观调控绩效不显著，特别是房价上涨势头并没有得到有效控制，政策实施效果与预期目标尚有一定的偏差（望晓东、张效军等，2008；丁烈云、袁本芳，2008；张永岳、张传勇等，2010）。而在此期间 2005 年 3 月以后的一年时间里，中央政府通过土地政策、税收政策、金融政策等措施抑制房地产过热的宏观调控已经取得明显成效，不过，如果继续实施过猛的宏观调控政策则将对房地产市场、金融稳定乃至整个宏观经济形势等造成不利的

① 很多学者将房地产市场作为研究对象，我国政策文件中也以房地产市场作为主体，因此在本书的表述中特别是引文部分会保留“房地产市场”字样，这与本书的研究内容并不冲突。后文将不再进行解释。

影响（谢百三、陈小明，2006）。张妍妍、朱方明则（2011）对 2010 年我国房地产政策进行了评价，认为 2010 年在国务院各部委密集的调控政策下，市场只是表现了短暂的观望态势和短期的交易量缩小，而房地产市场价格不仅没有出现大幅回落，反而继续向上攀升，房地产调控政策效果并不理想。总体来看，对 2010 年中央政府打出的房地产调控组合工具效果应褒贬共存，本轮楼市新政策对于“遏制房价过快上涨”起到了一定的效果，但却未能从根本上调节房地产市场的供给和需求行为（李猛，2011）。由于房地产市场存在需求刚性、土地供给限制、异质性等市场不完全特征，房价偏离基础价值成为一种常态（邱崇明、李辉文，2011）。

定性分析的依据主要来自于住房市场的反馈效果，由于对政策效果系统评价的复杂性和相关数据获取困难，国内鲜有对住房市场调控政策效果进行定量研究。张伟、李汉文（2006）基于 Poterba 住房市场模型，以住房价格和存量的动态变化作为分析工具对 2003 年以来国家实施的或将要实施的调控住房市场措施的效应进行探索性研究，认为提高购房税率、利率和开发商自有资本比例等政策效应无论从价格变化、存量变化还是变化速度上看都有所区别。王松涛（2011）应用干预分析模型就 2003 年以来住房市场政府干预的主要政策组合在部分重点城市的实施效果进行了定量评价，结果表明全国性政策工具对重点城市住房价格产生了显著的长短期干预效果，政府干预的有效性逐渐提升，并认为 2004 年土地交易制度改革可能是造成近年住房价格上升的主要政策因素之一。周晓蓉、李霞（2012）基于 1998—2008 年期间中国 31 个省市的面板数据，运用格兰杰因果关系检验和面板协整分析方法对中国政府实施的税收、信贷、土地供给政策与中国房价关系进行了实证研究，结果表明以上三种政策与房价变动不存在稳定的长期均衡关系，但在短期层面上税收政策是引致房价波动的格兰杰原因。从定性分析与定量研究两种途径的比较情况看，对住房市场宏观调控政策效果的判断有一定的区别，如何更科学地评价住房市场政府干预效果需要进一步探讨。

2.1.2　货币政策对房地产市场的影响

货币政策对房地产市场的作用是国内外学者的研究重点，原因在于货币政策作为宏观调控的主要市场手段之一与资本密集的房地产业关系紧密且复杂。

1. 货币政策对资产价格的反应分析

关于货币政策是否应该盯住资产价格，学界早已给予极大的关注，直到今日，也存在很大的争议。Bernanke & Gertler（2000，2001）认为货币政策不应该直接关注房价等资产价格，直接盯住资产价格泡沫的政策反应规则可能导致更大的经济波动，只有资产价格变动影响到了央行对通胀的预测时，货币政策才应对资产价格进行反应；一旦央行将资产价格纳入到通货膨胀预测过程中，货币政策就不应该再对资产价格波动做出反应，货币政策只要针对被影响了的预期通货膨胀做出反应即可，而无需对资产价格的波动做出额外反应。货币政策的首要目标是致力于实现长期的价格稳定，Schwartz（1995）认为价格稳定是实现金融稳定的充分条件，保持价格稳定的货币政策同样也可以实现金融稳定。但 Issing（2003）则认为尽管价格稳定并非实现金融稳定的充分条件，但二者之间的确存在着某种一致性，价格稳定能够促进金融稳定。Borio & White（2004）为此警告，若货币政策过于关注短期通胀水平，而对不断累积的金融失衡重视不足，将不明智地将经济的弹性推高至不可维持的水平。

另一种观点认为货币政策应当对资产价格的波动做出及时反应。因为资产价格泡沫扭曲了投资和消费行为，导致产出与通货膨胀极端的上升与下降。而解决问题的方法应当是货币政策不但应对预期的通货膨胀进行反应，而且应该对资产价格的变化直接做出反应，因为对资产价格做出反应能降低泡沫形成的可能性，并减少繁荣期与萧条期中的投资波动（Cecchetti，2000）。Bullard & Schaling（2002）为此建议将资产价格膨胀因素直接纳入泰勒规则。而 Smets（1997）的观点较有弹性，认为货币政策对资产价格可间接干预，但当资产泡沫导致金融不稳定概率大幅增加时，货币政策也可直接进行干预。Filardo（2000）和 Bordo & Jeanne（2002）则认为即使被预测的通货膨胀落在了相关观察期之外，中央银行也应该直接盯住资产价格失调。在一定情形下，当资产泡沫出现时，中央银行的货币政策应该紧缩，使资产价格泡沫在过度放大之前破灭，紧缩性货币政策有助于避免资产价格泡沫放大以及泡沫破灭可能导致的极端长期影响（Kent & Lowe，1997）。解决潜在资产价格失调的最好方法就是用货币政策去缓冲价格波动的影响（Schwartz，2002；

Borio et al，2006）。利用一个开放经济理性预期模型对两种不同货币政策规则（通货膨胀预期目标与标准泰勒规则）进行随机模拟，结果表明考虑资产价格异动的利率政策将降低整体宏观经济的波动性（Kontonikas & Ioannidis，2005）。最优货币政策不仅要根据通货膨胀与需求压力，而且应根据金融不平衡调整政策工具，可以通过向后看的结构宏观模型得出最优政策规则（Kontonikas & Montagnoli，2006）。

根据我国经济运行的实际情况分析，股价和房价对产出缺口有较为显著的作用，如果货币政策反应函数忽视资产价格将导致更大的损失，因此，在制定利率时，应考虑资产价格对实体经济的影响。同时，为了兼顾利率的平滑性，还应完善对资产市场的监管（唐齐鸣、熊洁敏，2009）。而孟彩云、王聪（2012）认为在房地产价格波动不影响物价稳定和经济增长的情况下，央行不应针对房地产价格进行调控。在我国货币政策工具的实际操作中，资产价格（股指与房价）已经成为央行货币政策利率反映函数的重要内生影响变量，房地产价格每上涨 1 个百分点，相应的货币政策提升利率 2.2 个百分点（赵进文、高辉，2009）。肖争艳、彭博（2011）构建含有房产的动态随机一般均衡模型，对我国货币政策规则是否关注住房价格进行了检验，认为央行在 2003—2010 年的实际操作中已将住房价格波动纳入修订泰勒规则中，将住房价格波动纳入货币政策规则对调控房价上涨有较好效果。而在开放经济条件下，从包含多个非有效资产市场的动态宏观经济模型理论推演得到我国利率调控主要针对产出与通货膨胀，对资产价格及汇率变化的反应系数相对较小或不显著，说明中央银行没有对资产价格等因素给予更多的关注，中央银行货币政策反应函数即最优利率规则，利率调控不仅需要对产出与通货膨胀的动向做出反应，还要对资产价格及汇率变动有相应的调整（李成、王彬等，2010）。

从货币政策对房地产价格波动的反应时机上看，货币政策对房地产价格波动事前直接干预的时机难以把握，温和渐进的货币政策抑制资产泡沫的有效性也不确定（Kohn，2009）。将事前直接干预政策视为应对未来资产泡沫破灭引发信用紧缩的保险，这种保险的成本是紧缩政策可能导致的低产出和低通货膨胀，最优货币政策则取决于保险措施的相对成本与收益（Bordo & Jeanne，2002）。而货币政策对房地产泡沫事后反应同样存在弊端，因为中央银行不会比市场拥有更多的信息优势，因此，任何可由中央银行识别的泡沫都不可能继续膨胀，并且利率影响资产泡沫的路径高度不确定（Mishkin，2007）。

不管货币政策是否将房地产价格作为反应函数的内生变量，房地产市场都已经成为货币政策传导的重要载体之一（Aoki，2004；Giuliodorin，2005；丁晨、屠梅曾，2007；王松涛、刘洪玉，2009；武康平、胡谍，2010），货币政策干预房地产市场的传递机制理论通常依托整个货币政策传递框架分析，货币政策传导过程的两个内外阶段如图 2-1 所示（丁晨、屠梅曾，2007）。在我国以房地产市场为载体的货币政策传导并不一定顺畅，戴国强、张建华（2009）利用 SVAR 模型对我国房地产价格的货币政策传导机制进行了探讨，认为货币政策对房地产价格

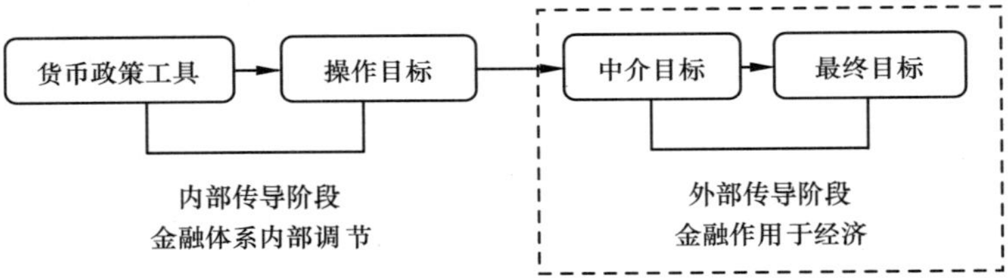

图 2-1　货币政策传导过程的两个内外阶段

的传导比较顺畅，但房地产价格对投资和消费的传导却存在阻塞。

2. 货币政策对房地产价格的总体作用效果

关于货币政策对房地产价格的影响效果在不同的国家可能作用程度不同。英国国内利率上浮 1 个百分点，房价约下降 0.75%，房价的冲击提高了消费、利率和物价水平（Elbourne，2008）。而美国住房市场如房屋开工率和住房投资等指标对货币政策的冲击反应比较消极（Vargas-Silva，2008）。将美国、日本、中国三个国家的典型房价泡沫积聚时期的数据进行实证比较分析，可以看出三个国家中货币量与房价之间都存在长期均衡关系，巨额货币存量推动房价上涨的力量比较强大而且明显（李健、邓瑛，2011），本章将重点关注对我国的研究情况。

关于货币政策对住房市场的传递机制将在第五章详细讨论，国内学者主要关注了信贷规模、货币供应量与利率三方面因素对房地产价格的影响。首先，房价已成为我国货币政策信贷传导渠道中的一个重要环节（王晓芳、毛彦军等，

2011）。银行信贷过渡个人股市和房市是资产价格大幅上涨和下跌的主要动因（王晓明，2010），银行信贷扩张与房地产价格上涨具有明显的相互推动和加强的作用，房地产开发商和个人贷房贷款对房价都具有显著的正向影响，同时，对来自房价冲击的响应也是正向的（秦岭、姚一旻，2012），金融对房地产业低利率成本的信贷是推动房价上涨的主要因素之一（魏巍贤、原鹏飞，2009）。不过，李勇刚、高波（2012）认为，虽然银行信贷对房地产价格产生显著的正向影响，但个人住房贷款和房地产开发贷款对房价的正向影响效应存在差异，前者的作用小于后者。李凯（2012）鉴于房地产的投资属性，引入了投资组合理论和效用函数，计算在给定预期收益和波动情况下，房地产在投资组合中的比重，揭示市场上投机需求旺盛的原因。通过分析发现，无论是信贷还是税收政策，都不能起到很好的调控作用，只有使风险厌恶水平变化，才是真正有效的调整。高波、王先柱（2009）在货币渠道分析的基础上，重点考察信贷渠道在房地产市场的传导机制，认为货币供给量的增加和房地产贷款的增长推动了房地产价格的上涨。韩冬梅、屠梅曾（2007）等探讨了货币政策对房地产价格泡沫的有效性，认为信贷手段可以直接地影响房地产市场中的需求与供给，对房地产市场的调控应该以信贷政策为主，当房地产市场出现过热势头尤其是泡沫极度膨胀时，应辅之以货币供应量的控制。周京奎（2005）利用住宅价格模型对中国四个直辖市的货币政策、信贷规模和房价关系进行了实证研究，认为四个城市的住宅价格受信贷和人们预期的作用均偏离长期均衡值，市场出现了非理性繁荣，应该降低房地产业的金融支持力度，实行有限度的偏紧的货币政策。

其次，货币供给是影响房价高低的重要因素（周建军，鞠方，2008）。赵昕东（2010）利用 1999 年 1 季度至 2009 年 2 季度的相关数据，应用 SVAR 模型研究了房地产价格、货币政策与宏观经济之间的关系，认为货币供应量对房地产价格具有正向作用。与此同时，利率的调整对房地产指数有相对较强的正向反应，房地产价格对利率的反应也是正向的（梁爽，2010）。住房按揭贷款利率的提高可以有效抑制房地产价格的上涨（张涛、龚六堂等，2006）。而周晖、王擎（2009）认为中央银行对房地产市场进行了三次调控均没有实现良好的目标，尤其是 2007 年，中央银行实施了十次上调存款准备金率和六次上调存贷款利率的超紧缩货币政策，但是房地产价格增长速度在一年内仍提高了近 6 个百分点，而经济增长速度却从 2008 年开始下降。高波、王先柱（2009）分析了货币政策对不同行业的影响，认为利率和货币供给量对房地产行业和非耐用消费品部门的冲击在模式、时滞和力度上具有显著的差异。在某些时期内货币供给量的增加刺激了房地产投资和商品销售额的增长，导致房地产价格上涨；提高利率对抑制商业银行在房地产市场的贷款供给效果不明显，房地产贷款的增长推动了房地产价格上涨。而王来福、郭峰（2007）的研究结果表明货币供应量的增加会导致房地产价格上涨，利率变化对房地产价格有负向影响，但长期动态影响逐渐减弱。

最后，同时考虑三方面因素对房地产价格的比较分析。陈涛、潘慧峰（2012）利用 1998—2009 年的季度数据，检验了广义货币供给量 M2 增长率、不动产贷款余额增长率、长期贷款利率这三种货币政策变量对房地产价格增长率变动的影响。实证结果表明，M2 增长率、不动产贷款余额增长率对房地产价格增长率的季度变化具有显著的正向影响，长期利率对房地产价格增长率的季度变化具有负向影响，其中，M2 增长率的影响力度最大。魏玮（2008）测度了各种货币政策工具对我国房地产市场供求的相对强度，结果表明利率政策的冲击效力明显且持久，紧缩的信贷政策仅能在短期内抑制房地产市场需求，长期效果欠佳，而货币供给量冲击对房地产市场的影响并不显著。黄飞雪、王云（2010）还考虑了汇率因素，认为当今房地产市场中，利率机制对房价影响较小，在汇率机制传导过程中，中央银行为了稳定币值和升值预期引起的国际资本流入导致货币供应量被动增加，从而直接导致了房地产价格上涨。

总之，即使房地产市场和货币政策之间存在长期均衡关系（欧阳珑，2009），单凭货币政策难以解决我国现阶段房地产价格过高的问题（马君潞、武岳，2008），货币政策并不是唯一的或决定的因素，坚持货币政策与其他政策的协调，坚持短期措施与长远机制的协调才能使调控发挥效应（汪利娜，2008）。

2.1.3 土地政策对房地产市场的影响

明确土地政策作为国家宏观调控的重要手段之一是我国土地制度的必然产物，而土地政策对房地产市场的影响褒贬不一。唐健、徐小峰（2011）通过数据统计和归纳分析等研究方法得出我国土地政策条款重复度高、调控效果不佳的结论。卢为民、于晓峰（2010）通过与财政政策、货币政策的比较，分析了土地政策在房地产市场调控中的优势和劣势，并结合我国近几年的调控实践进行了实证分析，认为土地政策在房地产市场调控特别是房价的调控上作用明显。更多的学者从土地政策具体措施的评价着手，尝试着引入模型和定量分析方法。土地政策特别是引入竞争机制的土地出让方式推动了房价上涨（杨继波，2007），土地交易制度改革直接推动了土地价格的大幅上涨，“地王”频现（王松涛，2011）。土地价格对住宅价格的边际效应远大于信贷对房价的边际效应，因此即使控制信贷规模，但由于政府管制土地供应，房价仍会上涨（平新乔、陈敏彦，2004）。因此，应该大幅增加城市住宅建设用地增加住房供应以促使房产价格合理回落，以解决大城市商品房供不应求，房价越来越高的问题（兰宜生，2010）。不仅如此，住宅供地面积的增加会显著的降低地方公共品供给对房价的资本化速度。为了抑制这些大中型城市的住宅价格过快上涨，一方面需要尽快实现全国基本公共服务提供的均等化，另一方面，还要大量扩大大中型城市的住宅供地规模（邵挺、袁志刚，2010）。不过，吴焕军（2011）认为土地政策只对房地产供应方面的作用较为显著，且存在滞后性，而对房价的作用较小，因此，土地政策整体上在房地产调控中的作用有限，需要与其他政策综合起来进行运用。通过市场、行政、法律的手段，增加土地有效供应，完善土地供应结构，厘清需求，挤出投机，可以有效缓解住房供需矛盾，使房价逐渐回归理性，实现“软着陆”（张庆佳、林依标，2008）。

为了更加科学地判断土地政策对房地产市场的影响效果，实证研究方法开始越来越多地被应用到土地政策评价中来。黄忠华、虞晓芬（2009）等以上海市为例，采用 Granger 因果关系检验和基于预期的房地产价格模型分析土地供应对住房价格的影响，研究结果表明，土地供应能通过预期作用对住房价格产生负向影响；土地供应对住房价格影响的弹性系数为 −0.01。为抑制住房价格过快上涨，政府增加土地供应的措施是可行的，稳定土地供应有助于稳定房价，土地囤积将减弱住房价格对土地供应变化的时效。郑娟尔（2009）的研究显示一年前的土地供应量对房屋供应量的影响是正的，对房价影响是负的，二者在统计上都是显著的，但土地供应量增加对降低房价的影响力非常小。两年前的土地供应量虽然影响房屋供应量，但却不影响房价。影响中国当前房价的因素非常复杂，增减土地供应量对调控房价有一定作用，但必须同时有其他工具的辅助，否则，其效果很可能不够显著。任超群、张娟锋（2011）等构建基于面板数据的误差修正模型，定量分析了土地供应量对新建商品房市场的影响。结果表明，两年前和当年的土地供应量对当年的新建商品住宅供应量有正向影响，限制土地供应导致住房供应量减少，房价上涨。任荣荣、刘洪玉（2007）以北京市为例，通过格兰杰因果关系模型和多元线性回归模型的构建和检验，发现政府的土地供应是影响住房价格变化的一个重要因素。当期和前期的土地供应均对住房价格的变化有着显著影响，这表明增加土地供应的确是缓解当前房价过快上涨的一个有效措施。在作用机制上，与土地供应通过影响住房供应进而影响房价变化相比，政府的土地供应更大程度上通过影响市场参与者对未来房价变化的预期而作用与现阶段房价的变化。宫玉泉（2005）认为土地供应总量对房地产市场有着两方面的影响，一是房地产产品的供应总量，二是生产和消费预期，但影响力的时效不同。对房地产产品的供应由于房地产开发周期的原因，要在 1~2 年之内才能显现出来，但对投资和消费的影响却是当期的。土地供应结构对房地产市场的影响来自两个方面，一是供应土地对应的产品结构；二是供应土地的区位分布。土地管理部门对房地产市场的管理主要是对开发商履行出让合同情况的监督、土地转让的管理和对闲置土地的处置，这些管理政策影响着房地产供应的节奏和速度。张娟锋、刘洪玉（2012）从宏观和微观两个层面考察土地管制政策对市场价格的影响，从中得出土地供给对住房供给长期内有显著影响，短期内没有影响。土地供给对住房价格在长期和短期内都有影响，如通过改变预期影响当年住房价格，通过控制住房供给影响滞后 1 年的住房价格等。

除此之外，国外学者的研究成果特别是在分析问题的角度与定量分析方法的使用方面对我们也有很大的启发作用。Malpezzi（1996）采用普通最小二乘回归方法分析了土地管制对房价的影响，发现土地使用类型的选择依赖于租赁与拥有的相对价格，土地管制影响租金和房价。Bramley & Leishman（2005）分析了土地管制和区域社会经济因素对房价的影响，发现区域社会经济因素对房价的影响远大于土地供应对房价的影响。Ihlanfeldt（2007）采用了一个对数线性模型，并将土地管制作为内生变量，发现土地利用管制对住房价格和空地价格都有显著影响。Hannah（1993）等研究了韩国政府的供地管制对房价的影响，认为韩国的城市人口在 1973—1988 年间增加了两倍多，但城市住宅用地却仅增长了 65%，因此，房价上涨很大程度上是由于政府对城市住宅用地的供给不足所导致的。Peng & Wheaton（1993）利用 1965—1990 年的时间序列数据建立总量住房模型，分析可开发土地供应量对住宅价格和住宅产出的影响，认为我国香港土地供应的管制导致住宅价格升高。Barlow（1993）比较了英国、法国和瑞典的土地利用规划、土地供给与住房供给之间的关系，结果表明，在住房市场和劳动力市场相似的情况下，不同管制政策和规划体系会带来不同的土地产出。White & Allmendinger（2003）的结论显示在美国土地开发更多的表现为开发商的行为，学者更多关注的是住房开工量对住房价格的影响，而土地供给对住房市场的影响则更多是基于分区和用途管制的一种间接影响。Raymond（1998）认为土地供给与住房价格之间不存在因果关系，住房价格不是对已有土地供给作出的反应，而是对土地供给政策预期的结果。Brueckner（1995）也指出，土地供给在短期内可能进入开发商的储备库而不形成有效的住房供给，因此，土地供给在短期内不会对住房价格产生影响。Son & Kim（1998）、Monk & Whitehead（1999）认为，土地管制限制了住房供给进而导致住房价格上涨，土地管制作为政府干预住房市场的政策是低效甚至是无效的。

2.1.4　关于效果总体评价的其他方面

国外研究政策评估包括仅限于对政策方案评价的狭义的政策评估和对政策全过程的评估（Schmidt，2007；Dollery，1996），但在纯粹的房地产领域，主要聚焦于公共住房政策评估，通过剖析住房政策实施过程中凸显的诸多问题，指出其可能对住房政策效果产生的负面影响。我国的保障性住房政策或许可以归为公共住房政策范围，关于保障性住房问题，国内学者的研究成果很多，多集中于保障性住房的供给结构、保障房分配和退出机制以及保障性住房融资等方面，也有少部分学者探讨了保障性住房供给对住房市场的影响，如杜静、杨聘（2012）运用系统动力学的方法研究住房保障、住房市场以及社会、经济等宏观环境之间的传导机理和因果关系，结果表明住房保障和住房市场之间存在着相互影响并协调发展的关系。

关于房地产宏观调控政策方面的研究更多的是跨领域的研究，譬如房地产税问题，Simon（1943）和 Netzer（1966）认为，在假定整个国家的资本回报固定并且资本自由流动的情况下，资本不承担任何税负，房地产税完全由当地消费者来承担，并以高房价的形式表现出来。Krantz 等（1982）研究发现，房地产税对房价有显著负影响，但大约有 60% 的房地产税被资本化为房价。Gobel（2009）使用 2002 年和 2003 年美国社区调查和政府调查数据发现，人均物业税收入对房价具有正向影响。我国也有学者对税收政策影响住房市场的效果进行了研究，如方重、梅玉华（2008）认为，基于房地产市场本身所固有的特性，通过房地产税改革，可以有效地调控房地产市场。况伟大（2012）在住房流量模型的基础上构建了一个购房者和开发商的住房市场局部均衡模型，考察了完全垄断和完全竞争情形下房地产税和房价之间的关系，结果表明，无论何种市场结构，提高房地产税均导致房价下降，住房市场垄断性越强，房价越高，房地产税对房价影响越大。汇率政策也是影响房地产市场的因素之一，郭树华、王旭（2012）运用经济学理论，结合计量经济学相关模型，选取 1998 年 7 月到 2010 年 12 月的汇率和房地产销售价格指数月度数据，对我国人民币汇率和房地产价格的关联效应进行实证研究，得出汇改后人民币汇率与房地产价格之间呈现正向关系的结论。朱孟楠、刘林（2011）等人的研究表明，我国实际房地产价格上涨将导致人民币兑美元实际汇率升值，但存在明显的滞后效应；而在某种经济状态下，人民币兑美元实际汇率升值可能会导致我国实际房地产价格上涨。

在过去的十几年中，我国住房市场调控政策几经波折，当然也少不了对发达国家经验的借鉴，学术界也试图更有针对性地进行研究，如李正全（2005）、陈胜（2007）、朱晨等（2007）、王松涛（2008；2009）等对英国、韩国等发达国家政府住房市场干预经验进行了分析，试图通过国内外的比较研究总结我国政府在干预住房市场中能够借鉴的经验，指出我国住房市场宏观调控的不足之处并提出了可供参考的建议。

2.2　住房市场区域特征与分区域干预必要性文献综述

住房市场具有一般商品市场的特点，但由于其具有多种特殊性质，因而世界大多数国家政府都要对住房市场进行必要干预，即便在市场机制最为完善发达的国家也是如此（Chiu R L H.，2001）。投入产出数据表明，房地产经济在我国经济总量中已经占有相当大的份额，并且对不同产业带来结构性的影响，与其他需求拉动相比，房地产投资对国内经济具有更大程度的拉动（夏明，2009）。我国目前的社会经济环境让房地产市场自由发展既无条件又失公平，面对这样的市场，政府有理由进行干预（刘霞辉，2006）。而张红利、刘晓君（2011）对房地产业中的可调控问题和不可调控问题进行了划分，认为房地产业发展的市场化取向、房地产价格的合理上涨、地方政府与中央政府行为态度的差异、房地产业社会经济地位的提高是无法调控或者较为合理而不需要调控的。而有的则是应当调控或者可调控的，如投资性需求过盛、房价涨幅过大等。对房地产市场实施适时、适度的宏观调控，是我国各级政府的一项长期任务（沈彤，2005）。

房地产市场是一种区域性市场，不应单从一个国家整个房地产市场状况去研究它的发展趋势，而应当研究每个区域性市场的特点（Zell，1986）。房地产市场区域性体现在这个区域内的任何变化将对其中的物业产生“直接的、立即的影响”，在同一市场内部所有房地产项目都将受到相同经济条件的影响，是研究区域房地产发展共性规律的出发点（Kinnard，1971），房地产的经济循环最终必须在同一区域内完成，区域性市场之间关系比较少，影响这个区域性市场的决定性因素是区域性社会经济发展状况。宏观经济可以在总体上影响区域性的房地产市场，但主要是通过区域经济来影响房地产市场，宏观性的因素作用总体上是较为间接的（张泓铭，2003）。我国地域广阔、城市数量众多且社会经济发展水平参差不齐，住房市场发展存在较为明显的城市差异性（辛园园、杨子江，2011）。住宅市场与城市经济体系之间存在着互动关系，住宅市场的供给、需求与价格波动都与城市经济基本面的变动紧密相关（龙奋杰、沈悦等，2006），应建立一个系统的区域房地产市场评估体系以保证房地产可持续发展（胡经波，2004）。不过，Logan（1987）、Case & Mayer（1996）认为，虽然房地产本身具有明显的区位特征，但不同区域的房地产市场其运行机制是否也具有明显的异质性则需要深入探讨。

从我国东、中、西三大地区房地产市场化测算结果看，房地产业的区域发展极不平衡（陈浮、王良健，2000）。易成栋（2007）根据2004年中国第一次经济普查数据全面分析了房地产的地区差异。认为与中西部相比，东部房地产业企业总量、就业、一级资质、港澳台和外商投资企业比重最高，生产经营状况和财务状况最好。影响房地产业地区差异的因素有地区经济、政策和市场环境。蔡穗声、王幼松（2004）将长三角地区与珠三角地区房地产市场发展差异进行了比较分析，认为二者在市场需求状况、资金来源结构等方面存在差异，造成这些差异的原因来源于发展阶段、土地供应、房屋需求结构、预期升值空间等因素的不同。还有一些学者从更广泛的角度实证研究了房地产市场区域异质性问题。孔煜、高波（2012）认为，房价与交易量的波动关系存在明显的季度效应和区域效应，其中，东部地区房价对交易量有显著的负向影响，中部地区交易量对房价有显著的正向影响，西部与东北部地区房地产市场的量价之间呈现显著的正相关关系。战友、王伟（2008）构建了住宅价格、经济基本面与住房支付能力关系模型，以区域差异、收入差异为视角，利用2000—2006年我国29省市的数据检验住宅价格、经济基本面对住房支付能力的影响效应。结果表明，住宅价格、经济基本面对居民支付能力的影响存在明显的区域差异。

刘玉峰、张亮（2004）等在对房地产经济泡沫形成机理的实证分析中，认为房地产业产品的不可流动性和差异性、资本的投机性和市场的区域性等特点，决定了房地产经济泡沫具有区域性的特点，因此，政府不仅要对房地产泡沫进行宏观监控，更应当对区域性的泡沫进行有针对性的政策干预。李建碧、姚林（2010）以2008年所有省市为样本单位，运用因子分析方法从体现房地产泡沫的指标体系中找出3个公共因子，然后计算出各省市的综合得分来测度不同区域房地产市场泡沫程度，得出2008年泡沫程度最大的是海南、北京、陕西、四川及贵州等省市，而湖北、山西、宁夏、新疆和甘肃的泡沫程度最小。由于各省市泡沫程度差异很大，因此，在制定房地产政策时，应该区别对待，而不能搞一刀切。

国务院发展研究中心资源与环境政策研究所所长谷树忠在“2011全国县域经济科学发展交流年会”上透露，土地差别化政策首先是“区域差别化”，对东西部地区、发达地区和欠发达地区实行不同的土地政策。通过推行全国性土地差别化政策，在保护耕地、节约集约用地的同时，促进经济结构转型，实现区域经济协调发展，这在决策层已达成共识。与此同时，更高的目标则在于，在土地差别化政策的基础上，构建与金融、财税和产业政策相结合的、有保有控的差别化土地调控政策体系。房地产市场供地政策和调控政策必须以区域的差别化为前提，针对社会经济发展的不同阶段和房地产市场发育的不同程度来制定相应的土地政策，这样才能更加有利于房地产业的发展（辛园园、冯长春等，2011）。

总之，只有对房地产区域进行了合理的细分，才能针对各个物业市场进行进一步的探讨，才有可能正确解释和预测各个区域内宏观环境变化和微观机制运作给市场带来的影响（郑大川、尹晓波，2008）。

2.3 住房市场调控政策影响效果区域异质性评价文献综述

关于房地产市场调控政策作用区域异质性的研究主要体现在两个方面，首先是对房地产市场政府总体干预效果的评价。通过建立东、中、西部各省市面板数据的变斜率系数模型，得出房地产调控对各区域房价作用渠道和影响程度的差异，发现东、中部地区商品住宅房价的上涨主要取决于房地产开发投资总额、银行贷款利率变化率以及外部资金来源的可获得性；西部地区商品住宅房价的上涨主要受房地产开发投资总额成本的影响（王琴英，2012）。在前文中，已经介绍了有学者指出土地交易制度改革推动了土地价格的上涨进而影响到了房地产价格，而地价对房价的影响存在区域异质性，王岳龙（2011）利用 2009 年国土资源部对外正式公布的 30 个省 87 个城市 536 个楼盘调查数据，分析结果表明，地价弹性存在着十分明显的区域差异，这种差异体现在东部与中西部的区间差异，更体现在大城市与中小城市的区内差异。杜江、许多（2011）等采用 2000—2008 年中国 4 个直辖市和西部大中城市为样本，基于面板数据无约束模型，并以重庆为例对比分析了地价对房价的影响，结果表明，从总体来看，地价对房价的影响具有一致性，但对各个城市而言，还存在着一定的差异。

其次，不同的房地产市场调控工具对不同区域的影响效果也存在异质性。吴福象、姜凤珍（2012）认为东中西三大地带保障房、高档房与普通商品房交互作用，保障房对普通商品房具有一定的抑制和烫平作用，东部和西部地区尤为显著；西部地区保障房建设的外溢应使得当地商品房价格短期内出现了上涨。高档商品房的建设拉高了全国范围的房价，东部地区影响最大；实际利率对房价的影响很小。货币政策在房地产市场存在区域效应（王先柱、赵奉军，2010），因为不同地区货币政策传递机制的环境以及房地产市场本身存在很多差异，导致我国统一的货币政策干预房地产市场的效果各不相同。魏玮、王洪卫（2010）通过建立 PVAR 模型测度了不同区域房地产市场价格动态影响的异同，结果表明东、西部地区房地产价格受数量型工具的冲击效应差异明显，并且东、中部地区房地产市场主导型货币政策工具为 M0，西部则以信贷为主。王先柱、赵奉军（2010）分析了利率与信贷对房地产价格的影响以及货币政策在房地产市场的区域效应，结果发现利率对房地产价格解释力度不强，房地产信贷对房地产价格存在正向影响，东部地区房地产信贷对房地产价格影响较西部地区更明显。梁云芳（2007）等基于误差修正模型形式的面板数据模型讨论了房价区域波动的差异，货币政策变量对房地产价格影响具有显著的区域性，无论是房价的长期趋势还是短期波动，信贷规模对东、西部地区影响都比较大，中部地区较小。袁科、冯邦彦（2007）认为我国在不满足最优货币标准的区域实行单一货币政策会导致对区域房地产市场非对称的效力问题，货币供给对房地产价格的效力是从东部到西部依次递增的。Fratantoni & Schuh（ 2003）利用区域代理 VAR 方法（HAVAR）研究了房地产市场货币政策区域效应，货币政策冲击房地产投资的区域差异很明显。Negro & Otrok（2007）利用贝叶斯估计方法研究了 1986—2005 年美国房地产价格波动趋势，厘清波动原因是由共同趋势还是由地区因素导致的。还有学者使用全局自回归模型分析得出了和 Negro 相似的结论，并进一步指出相邻的地区之间还存在房价的溢出效应。Toal（1977）的研究发现，美国的东南部、五大湖区、中部地区对货币政策反应较为明显，而其他地区的反应则相对不显著。Huchet（2003）研究了欧洲各国经济体对统一货币政策的反应，发现扩张性和紧缩性的货币政策冲击存在地理上的非对称性。Carlino & DeFina（1998，1999）等则主要从产业结构、银行规模和企业规模这三个方面寻找了货币政策区域效应的形成机理。Arnold、

Kool & Raabe（2005）则发现区域效用是各地区经济结构存在差异的作用结果。Fielding & Shields（2007）发现地区经济特征和人口特征是区域效应产生的主要原因，这些特征包括对利率敏感的产业在这个地区的比重、企业规模、银行规模、房价和人口因素等。Adam Elbourne & Haan（2009）证实了欧元区中 10 个国家的差异效果，但认为金融结构差异不是产生区域效应的重要原因。

2.4　中国住房市场政府干预有效性原因分析文献综述

近几年来，楼市调控效果并不理想，其原因可从政策目标、执行机制和制度基础三方面找（尹伯成，2011），或者说是因为调控政策制定不科学以及调控政策执行中出现问题（张亚明、张文长，2008）。孔行、刘治国（2009）等指出房地产市场发展的惯性和宏观调控的时滞、调控政策多元化目标的冲突及着力点不当、执行力度和贯彻落实不彻底等导致房地产调控效果不佳。有些政策本身并不符合市场经济规律且摇摆不定（张红利、林成，2009；王筝、王艺等，2010；韩蓓、蒋东生，2011；张妍妍、朱方明，2011），现行的房地产宏观调控政策本身出现了偏差，并由于政府管制成本太高导致政策目标难以实现（刘会洪，2007），房地产市场宏观调控缺乏一个长效机制（余凯，2008）。譬如以“三限”为手段的房地产市场政府干预的合理性一直为学界争论不休，行政性措施忽略了真实的市场需求是反对声音的主要理由。正是由于投机性因素、限购政策博弈等因素的共同作用，导致限购后我国城市房价波动的区域性差异和上涨趋势（吴锦华，2012）。重供给而轻需求的调控政策没能抓住房地产问题的本质，导致最终调控效果不佳（项卫星、李宏瑾，2007；刘旦，2010）。从企业层面看政策的缺陷，低效的房地产开发经营体制、攫取超额利润以及缺乏基本住房需求管理、供给管理、开发成本控制不当，导致了房价居高不下（冉光和、郑久平，2010）。丁任重（2010）对房价上涨的机理进行了分析，认为我国房地产市场出现逆向调控的矛盾现象原因在于房地产需求旺盛，住房供给减少，政策的出台与调控的大方向不协调，造成了各种政策效用的相互抵消，从而加剧了房地产供求失衡状态。一些学者直接将矛头指向了地方政府，认为地方政府与中央政府在利益分配上未能取得一致性，在执行中央宏观调控政策的过程中不够坚决、不彻底（武少俊，2007；吴群、石弘，2007；周晖、王擎，2009；蔡冰菲，2009；张振华，2011；周建军、代支祥，2012；齐杏发，2012）。在1994年政府财税体制改革后地方政府与中央政府在财政收支上不对称，即地方政府税收收入占比呈下降趋势，财政支出占比呈上升趋势，导致地方政府更加依赖于土地财政。土地财政在政府收益中属于预算外收入并具有较大的操作灵活性，这使得其成为在房地产宏观调控过程中地方政府不作为的最主要动机。而曹荣庆（2011）指出房地产市场中公众、企业和政府三者之间长期未能找到一个合理的均衡点，由此导致整个运行机制混乱无序。

对房地产市场各利益主体之间进行博弈分析，能够对过去调控效果不佳给出解释，并为今后房地产市场调控指明方向（陈会广、刘忠原等，2012）。事实上，应用博弈论来解释中国住房市场政府干预有效性的相关文献比较少，但是有些研究成果还是间接地反映了住房制度与调控政策中存在的问题。如周京奎（2005）指出，在信息不对称情况下，存在信息和反馈效应，只有当置业者认为市场处于一种非理性繁荣时，房地产市场中才不会出现跟风和正反馈行为；王子龙、许箫迪等（2008）也认为，信息不对称使得参与各方的机会主义行为盛行，正常的市场机制难以发挥应有作用，这就需要政府加强房地产业信息披露的透明度和可信度。刘雷（2008）探讨了土地出让实施过程中房地产开发商与政府间产生的博弈问题，认为博弈各方不严格按规则行事干扰了城市土地资源的合理利用和土地资产的有效经营；杨帆、卢周来（2010）进一步指出房地产商作为中国特殊利益集团，正是利用增加地方政府财政收入这样的捐税行为，成功俘获了地方政府，致使中央旨在抑制房地产的宏观调控政策失败。王妍（2010）在分析房地产企业与银行的博弈行为中指出，房地产宏观调控是影响企业是否守信的重要原因之一；姜丽宁、崔文田（2009）则在模型中引入了评估机构，认为，只有加重对评估机构高估处罚，才能减少借款人欺诈概率，降低银行抵押贷款的风险。

此外，有些研究通过分析住房市场参与者的博弈行为对政府干预有效性做出了部分解释。如淮建军、刘新梅等（2007，2008）运用合作博弈和数值模拟方法讨论了房地产市场中形成的单人联盟及多人联盟情况下局中人的利益分配问题，并认为中央政府应该建立和维持管制联盟来瓦解反管制联盟。丁聪、刘应宗（2012）

也发现地方政府、房地产商和金融机构由于其各自的利益需求形成了自然联盟，中央政府若要改变现有的博弈格局就必须增加对地方政府保障房投资的支持力度。以上研究成果表明利益联盟的形成是宏观调控效果不理想的主要原因，不过也需要反思面对当前的困境是需要进一步增强或降低调控力度还是调整政府干预策略。因为房地产市场宏观调控成效很差的原因就是没有抓住房地产问题的本质（刘旦，2010），牟玲玲、李佩（2010）通过构建了政府、开发商和消费者三方博弈模型，发现政府的策略决定了房地产开发商和消费者的最优策略，只有政府严格把关，市场才会朝健康的方向发展。况且，在现实房地产市场中，参与各方力量共同博弈的结果会形成一些短暂性的非合作的均衡（丁悦、李崇明，2008）。黄武军、杨继君（2011）通过多方指派博弈对比的合理论证得出相应结论，更加尖锐地批评了政府不直接参与房地产市场交易而由市场自身发挥主导作用。把中央政府直接作为参与人纳入到模型中则直接从政策执行方面来解释政府干预有效性，蔡冰菲（2009）的研究表明，长期以来，地方政府注重考虑局部经济利益而忽视保障性住房的建设，形成了与中央政府的博弈，中央政府的政策收效往往在很大程度上受制于地方政府是否采取积极的履责态度。张丽文、张云波等（2012）建立了中央政府与地方政府、地方政府与开发商之间的博弈模型，提出中央政府和地方政府追究惩罚的威胁必须是可置信的，才可以通过合理的激励约束与惩罚机制，提高执行政策的积极性。还有学者从微观行为入手，指出了住房市场政府干预效果区域异质性问题，如魏玮（2011）认为货币政策的传导是房地产企业、消费者、银行及非银行金融机构三方市场微观主体在金融市场中相互博弈的结果。各个微观主体对政策信号的接受、反应和自身调整都具有不同的特征及行为偏好，而他们在一定区域上的聚集所形成的区域市场结构分布特征，是导致货币政策对房价传导渠道效力差异的根本原因。总体来看，以上研究成果主要从某一侧面探讨了住房市场参与者的博弈行为，对于住房市场政府干预有效性的解释力还有待进一步提高。

综上所述，本章对住房市场政府总体干预效果评价、主要政策干预效果评价、住房市场区域性与政府干预效果区域异质性评价以及住房市场政府干预有效性原因分析等方面进行了研究述评。由于我国房地产政策在不同时期存在不同的目标倾向性，因此，学者们对政府总体干预效果评价往往带有阶段性且以定性分析为主，相关研究仍旧缺乏系统性，所得结论没有足够的依据作为支撑。在对主要政策干预效果的评价中，国内外已有研究成果对不同政策作用于住房市场的机理进行了比较深入地探讨，也采用了多种更为科学的研究方法，对本书具有重要的借鉴意义。然而，结合中国的实际情况，这些成果又需要进一步完善，特别是本书主要研究的货币政策与土地政策，其在选择政策代表性变量时与对政策传递机制分析的结合不够紧密，说明现有文献在该问题的研究中仍旧没能完全准确把握政策与住房市场的基本关系，最终得出的结论也自然缺乏可靠性。关于住房市场区域特征以及政府干预效果区域异质性评价的现有研究成果对本书选择区域异质性作为研究的切入点提供了重要的启示。根据不同的研究问题学者们得出了住房市场存在明显的区域性与政策对住房市场存在区域异质性影响的结论，不过，本书认为，关于住房市场区域性主题的研究，首先应该深入讨论样本选择与区域分类问题，才能以此为前提更加科学地考察政策对住房市场干预效果的区域异质性。在现有文献中，关于住房市场政府干预有效性原因的分析以经验判断为主，或者在应用模型对住房市场微观行为的讨论中以探讨个别有利益关系的参与主体为出发点，研究存在主观性、片面性。总之，本书借鉴已有成果提出了政策对住房市场影响可能存在区域异质性这一问题并进行了系统的分析，而这恰恰是现有研究文献很少涉及的。

2.5 相关理论及应用

2.5.1 市场失灵与政府规制理论

市场失灵是指市场本身不可克服的局限性使市场机制不能实现资源配置的帕累托最优。造成市场失灵的原因有很多种，主要包括垄断、信息不对称、外部性和公共品等。古典经济学家认为通过“看不见的手”的自发调节能够形成合理配置资源的价格机制，而以 Malthus 和 Mill 为代表的质疑者则认为完全自由的市场经济将会产生分配的不公和贫富的差距。对古典经济学更大的挑战来自于 19 世纪末的边际革命，福利经济学家认为资源达到最优配置的标准是实现边际私人净产品与边际社会净产品相等，而在自由市场经济体制下，这一标准通常难以实现。现代市场失灵理论为政府干预市场提供了两个主要依据，一是针对外部性问题必须依靠政府干预，可以通过征税或补贴方式强制影响私人决策变量，从而促使私人的决策靠近社会的均衡点。二是 Coase 阐述的自由市场经济途径，他强调了明确产权的重要性，只要产权关系得到明确，私人成本和社会成本就不会趋于相等，因此，Coase 认为，交易的内生化是解决市场失灵的好办法。

政府规制是行政机构制定并执行的直接干预市场机制或间接改变企业和消费者供需政策的一般规则或特殊行为（Spulber，1999）。政府规制是对公共需要的反应，其目的是弥补市场失灵，提高资源配置效率，实现社会福利最大化。在房地产市场中，信息不对称、房地产市场垄断、外部效应、房地产投机等引致的市场失灵是客观存在的现象，市场失灵与政府规制理论为中国政府干预住房市场提供了最基本的理论依据。但是在住房市场宏观调控过程中，市场失灵与政府规则是否完全形成了互补，还是房地产市场失灵与政府规制存在的种种问题直接导致了房地产价格的“超序上涨[①]”，需要从理论层面进一步分析。

2.5.2　房地产周期波动理论

房地产周期是房地产经济水平起伏波动、周期循环的经济现象，表现为房地产业在经济运行过程中交替出现扩张与收缩两大阶段、循环往复的复苏—繁荣—衰退—萧条四个环节。周期波动又称循环波动，表现为波动间隔、长度及影响并不完全相同，但波动模式基本相似的特点，即以扩张和收缩交替运行方式构成的循环往复、起伏波动。广义的房地产经济周期是从房地产业的整体宏观角度来分析其循环变动；狭义的房地产市场周期是从微观角度分析房地产市场扩张和收缩的波动交替状态。总体来看，房地产周期波动理论大致分为三个发展阶段，在 20 世纪 60—70 年代，房地产周期的研究基本属于沉寂阶段。80 年代后，房地产周期的研究从经济周期从属部分发展为一个相互独立的领域，进入快速发展阶段。90 年代后，由于日本房地产泡沫的出现与破裂，发达国家资本市场的发展与资

① 价格已经大大偏离了价值规律作用的正常范围。

产组合理论的应用等经济现象，房地产周期理论逐步转变了研究范式，如 Yoon Dokko、Edelstein、Lacayo 和 Lee（1999）提出了房地产价值的周期模型等。在过去的一个多世纪里，世界上所有的国家和地区的房地产市场都经历了繁荣和萧条的周期，并且其特征表现为价格在相对短的时期内出现了剧烈的波动（Mankiw & Weil，1992）。房地产业的发展受到宏观经济发展、人口、政治、社会文化及法律制度等多种因素的影响，以及房地产业本身运动规律的制约，房地产业在发展过程中，会表现出周期性波动的变化，出现房地产发展的高峰期和低谷期。房地产行业的周期性变化与经济周期的紧密关联性得到了强有力的实证支持（Grebler & Burns，1982；Brown，1984；Leamer，2007）。

房地产周期波动理论对于调控政策制定者有重要的指导意义，在反周期住房市场调控中不能无限制的违背宏观经济发展规律与房地产市场发展规律。结合房地产周期波动理论研究不同区域住房子市场政府干预效果能够更加科学的解释调控时机与有效性。Pyhrr、Roulac & Borm（1999）将房地产周期研究分成了宏观和微观两类，其中宏观研究集中于国际、国家与区域的房地产周期，微观研究集中于城市、子市场或具体区位。子市场房地产周期理论认为不同区域或不同城市的房地产市场可能处于不同的周期阶段，在分析房地产市场问题中应该有区别地对待。另外，房地产周期波动理论所涉及的心理预期理论是本书在应用博弈论分析住房市场微观行为的所参考的部分理论依据。

2.5.3 区位与区域理论

在本书中区位和区域理论与子市场房地产周期理论具有一定的关联性，区位理论是研究特定区域内关于人类经济活动与社会、自然等其他事物和要素相互之间的内在联系和空间分布规律的理论，是经济地理学以及区域经济学的核心基础理论之一（金相郁，2004）。从农业区位分析到空间竞争分析，传统区位理论[①]分别从不同的角度诠释了决定区位分布的因素和机理，20 世纪 30 年代，政府行为学派另辟蹊径对区位理论中的重负行为做出了开创性研究。住房的空间分布规律、

① 一般认为传统区位理论包括农业区位分析理论、工业区位分析理论、中心地分析和空间竞争分析四个阶段。

演化过程和区位特征与各种地理要素和社会经济活动的影响有密切联系。由于区位和住房及土地的价格是同时决定的，故对理想地块的竞争导致了土地价格的空间差异，也必然导致了住宅价格的空间差异（曾晖，2012）。

城市区域理论以城市区域的形态和城市区域范围内的各种关系范畴为主要研究对象，探讨各相关主体在这个关系网络中行为的规律性，以建构合理的政治地理结构，塑造有效的政策导向，实现城市区域在经济竞争、社会公正和环境保护等方面的协调和可持续发展（罗思东，2011）。以 Dennison & Hoover 为代表的区域经济学家提出用区域经济政策来发展区域经济，解决区域经济和社会发展存在的问题。随着区域经济理论的不断发展，政府行为学派新兴代表 Clark 认为自由市场机制在资源地区配置方面的作用固然重要，但不应被夸大，国家在区位方面某种程度的干预是必不可少的。

在区域经济增长对房价影响的理论当中，最具有影响力的当属 Denise & William 于 1996 年提出的区域经济增长的三部门模型，该模型从理论上分析了经济增长和房地产市场间的关系。三部门模型中提到的三部门分别指的是：区域产出市场、区域劳动力市场和区域房地产市场，其将房地产和劳动力作为产出的两要素，及区域产出依赖于区域劳动力市场和区域房地产市场。不平衡和差异性是我国经济社会发展的突出特征，而住房市场表现出固有的区域化属性。也正因为如此，住房市场与经济系统的互动必须在某一区域内完成，政府对住房市场的调节也无法超越空间边界，区位理论和区域化理论为研究政策对住房市场作用的区域性规律提供了理论借鉴。

总之，以上理论将对本书各个部分内容的研究提供更加宏观的理论指导，使得本书的研究思路更加清晰、合理，逻辑更加紧密，论证依据更加充分，研究结论更加可靠。

2.6　本章小结

本章首先对住房市场政府干预效果区域异质性研究相关文献进行了述评，指出现有成果在对我国住房市场政府干预效果评价中存在阶段性和片面性，同时也肯定了部分成果的借鉴意义。以区域异质性为切入点对住房市场政府干预效果进行研究，能够得出更加客观、可靠的政策评价结论，为制定区域差别化的调控政策提供依据。然后，对本书研究的理论基础进行了简要的综述，市场失灵与政府规制理论强调了政府干预市场的必要性，从理论层面认同了本书主题的研究价值。房地产周期理论、区位和区域理论则主要为本书以区域异质性作为研究视角提供理论借鉴，使得本书在住房市场政府干预效果区域异质性评价中逻辑更加严谨、依据更加充分。

第 3 章　中国住房市场调控政策变迁与政府干预总体框架

在住房分配货币化制度改革以前，中国房地产长期处于计划经济体制环境下。十一届三中全会以后，随着改革开放浪潮的推进，政府开始启动住房制度改革，通过允许居民自购自建、商品化试点、扩大产业发展等方式和手段尝试转变房地产业发展模式以应对计划体制下产业内部面临的种种困难和矛盾，并促进社会主义经济建设。20 世纪 90 年代初期，中国房地产市场已初具规模但仍旧不可与庞大的计划经济产物相比，商品房市场依然在中央计划管理的范畴内，于是，政府提出推进土地使用制度改革、深化住房制度改革以加快房地产业的发展。与此同时，问题也随之而来，部分地区金融秩序混乱、通货膨胀严重，因此，1993 年 6 月，中央和国务院果断出台了《关于当前经济情况和加强宏观调控的意见》，严格整顿国内房地产市场秩序，迅速摧毁了这些地区的房地产泡沫。然而中国住房制度并未因此而停止改革的步伐，在 1997 年亚洲金融危机的背景下，为刺激消费、拉动内需，中国房地产业顺势抓住关键时机，1998 年 7 月，国务院颁布《关于进一步深化城镇住房制度改革、加快住房建设的通知》，明确提出“促使住宅产业成为新的经济增长点”，拉开了以取消福利分房为特征的中国住房制度改革，并在 1999 年开始在全国范围推行住房分配货币化制度。

自此以后，中国房地产业开始全面踏上市场经济体制的轨道，房地产市场发展之迅猛令人惊讶。当时，国内经济正处于转型的关键时期，市场经济体制建设还处于摸索阶段，在这样的背景下快速发展的住房市场暴露出的问题层出不穷，中国政府通过采取多种方式、多种手段对住房市场进行干预以促进市场健康发展，也因此形成了具有中国特色的住房市场宏观调控体系。本章首先探讨我国住房市场宏观调控政策的变迁过程，依据政策变迁过程的多源流理论深入分析住房市场调控政策变迁的根本动力。在此基础上，明确了我国住房市场宏观调控体系存在的主要矛盾，并最终概括了住房市场政府干预的总体框架。

3.1 住房市场宏观调控政策变迁过程与根本动力

所谓政策变迁，是指一个或多个政策取代现有的政策，包括新政策的采行和现存政策的修正或废止。而政策变迁可能以以下三种形式出现：一是现有政策的渐进改变；二是特定政策领域内新法规的制定；三是选民重组选举之后的重大政策转变（Anderson，1990）。在我国很多领域，都已经开始关注政策变迁问题，如为解决由于农民工数量的急剧上升，农民工结构、流动意愿不断变化所引发的经济和社会问题，李中建（2011）研究了我国农民工政策变迁基本脉络；杨德玲、林新奇（2011）从变迁的动力、阻力和成效三个方面对中国公共人力资源管理政策变迁过程进行了分析；韩芳、陈彤（2011）研究了2004—2010年我国房地产政策变迁过程；赵德余（2010）指出政府决策层持有的价值观与思想理论模式的变化引起了政策目标组合优先序乃至具体政策安排的变化进而解释了中国粮食政策变迁观念逻辑；梁学平（2007）研究了我国财政政策变迁的路径依赖及其原因等。显然，不同领域政策变迁问题在国内受到越来越多的重视。

政策科学所重点关注的政策过程的研究范畴包括政策形成、政策实施、政策效果以及政策评价等几个方面。而政策形成过程可以简单的概括为从政策问题到政策日程，再到政策建议的提出与政策决定（Lasswell，1956）。Anderson虽然没有把政策变迁放在整个政策过程中去考察，也没有体现变迁过程本身的特性（关静，2012），但却为不以政策过程为核心的研究工作提供了一种简化的分析思路，我国学者王骚和靳晓熙（2005）即沿用了这种狭义的定义，认为政策变迁是指不同政策间的替代和转换过程，并把变迁过程分为政策失衡、政策创新、政策均衡三个阶段。政策变迁很可能会产生路径依赖，即一种政策一旦形成，不管是否有效，都会在一定时期内持续存在并影响其后的政策选择，就好像进入一种特定的路径，政策变迁只能按照这种路径走下去。基于本书的研究目标，本章将主要分析我国住房宏观调控政策变迁阶段及政策变迁的根本动力，即Lasswell所框定的政策形成过程。

公共政策变迁与其他政策的不同之处在于政策制定主体是国家或国家组织（Michael Hill，1997）。公共政策变迁是制度变迁的正式而又主要的形式，任何时代和社会条件下的制度变迁基本上是以政策及其文本形式作为载体表现出来的。因为在一个国家和地区的公共管理是以公共政策和法律为工具的，而公共政策与法律在一定条件下是统一的，即有立法必要的、成熟的、稳定的政策都会转变成法律。因此，在一定意义上说，制度变迁基本表现为公共政策变迁。在国家制定的所有公共政策中，房地产调控是国家宏观政策的重要构成部分，它是国家通过实施特定的经济、行政等措施，维持房价的合理健康发展，保障大多数民众的民生需求（艾明江，2013）。房地产政策变迁所涉及的层面同样非常广泛，而影响政策变迁的因素不一而足，并且在不同历史时期、地理区域、问题领域和政府层级的政策变迁，很难判定不同因素的作用程度。不过，通过整合政策变迁分析的制度结构论与过程论，依照过去的政策经验和个人的直观判断，仍然可以发现一些影响政策变迁的关键因素（袁鹏飞，2009）。

当前，学术界比较有影响的政策变迁理论主要包括倡导联盟理论、多源流理论和间断—均衡理论（Shanahan E A，et al.，2008）。倡导联盟理论和间断—均衡理论通常应用于政策循环周期在十年以上或者几十年的政策变迁研究，严格地讲，在时期跨度上，我国住房调控政策变迁分析的适用性前提存在质疑。而多源流理论的核心是用来解释政策如何制定的一种方法，它可以包括政策制定的全过程，可以很好地解释政策形成过程（Sabatier，1999）。

多源流理论[①]最早是由 John W. Kingdon 提出的，一个项目从被提上议程到进入决策议程是由于在特定时刻汇合在一起的多种因素共同作用的结果，这种共同作用也就是多源流理论所讲的问题源流（Problem Stream）、政策源流（Policy Stream）和政治源流（Political Stream）三者的连接与交汇。Kingdon（2002）认为问题或者政治本身就可以建构政府议程。然而，如果所有三条源流——问题源流、政策源流以及政治源流都汇合在一起，那么，一个项目进入决策议程的可能

① 本书关于多源流理论的描述主要参考Kingdon的研究。

性就会明显增强。但是，没有这三条源流的关键性汇合，则很难从政府议程状态转为决策议程，原有的注意力就会转向其他主题。问题源流内包括的是政府内部以及周围人们所注意到的一长串问题，问题源流内引起政府注意的因素可能包括监控指标的变化、焦点事件与危机、项目运作的反馈效果等；政策源流内包括的是各种各样的政策建议、政策主张与政策方案；政治源流内包括的则是公众情绪、压力集团间的竞争、选举结果、政党或意识形态的分布状况以及政府的变更等因素，这些因素反映着政治形势与政治背景等方面的状况。因此，三条源流的交汇便意味着特定的问题、政策方案与政治形势之间的有机结合。而这种有机结合又意味着问题、政策方案与政治形势之间具有共容性，而不具有互斥性（柏必成，2010）。并且，三条源流中的任何一种都不可以统领或高于其他源流，问题源流、政治源流和政策源流都有自己的寿命和动力。

三条源流交汇的原因首先在于“政策之窗”（Policy Windows）的打开，“政策之窗”是根据给定的动议而采取行动的机会，因此，政策之窗又被称为“机会之窗”（Windows of Opportunity）。“政策之窗”又是政策建议的倡导者提出其最得意的解决办法的机会，或者是他们促使其特殊问题受到关注的机会。从根本上来看，一扇“政策之窗”的敞开是由于政治源流的变化，或者说“政策之窗”之所以敞开，是因为一个新的问题引起了政府官员及其周围人们的关注。政策建议经常处于政策漂流状态，它们后来能够被提上政府议程，其原因在于它们可以被视为某一紧迫问题的解决办法或者在于政治家认为倡导这些政策建议有利可图。“政策之窗”开启的发生通常不是对政策源流中的发展而是对“问题源流或政治源流”中的发展做出的一种反应。因此，“政策之窗”开启的触发因素又可以分为两种类型：一种是以问题为基础的触发因素，也被称为“问题之窗”的打开；另一种是以政治为基础的触发因素，也被称为“政治之窗”的打开。“问题之窗”的打开是由于问题源流内发生了变化，“政治之窗”的打开是由于政治源流内发生了变化或政治形势发生了变化。“问题之窗”与“政治之窗”又是相互关联的，当“政策之窗”因为某一问题迫在眉睫而被打开时，如果作为问题的解决办法而被提出的备选方案也符合政治可接受性的检验标准，那么，就会进展得顺利。当“政策之窗”是因为一个政治事件被打开时，参与者就会力图找到一个可以把他们所提出的政策建议[①]附加在其上的问题。

二十几年来，多源流理论得到不断的完善，同时，国内外学者也对该理论存在认可与批评两方面的声音。在最初的多源流理论中 Kingdon 将注意力集中在议程设置阶段，而 Zahariadis（1999）把多源流理论的应用扩展到政策决策过程。不仅如此，John（1998）认为该理论可以应用到政策形成过程的每一个阶段，Lemieux（2002）则随后对此深化理解并对多源流理论进行了扩展，他认为在议程设置阶段是“政策之窗”对问题源流与政治源流结合的一种反应，在政策制定阶段是“问题之窗”对政治源流与政策源流结合的一种反应，在政策实施阶段是“政治之窗”对问题源流与政策源流结合的一种反应。在多源流理论发展的过程中也不免有批评和质疑的声音，如 Demers & Lemieux（1998）认为，Kingdon 对多源流理论的构建和探讨与美国政治体制结合的过于紧密，应该使其更具一般性。更有甚者，认为该理论由于局限性或者解释力差而很难被检验。

尽管如此，国内外学者仍旧将多源流理论应用于不同的政策领域并试图丰富其中的内涵。Greathouse & Hahn（2005）在多源流框架下探讨了烟草文化盛行地区禁烟法律的通过过程。Odom-Forren & Hahn（2006）用多源流理论解释了传染疾病医疗报告操作的过程。Ackrill & Kay（2011；2013）认为，多源流理论很好地解释了 2005 年欧盟蔗糖政策改革，在 2013 年又将多源流理论应用于欧盟的政策决策过程并草拟了关于政治操作的研究议程。Brunner（2008）认为，多源流理论对于德国排放交易拍卖政策的变革来说是一个非常好的分析框架，但 Kingdon 的多源流框架对于有些因素没能做出预测，政治源流和政策源流中的一些相关因素只是部分被捕捉到了，譬如说，在国家政治中多层级的博弈，特别是在欧盟内部；其对各利益相关方在政策变革中的政策学习考虑得也不够充分；Kingdon 的框架更强调议程设置所扮演的角色而低估了能够影响议程设置和政策变革的相关领域专家网络的重要性。Ridde（2009）认为，多源流的扩展很好地解释了旨在提升公平的卫生政策的实施。多源流理论本来只在富裕国家的背景下被认为是有效的，然而通过研究发现其在解释地方层面和低收入国家公共政策实施方面同样是有效

① 本章在住房调控政策变迁研究过程中，将政策建议看作是一个方案或一系列政策集合。

的。Henstra（2010）认为，尽管加拿大城市各个社区都面临潜在的紧急情况的发生，但城市应急计划在不同社区的实施质量不同，原因很可能在于决策者将紧急情况只作为一个“问题流”来认识而较少考虑关注程度和资源状况。通过应用多源流框架对城市应急管理决策进行的诊断，认为决策者应该克服寻求政治支持与政策建议提案的障碍，提倡者必须利用小的机会窗口来推进政策解决方案。他还强调多源流理论原本是用来解释国家层面的决策，从该文中展示了在城市决策层面应用多源流框架的意义。Weiner（2011）认为，由于信息素养与很多咨询领域密切相关，所以，通过研究，应该更加强调要推广信息素养政策议程。多源流框架虽然主要关注于在美国的政策过程，但是它的基本原理可以适用其他国家。我国学者毕亮亮（2007）指出“多源流框架”作为西方公共政策分析中应用较为广泛的工具，其解释力有一定局限性，必须与政治体制、管理体制等特点相结合，才能更科学地分析我国公共管理过程中的政策问题。

从以上研究成果可以看出，通过将多源流理论应用于不同的地区和领域来解释政策形成过程，拓展了多源流理论的内容与应用范围，同时也指出了多源流框架还需要结合其他角度共同解释政策变迁问题才能取得更好的效果，从而进一步丰富了多源流框架中所应该包含的元素。本章在接下来的研究过程中，也特别注意了多源流理论在我国的适用性问题，并在用该理论解释住房调控政策变迁这一案例中尝试着搜寻是否存在更多的信息可以纳入到多源流框架中来。

3.1.1 中国住房市场宏观调控政策变迁过程

中国政府及相关主管部门要审视住房调控政策变迁的历史，探索并归纳其表现出的内在规律性，总结经验教训，为以后的政策制定提供借鉴。范广垠（2010）认为，十余年来，我国政府房地产政策几经变迁，既有经济手段，也有法律手段和行政手段；既有阶段性的渐进，也有急剧的逆转。政策变迁过程可能需要从多个视角去归纳，王晓芳（2006）根据运输政策所要解决的问题和所要达到的目标不同，将运输政策大致分为旨在扩大运输能力的运输政策阶段、调整运输结构的运输政策阶段、促进运输业可持续发展的运输政策阶段。白锐、刘洪科（2010）以行政法规和法律的颁布或修订为界点将我国城市拆迁政策进行了阶段划分。顾斌（2006）以政策目的和政策内容为依据对我国房地产市场政策变迁阶段进行了划分。郑卫（2010）以政策结果为导向将杭州市拆迁补偿政策划分为土地所有权无偿剥夺时期、产权调换时期和货币补偿时期。回顾 1998 年以来我国房地产政策的发展历程（见附录 A），政府对房地产市场干预时机的选择并非没有规律可寻，往往伴随着外部经济环境与住房市场基本状况的变化而发生。同时，政策出台的密集程度在不同的年份也不相同，这意味着针对某个或某些目标的调控力度在不同的时间段内存在差异。对比干预前后的情况，可以发现，政策文件的基调或者突然发生转变，或者在某段时期内处于前后胶着的状态。对于不同时点的调控政策，学术界和实战派所关注的程度也不同。本章在梳理相关文件的基础上，通过考察政策形成期间住房市场外部环境和内部交易情况的变化，并结合业界人士的反馈观点，同时借鉴学者们在不同领域对政策变迁过程研究的不同视角，将围绕调控目标、调控手段与重要政策文件等方面重点探讨 1998 年之后，我国住房市场宏观调控政策变迁的基本脉络。对政策变迁过程的阶段划分如图 3-1 所示。

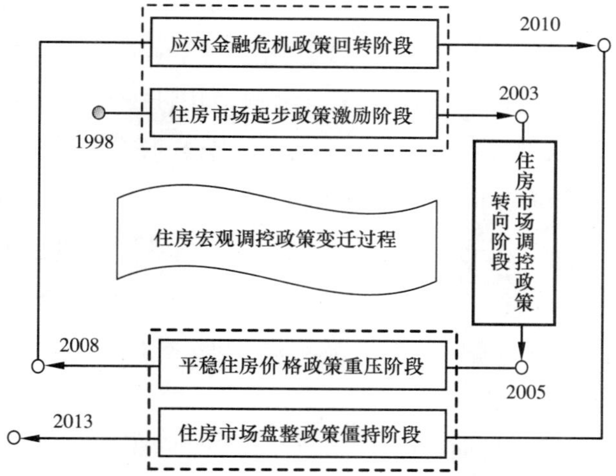

图 3-1　1998—2013 年中国住房市场宏观调控政策变迁主要阶段

1. 住房市场起步政策激励阶段

在 23 号文件[①]出台之前，虽然部分地区住房市场已经有私有资金进入，但政

① 文中所提到的所有相关政策文件均可通过附录 A 进行查找，正文部分不进行赘述。

府和企业依然主导住房产品的生产、分配和流通环节。在住房分配实物完全福利化时期，住房投资依靠的是政府财政，“三三制”原则部分缓解了融资困局，但对于规模巨大的住房需求而言财政支持也是杯水车薪，并且遭遇了强烈抵制情绪。住房分配以“单位获得”渠道为主，城市直属公房作为协调补充，住房市场的交易规模基本上是可以忽略不计的。1988 年 2 月，《国务院关于印发在全国城镇分期分批推行住房制度改革实施方案的通知》为住房商品化奠定了基础，但从分配情况看，国家和企业仍然发挥着住房补贴的职能；从住房生产上看，仍把住房确立为商品生产的计划管理体制内。

在 23 号文件出台后，停止住房福利实物分配意味着释放了大量的潜在需求，而在当时，人们的思想还被禁锢在计划经济时代，个人购房的积极性不高。因此，政府首先通过税收与信贷政策提高私人购房的积极性，并促进住房交易过程中标准化的执行。如从 2001 年 1 月 1 日起，对政府定价出租的住房免征房产税、营业税，对个人按市场价格出租的居民住房减征营业税、房产税、个人所得税，使个人出租房屋税收负担由原来的 17.5%~30% 降低为 7.3%~14.75%。标准化主要包括统一中介收费标准、更新商品房合同范本、规范房产测量等一系列措施。2002 年 5 月 9 日，国土资源部签发 11 号文件《招标拍卖挂牌出让国有土地使用权规定》，叫停了已沿用多年的土地协议出让方式。该文件出台的初衷是为了规范土地二级市场交易行为，引入市场竞争机制，以市场竞争的方式确定地价，体现了市场经济等价交换和公正、公平、公开的交易基本准则，最大限度地实现土地资产的价值（严金海，2006）。总体来看，在该阶段政策激励重点在于扩大有效需求，保护购房者基本权益，对住房市场调控长效机制考虑不足，此后十几年中，住房市场所暴露出的种种问题有其必然性。

2. 住房市场调控政策转向阶段

2003 年 2 月 18 日，国土资源部下发了《关于清理各类园区用地，加强土地供应调控的紧急通知》，严格控制土地供应总量，特别是细则中指出“停止别墅类用地的土地供应，控制住宅和写字楼用地的供应量，优化土地供应布局和结构，防止楼市动荡带来风险”。文件中虽然提到了住房用地供给问题，但是通知强调的重点在于规范园区用地的规划与总量控制。当年 7 月，国务院办公厅先后发出的《关于暂停审批各类开发区的紧急通知》、《关于清理整顿各类开发区加强建设用地管理的通知》，进一步强化了可操作性。

国土部提出要控制住宅用地供应量，预示着在住房供给方面可能会加强管制。2003 年 6 月，央行发布《关于进一步加强房地产信贷业务管理的通知》（121 文件），直接针对投机性需求和高负债的开发商，大幅提高房地产贷款门槛。121 文件的出台被业内人士看作房地产市场由政策激励转向有节奏控制的风向标。作为 121 文件的延续，2004 年 9 月 2 日，中国银监会公布了《商业银行房地产贷款风险管理指引》。此后不到两个月，央行启用更加市场化的利率政策，2004 年 10 月 29 日，存贷款基准利率均上调 0.27 个百分点，九年来第一次加息。2005 年 3 月 17 日，央行调整房贷利率，二次加息。尽管如此，在政策转向阶段宏观调控仍旧以土地政策为主，在此期间曾多次发出整顿土地市场秩序的紧急通知，并且还包括召开全国进一步管理整顿土地市场秩序的电视电话会议，组成督查组对全国 31 省市土地市场进行督察等。

特别强调，2003 年 8 月 31 日，《国务院关于促进房地产市场持续健康发展的通知》（国发〔2003〕18 号）出台，明确提出房地产是“国民经济支柱产业”。《中国房地产》杂志曾同时刊出两篇文章分别对 18 号文件进行了解读并且交叉排版（转载文章），形成 18 号文件与 121 号文件一脉相承和大相径庭两种对立观点。两个文件间隔不到两个月，在政策效力上可能会有某种程度上的抵消性，有学者也把房地产业作为国民经济支柱产业认定为新一轮宏观调控的开始。调控效果不仅与某一个政策本身有关，还与调控的方向性、整个调控体系以及调控的落实过程有关。总体来看，本阶段住房市场宏观调控以控制土地供应与资金供应为主要特征，重点规范土地市场秩序，结合行政手段与市场手段促进住房市场健康发展。

3. 平稳住房价格政策重压阶段

本阶段调控目标、调控手段、调控力度同时出现明显变化，而起点正是“国八条”。2005 年 3 月 26 日，国务院印发了《国务院办公厅关于切实稳定住房价格的通知》，如果将央行的两次加息作为这一阶段的前奏，那么，由此至金融危机到来前，住房市场宏观调控全面铺开。与前一阶段相比，明确把住房价格作为调控目标重点体现在“国八条”的标题和内容中，随后，建设部等七部委出台《关于做好稳定住房价格工作的意见》，要求各地区、各部门要解决房地产投资规模过大、价格上涨幅度过快等问题，并且在2005年两次出台税收政策增加住房交易成本。紧接着在2006年和2007年频繁使用利率政策，目的在于抑制投机性需求进而控制住房价格增速，同时限制外资炒作。不仅如此，由于房价上涨过快，居民购房成本已经远远超过中低收入家庭的承受能力，政策开始逐步向调整住房结构与住房保障方面延伸。在此之前，调结构与住房保障并没有得到应有重视，以至于中央政府不得不硬性规定具体措施与建设规模。2006年5月，国务院办公厅出台《关于调整住房供应结构稳定住房价格的意见》（国办发〔2006〕37号），在套型面积、小户型所占比率、新房首付款等方面作出了量化规定，提出90平方米、双70%的标准。2006年和2007年8月分别出台了《城镇廉租房工作规范管理实施办法》和《国务院关于解决城市低收入家庭住房困难的若干意见》，逐步落实住房保障政策，加强廉租房建设。

影响住房价格的因素非常复杂，总体来看，中央政府实施的干预措施五花八门，主要包括以下几个方面：第一，市场手段，主要包括利率手段、税收手段；第二，行政手段，主要包括限制外商投资、调整住房供给结构、增加保障房供给、房地产信托管制及期房管制。与此同时，还包括规范房地产经纪、清算土地增值税等相关配套措施。

政策调控力度不仅仅体现在调控手段上，还体现在政策出台的密集程度上。在"国八条"出台后三年多的时间里，住房市场宏观调控主要政策频度统计如图3-2所示。各种不同住房市场调控政策累积频数达54次，其中2007年共出台相关政策26次。货币政策使用频率最高，而其中利率政策又最为突出。在此期间，贷款基准利率增幅达2.16个百分点，存款准备金率增幅达7个百分点。

4. 应对金融危机政策回转阶段

为防止金融危机失控与市场信心涣散，中国政府宏观调控政策基调回转表现明显。任何一个产业的存在和健康发展都无法脱离整体经济环境，不论调控政策是否重点关注了房地产业，住房市场都将作为政策因素的载体。2008年9月15日，央行宣布，从9月16日起，下调一年期人民币贷款基准利率0.27个百分点以及下调存款准备金率0.5%，个人住房公积金贷款利率也相应下调，其中五年以下（含

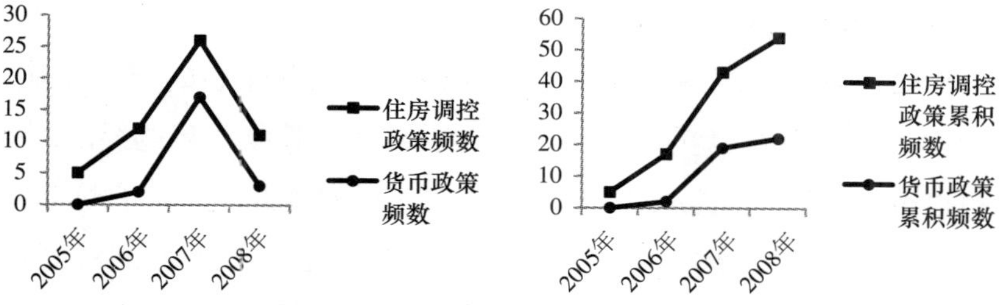

图 3-2　平稳住房价格政策重压阶段调控政策频度统计

五年）贷款利率下调 0.18 个百分点；五年以上贷款利率下调 0.09 个百分点。与此同时，央行还宣布从 9 月 25 日起，下调中小金融机构人民币存款准备金率 1 个百分点，汶川地震重灾区地方法定金融机构存款准备金率下调 2 个百分点。随着西方央行联袂降息，央行决定从 10 月 15 日起，下调存款类金融机构人民币存款准备金率 0.5 个百分点，这是央行近 9 年来首次下调所有存款类金融机构人民币存款准备金率。自 2008 年 11 月 1 日起，对个人首次购买 90 平方米及以下普通住房，契税税率下调 1%，对个人销售或购买住房暂免征收印花税，对个人销售住房暂免征收入地增值税，首次购买住房和改善型普通住房提供贷款利率 7 折优惠，最低首付下调为 20%。在此期间，央行多次宣布降息，其他相关经济刺激措施也相继出台，住房市场宏观调控政策与货币政策频度统计如图 3-3 所示。

在短短的 15 个月时间里，共采取调控措施 15 次。其中，货币政策调控力度最大，2007 年曾六次上调贷款基准利率，2008 年则按照 2007 年幅度相当于 8 次下调贷款基准利率。在 2007 年以及 2008 年前 8 个月存款准备金率总共上调 13 次，而 2008 年后四个月则 7 次下调准备金率。总体来看，为了应对金融危机，政策方向由紧缩性回转为扩张性，以货币政策为主导，调控力度基本达到了前一阶段的水平。

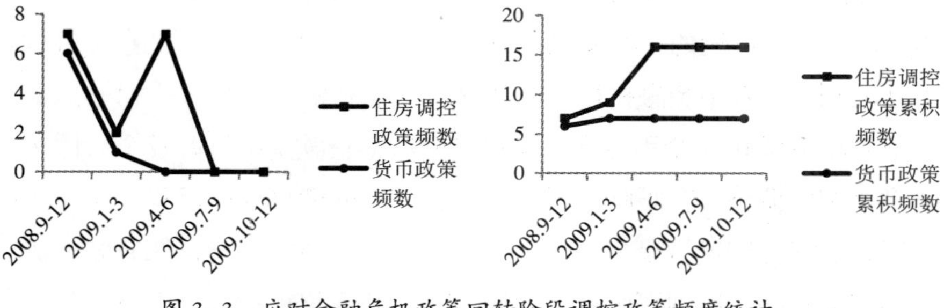

图 3-3　应对金融危机政策回转阶段调控政策频度统计

5. 住房市场盘整政策僵持阶段

2009 年 12 月 9 日，国务院常务会议在研究完善促进消费的若干政策措施中指出个人住房转让营业税征免时限由 2 年恢复到 5 年。持续一年的经济刺激措施似乎已经让住房市场负重不堪，由此开始，房地产市场宏观调控进入了漫长的盘整期。就在同月，国务院明确表态抑制房价快速上涨，提高土地出让金首付比例，将“拿地”首付款比例提高 5 成。开发商拿地后分期缴纳全部土地出让价款的期限原则上不超过 1 年，并落实营业税调整具体措施。在之后的两年时间里，政府通过利率、信贷、规定住房供给比例及税收等各种措施抑制房价上涨，防止投资过热、抑制投机性需求。其中，变动最明显的为“限购”的实施。2010 年 4 月 17 日，《国务院关于坚决遏制部分城市房价过快上涨的通知》（新国十条）规定暂停第三套及以上房贷；对不能提供 1 年以上当地纳税证明或社会保险缴纳证明的非本地居民暂停发放购买住房贷款。同年 9 月 29 日，被誉为最严厉的调控措施“新国五条”出台，规定各商业银行暂停发放居民家庭购买第三套及以上住房贷款；对不能提供 1 年以上当地纳税证明或社会保险缴纳证明的非本地居民暂停发放购房贷款。各地根据规定纷纷推出不同的细则实施方案。

限购是最具争议的住房市场宏观调控工具，焦点集中在该项措施是否打击了改善型需求、是否在控制房价实现短期效应后带来报复性上涨、是否降低了满足中低收入群体的住房过滤效率等方面。政府部门也多次表态限购只是权宜之计并不适于长效机制的建立，十八届三中全会提到要完善主要由市场决定价格的机制，然而，一线城市的限购政策并没有松动的迹象。与此不同的是，在本阶段的后半程，存款准备金率和存贷款利率由从紧转向扩张，中国人民银行决定从 2011 年 12 月 5 日起下调存款类金融机构人民币存款准备金率 0.5 个百分点，并在之后的 7 个月时间里多次下调。最近的一次调整在 2012 年 7 月 6 日，央行下调金融机构人民币存贷款基准利率，其中金融机构一年期存款基准利率下调 0.25 个百分点，一年期贷款基准利率下调 0.31 个百分点；其他各档次存贷款基准利率及个人住房公积金存贷款利率相应调整。在限购的同时，金融机构继续严格执行差别化的各项住房信贷政策，继续抑制投机投资性购房。但从市场反馈情况看，部分城市房价反弹明显，还有部分城市出现了大量的房屋空置，被形象地称之为“鬼城”。房产税扩容方案正在布置中，而当前有效的住房市场调控政策体系构建并没有突破性进展，十八届三中全会的召开和总体部署为住房市场宏观调控开启了一段新的历程。

3.1.2　中国住房市场宏观调控政策变迁根本动力

对政策变迁动力的分析是一种解释性的研究，致力于探讨政策的变迁为什么发生（柏必成，2010）。如果政策分析不考虑导致政府采取行动及政策意在解决问题的各个方面，那么，这种分析是不全面的。同样，为了评价政策产生的政策效力，分析者也需要掌握关于原始问题实质方面的信息（Anderson，1990）。政策循环的第一个环节，也是最关键的环节是设定议程。议案和关注的焦点问题被确定为政府行动的候选对象的渠道并不是简单的，它们的提出是多方面因素共同作用的结果，它们要想成为政府决心要做的事情之前，还要经过复杂的程序，这一阶段对全部政策程序以及政策结果具有决定性影响（Howlett，2006）。前政治（pre–political）或至少是前决策（pre–decisional）的阶段往往在议案的决定方面发挥着至关重要的作用，它决定了政府对政策工具如何取舍（Cobb & Elder，1972）。那些被决策者选中或决策者感到必须对之采取行动的要求构成了政策日程（Hoppe，1970）。运用多源流框架来具体分析城镇住房制度货币化改革以来我国住房政策变迁的根本动力，这一分析过程也是对多源流框架的检验，在此基础上，将进一步对住房政策变迁规律性特征进行对比。需要指出的是，多源流理论的基本原理在不同地区的适用性问题仍旧需要进一步探讨。从国内外学者的研究成果来看，对多源流框架适用性的讨论主要集中在不同政治制度与不同经济发展水平的国家以及不同层面政府的政策议程是否都能够用该理论来解释。中国有其自身特殊的国情，特别是政治源流中几种因素能否具备“机会之窗”的触发条件可能需要调查后再确认，如政府对言论自由的态度、政府与社会的关系、利益联盟对政府的影响力及超乎稳定的政权等都会影响到政治源流的形成，这其中又不能否认技术进步尤其是信息技术所扮演的积极角色。在下文的研究中会发现，随着信息传播的无边界化和多样化，政治环境对多源流框架应用的束缚将逐渐减弱。本书除了检验多源流理论在解释中国住房调控政策形成中的适用性，还为住房市场政府干预有效性原因的解释提供了新的视角。

1. “问题之窗”打开

通过对问题源流和政治源流的分析，我们试图找到“机会之窗”开启的因素。问题引起政府决策者关注的原因常常在于某些指标完全表明那儿本来就有一个问题存在（Kingdon，2004）。

1998 年和 2008 年起始的住房调控政策变迁在触发因素上有相似之处，均来自于外部经济形势变化。据相关部门统计[①]，受亚洲金融危机的影响，我国外贸虽然保持顺差但出口增长率下降，其中，1998 年出口增长率为零；国内需求不振，1998 年城镇居民可支配收入增幅下降约 2 个百分点；失业增多，1997 年全国城镇登记失业率同比增加 0.1 个百分点。中国政府本着高度负责的态度，从维护本地区稳定和发展的大局出发，作出人民币不贬值的决定，中国政府还收窄了人民币对美元的浮动区间。1998 年 8 月初，乘美国股市动荡、日元汇率持续下跌之际，国际炒家对香港发动新一轮进攻，而中央政府成为了香港对抗国际炒家的坚强后盾。坚持人民币不贬值中国政府就必须采取努力扩大内需、刺激经济增长的措施以保持国内经济的健康和稳定增长，同时也能够缓解亚洲经济紧张形势并进一步带动亚洲经济复苏。住房产业由于产业关联度高，对上下游产业具有极强的带动作用，需要住房产业成为新的经济增长点。同时，为满足居民居住需求，住房实物分配给财政造成很重的负担，经过近二十年的住房制度改革探索，通过市场来解决大多数居民的住房问题已形成共识。若要发挥住房产业的经济带动作用，就必须释放住房需求，而正是由于亚洲金融危机这一外部事件的冲击为我国城镇住房货币化改革打开了“机会之窗”。同样，外部事件冲击作为根本动力的住房调控政策变迁还发生在美国次贷危机后，其影响也给中国经济稳定造成了威胁（图 3-4）。

2008 年，中国出口总额增长率大幅下降，国内生产总值指数快速下滑。2009 年出口总额增长率出现负值，如果中国政府没有出台经济刺激政策，国内生产总值指数势必进一步下滑。正是预见了这一情况的发生，本着 GDP 至上的目标才实施了 4 万亿元投资计划。三条源流交汇并由“问题之窗”触发的应对金融危机调

① 本小节所应用数据来源于国研网和中指院数据库。

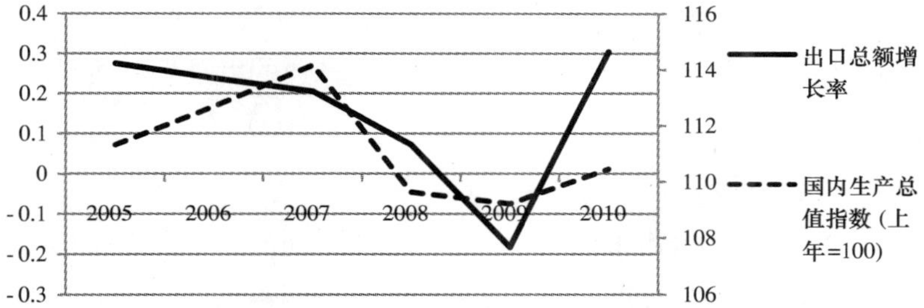

图 3-4　2005—2010 年中国出口总额增长率与国内生产总值指数

控政策变迁对住房市场的影响，导致了史上最严厉干预措施的出台。

在住房调控政策变迁中的第三阶段也明显是由于“问题之窗”的打开。由于上一阶段对土地市场的整治以及金融政策开始参与房地产市场调控，房地产投资过热得到一定程度的遏制（图 3-5），但是，商品房价格一直保持快速增长的势头（图 3-6）。

从商品房销售价格指数可以看出，从 2004 年第二季度开始商品房价格一直保持较高的增长幅度，因此，2005 年出台的“国八条”将稳定住房价格提高到政治

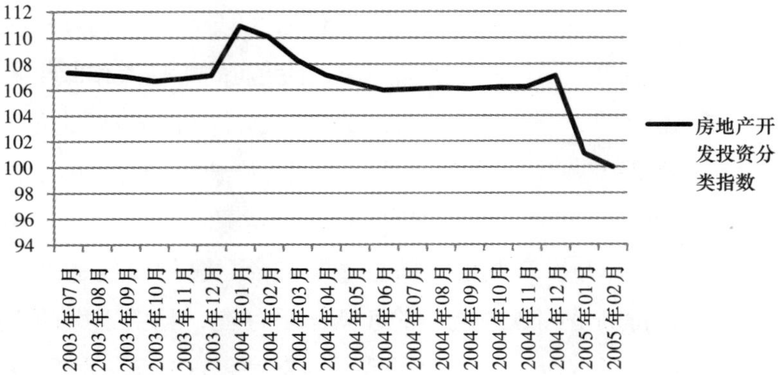

图 3-5　2003 年 7 月—2005 年 2 月全国房地产开发投资分类指数

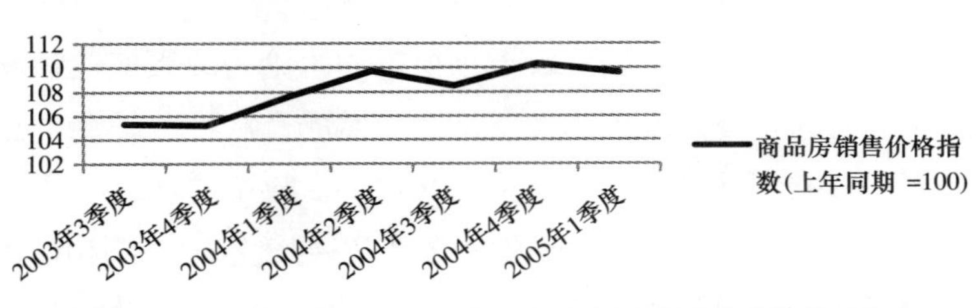

图 3-6　2003 年 3 季度—2005 年 1 季度全国商品房销售价格指数

高度并建立了政府负责制。对房地产业作为国民经济支柱产业的态度由“主导型”转变为“接受型”，即不再由政府刻意推动房地产业的发展但不否认房地产业在经济发展中的带动作用。

2.“政治之窗”打开

如前文所述，政治源流由公众情绪、压力集团间的竞争、选举结果、政策或者意识形态在立法机构中的分布状况以及政府的变更等因素构成。本书认为，在住房市场调控政策转向阶段和住房市场盘整阶段政策变迁分别主要起因于政治源流中的利益集团博弈和公众舆论压力的变化。

首先来探讨这两个阶段住房调控政策变迁发生的问题源流。1998—2002年，全国房地产投资年均增长19.6%，激励性政策引发了房地产市场的投资浪潮，房地产投资占固定资产投资比例逐渐扩大，“圈地”现象导致了大量土地资源的浪费，房屋空置率开始上升，表现出投资过热迹象，可能造成房地产资源的严重浪费。而在2008年和2009两年时间里，受到金融危机和中国经济刺激性政策的影响，商品房销售价格指数和住宅商品房销售价格指数呈U形曲线（图3-7），到2009年末，商品住宅价格已经接近金融危机前的水平，部分城市特别是一线城市房价收入比已经远远超过国际上认定的合理范围，刚就业的年轻人和低收入群体处境艰难。同时，高房价导致众多实体企业进入房地产业，实体经济可能面临空心化。高房价也使商业银行和地方政府失去了耐性，银行疯狂放贷给房地产业，金融安全堪忧，地方政府则疯狂卖地，土地财政依赖越陷越深。

在这两个阶段中，并没有明显的信息表明机会之窗的开启是来自于问题源流中的某个元素，特别是问题源流中的元素早已存在，且由于房地产业的重要作用，中央政府在大多数时候都采取了容忍的态度，这与第三阶段问题源流出现急剧变化而导致“问题之窗”的开启有明显的区别。与之相对的，业内对第二阶段住房调控时机选择与最后阶段干预措施的争论为政策变迁触发因素的分析提供了讨论的空间。公共政策的实质是对利益的合法性分配，利益集团涉及政策过程是为了影响利益分配（陈水生，2012）。政策的形成涉及到与解决公共问题有关的并能被接受的各种行动方案的提出，行政管理部门和机构的官员、立法者、利益团体等都可能参与政策（文件）的形成。121文件以控制系统性

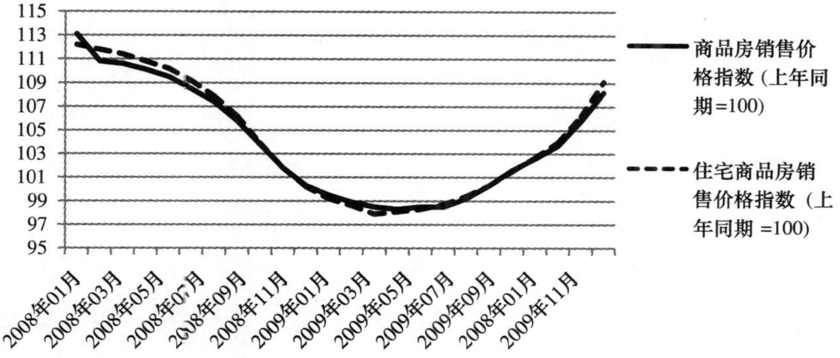

图 3-7　2008 年 1 月—2009 年 12 月全国商品房和住宅商品房销售价格指数

风险防范房地产市场局部过热为直接目标，但文件出台后，大多数开发商都持否定意见（戴根有[①]，2003），商业银行也存在不同的反应。在我国实力靠前的房地产开发企业中大部分企业都具备国有背景，在国有企业中管理层可以与政府相应级别官员进行对调，也就是说，国有企业中的精英与政治精英有千丝万缕的联系，房地产开发企业利益集团有足够的政治资源影响公共政策的制定。在住房市场体制改革初级阶段，从事房地产开发活动给企业带来丰厚的利润，强大的经济基础能够为制定干预公共政策的行为策略提供多种选择。同时，开发商掌握大量的市场交易信息资源，这些信息资源会成为官僚精英等决策主体所倚重的重要资源，因此成为利益集团介入公共政策的重要资本。18 号文件在出台前，国务院多次召开各级政府管理部门、相关行业主管与企业参加座谈会，听取各方意见。该文件中对房地产行业价值的理性判断、对存在问题的客观分析和未来产业管理的规划，有助于房地产业消除近期屡被“打压”的顾虑，使整个行业以一个更加健康的心态向前发展（张宇[②]，2003）。121 文件和 18 号文件并非完全没有冲突之处，18 号文件虽肯定了央行防范金融风险的重要性，但也强调了防范风险不能影响住房信贷。在这样的背景下，121 文件执行情况不容乐观，房地产贷款在文件出台后几个月增长仍然非常快，以致于在后面的调控中不得不采用更密集的货币政策并重新思考房地产产业的定位问题。因此，

① 戴根有，原中央人民银行货币政策司司长，文中所引观点来自媒体对他的采访。
② 张宇，国泰君安证券研究所研究员，专门负责房地产业研究，文中所引来自媒体对他的采访。

政策回转阶段政策风向标的转动留下了利益集团特别是开发商这一利益既得方的指纹印记。

在进入住房市场调控政策盘整阶段之前，住房市场特别是房价涨幅过快问题长期存在，经济刺激计划未能科学审视其对住房市场的影响以及高房价所带来的社会问题。住房首先是一个民生问题，并伴随着人类的生产生活渐进的演变，而在住宅产业的不同发展阶段，主要矛盾也会不同。国民情绪一直被说成政府内部及其周围的人们所感觉到的某种比较模糊的存在物，某种容易被他们所感知但是根本不具体的事物。一般来讲，国民情绪最有效的表达便是通过舆论，特别是在信息时代快速的网络舆论的传播。当“买不起房”成为热点问题的时候，公众的注意力就被吸引到这个对象上来，并且舆论的分布非常广泛。没谱的房价和蕴蓄的民怨直指民生困境，中国房价问题俨然已经上升到政治高度，限购令就成了斩乱麻的那把快刀。限购是一个典型的经济问题政治化的解决方式，即便房地产市场问题是政治问题，为什么就不可试着用经济的或市场的手段去解决？其中有一点考虑即是政府急功近利，在保障房缺席的情况下，基于民意压力，政府要在短期内取得调控成果，于是不得不采取行政手段，直接干预市场（邓聿文[①]，2011）。

另外，政治领袖可能是决定住房市场调控政策日程的一个重要因素，无论是出于政治优先权的考虑，还是因为对公众利益的关切，或者二者兼而有之，中央政府曾不断呼吁，房价过高，不仅伤害中国经济的健康，更不利于和谐社会的建立。政治领导人可能会密切关注高房价的问题，并提出解决问题的方案。这些都是这一阶段政策变迁为“政治之窗”作为触发因素的参考依据。

3. 住房市场调控政策变迁规律性特征对比

前文指出多源流框架认为三个源流之间是相互独立的，每个源流都有自己的寿命和动力。但是，在我国的社会政治环境下，问题源流、政治源流与政策源流的边界并不十分明显（毕亮亮，2007）。在住房市场调控政策变迁动力的分析中没有全面的讨论所有多源流框架内的要素，为了更清晰地理解多源流框架对我国

① 邓聿文，中央党校《学习时报》副编审，文中索引来自财经网。

住房市场调控政策变迁的解释，本书又梳理和总结了政策变迁的规律性特征并进行比较分析（表 3-1）。在此基础上，提出两种动力变迁模式，并指出了两种模式存在的弊端及其对政府干预有效性的影响。

总体来看，住房市场调控政策变迁的动力可以源于住房市场内部，如在第二、第三和第五阶段。也可由住房市场外部因素触发而成，如在第一和第四阶段。我们把由住房市场内部的动力导致的政策变迁称为“内部压力”变迁模式，把于住房市场外部的动力导致的政策变迁称为“外部压力”变迁模式。需要特别指出的是，不管政策变迁遵循哪种模式，政策变迁的触发因素既可能是“问题之窗”的开启，也可能是“政治之窗”的开启。与此同时，在两种政策变迁模式下，问题源流和政治源流既有可能来自外部也有可能来自内部。如在住房政策激励阶段政策变迁的根本动力是由于亚洲经济危机对国内经济造成冲击，同时政治源流也并非全部来源于国内，还包括来自国际方面的压力。

当政策变迁遵循“外部压力”模式时，难免会出现政策干预目标和干预措施与住房自身亟待解决的问题不一致的状况。不仅如此，住房市场调控政策变迁“内部压力”模式同样存在不稳定性。在本案例的研究中，第二和第三阶段政策变迁都遵循“内部压力”模式，其根本动力分别由于“问题之窗”的打开和“政治之窗”的打开，并且是在很短的时间内交替发生。政策变迁动力多维度的发散性会导致内部压力模式的不稳定。除此之外，不管政策变迁遵循哪种模式，住房市场调控政策变迁会受到利益集团与政治领导人偏好的影响，但这也意味着在政策变迁过程中政策的形成可能会受到人为因素的直接干预而不是通过合理干预来弥补市场失灵。

与此同时，在住房市场调控政策变迁规律性特征对比研究中，通过对问题源流与政治源流的展开，我们还发现 Kingdon 的多源流框架较少考虑国际视角。因此，其对某些案例的解释可能是没有说服力的，这意味着在封闭条件下所构建的多源流框架将无法顺应时代的发展。事实上，随着全球一体化进程的加快，各国与周边国家唇亡齿寒，特别是大国对利益相关国家的辐射作用明显，全球范围内逐渐形成几个大的跨区域联盟模块，多源流理论在解释国家政策形成过程中应该超越国度，将问题源流与政治源流延伸到任何可能的空间。

表 3-1　　政策变迁规律性特征梳理与比较

政策变迁阶段	问题源流	政治源流	机会之窗	特征比较
住房市场起步政策激励阶段	亚洲金融危机对国内经济的冲击，拉动内需，满足居民住房需求，缓解住房的财政的负担	改善人居民生，维护社会稳定，香港回归，展现负责任的大国地位	问题之窗打开	该阶段机会之窗打开的主要触发因素是非住房市场内部问题，但与住房市场之间相互影响，政治利益诉求高，政策源流经历了长期的探索过程
住房市场调控政策转向阶段	房地产投资过热，住房价格有上涨势头，土地市场秩序混乱，商业银行违规信贷问题突出	政权的变更，利益集团之间的博弈，利益集团与中央政府之间的博弈	政治之窗打开	该阶段触发因素的产生正处于市场秩序混乱、利益膨胀时期，土地市场问题比较突出，加入 WTO 后开始寻找市场手段
平稳住房价格政策重压阶段	房地产投资热度不减，部分城市住房价格增长幅度过快，房价收入比远超国际警戒线	利益集团与中央政府及其代理人之间的博弈，部分城市房价上涨过快带来的负面舆论	问题之窗打开	房地产内部问题严重，面对市场调控利益集团已经攒下对抗筹码，住房保障供给不到位
应对金融危机政策回转阶段	受美国“次贷”危机的拖累，世界主要经济体经济增长开始出现下滑趋势，中国贸易出口总额开始下降	巩固中国负责任的大国形象，政权的过渡	问题之窗打开	该阶段机会之窗打开的主要触发因素同样是非住房市场内部问题，但与住房市场相互影响较强，政策不以针对住房市场为主
住房市场盘整政策僵持阶段	住房价格再次快速攀升，对实体经济和金融系统造成威胁，地方政府土地财政模式愈演愈烈	政权的交接，国民情绪对于高房价反应，媒介舆论	政治之窗打开	住房市场内部问题严重，住房保障落实不到位，民生问题突出，政策源流逐渐市场化却最终形成非市场化政策

注：政策源流为各种不同的住房市场干预方案，包括已经实施的和未实施的。

本节回顾并划分了住房市场调控政策变迁的过程，应用多源流框架分析了政策变迁的根本动力，并指出了我国住房市场调控政策变迁模式存在的弊端。本书认为，当前的变迁模式会带来住房市场调控目标不明确、调控手段依据不充分等一系列问题，进而影响住房市场政府干预效果。因此，有必要深入优化住房市场调控政策形成过程。在前文研究的基础上，本章将进一步剖析住房市场宏观调控体系中存在的主要矛盾。

3.2　中国住房市场宏观调控体系存在的主要矛盾

房地产宏观调控体系主要是由调控目标、调控手段、调控监测、调控机构和调控方法所组成（何溪明，2010）。基于以上两种住房政策调控变迁模式必然会导致住房市场宏观调控体系在动态演化的过程中缺乏一致性和连续性，也暴露了体系内部存在的种种矛盾。

3.2.1　住房市场宏观调控目标多元化

我国住房市场宏观调控体系存在直接目标和间接目标、显性目标和隐性目标、总体目标和局部目标上的混乱。关于宏观经济层面的调控政策对住房市场的影响所存在的问题最为突出，从住房福利分配货币化改革伊始，房地产业便成为国民经济增长动力以及节奏控制的窗口。经济适用房政策的初衷本来有出售型和出租型两种，按照最初的规划，两种类型的住房供给比例以出租型为主，但在具体实施中出租型经济适用房的保障作用体现并不明显。经济适用房实际上扮演了带动国民经济发展、促进房地产市场健康发展与增强住房保障的多重功能，定位模糊为其角色的转变埋下了伏笔。2003 年，18 号文件明确指示，经济适用房为政策性住房，实际上转变了其作为保障性住房的地位，住房政策目标的转变从根本上被国民经济发展绑架了，而由于其规模与纯粹的商品住宅市场相比较小，对于抑制房价过快涨幅的作用并不明显。2006 年，保障性住房建设再次引起政府的重视，出台了一系列增强住房保障的措施，但由于在房源筹措与融资途径上存在障碍，因此，经济适用房仍旧作为重要的保障性住房类型被沿用下来。从本质上和市场反馈上看，这种特殊政策性住房根本无法起到住房保障作用，完全是地方政府应付上级政府完成任务的筹码。2007 年，由于意识到住房市场可能造成的系统性金融风险，中央政府出台了史无前例的密集调控政策为房地产市场降温。而到了 2008 年，为了应对美国次贷危机波及中国导致的经济下行，国家出台的经济刺激政策对于住房市场而言则错过了深度调整的时机。这种对立的翻转实际上暴露了中央政府的意图，即承认了房地产业绑架了宏观经济并且在两者调控目标冲突的情况下无法二者兼顾。

住房市场宏观调控中土地政策的运用同样存在目标冲突问题，在快速城市化的进程中，城市建设用地和农业用地空间相互挤压是不可避免的。为了确保粮食生产安全，不过重地依赖进口，我国提出了“18 亿亩耕地红线”的战略方针。粮食安全目标限制了住房建设用地供给规模，这使得土地政策在住房市场中的作用处在比较尴尬的位置。2010 年，当中央政府认识到该问题时已经是有心无力，严格的“限购”政策自然成为了挽救楼市的最后一根稻草。但是，“限购”本身则存在巨大的争议，限购确实有助于抑制投资投机性住房需求，不过也打击了刚性需求，降低了住房过滤效率给中低收入群体购房带来了更大的压力，“限购”政策实施一段时期后，是否会带来住房价格的报复性上涨也充满不确定性。从 2013 年北京子市场的情况看，这种现象已经发生了。2004 年以来，针对房地产价格的过快上涨，中央政府出台了包括土地、财政税收、信贷、保障性住房和规范交易行为等方面的调控政策。但是针对这些调控政策，地方政府采取各种目标替代的非正式规则，导致房地产调控目标难以实现。地方政府目标替代的非正式规则的原因在于目前房地产调控的制度环境形成的政治、经济利益诱因（谢志岿、曹景均，2012）。

3.2.2 住房市场宏观调控政策工具不协调

丁伯根法则[①]认为，一种工具实现一种政策目标最有效率，而如果试图用一种工具实现一种以上的政策目标时，便会因目标之间的冲突而降低效率，甚至会背离目标而出现更加失衡的状态，即一种政策工具只能解决一个问题。蒙代尔法则[②]认为，在分散决策的情况下，每一政策工具应该分配用于实现其相对有效地影响政策目标方面，否则，可能导致经济系统难以达到均衡。或者说，不同的政策工

① 丁伯根法则是由首届诺贝尔经济学奖得主荷兰经济学家丁伯根（J. Tinbergen）提出的，是关于国家经济调节政策和经济调节目标之间关系的法则。

② 蒙代尔分配法则是由蒙代尔（R. A. Mundell）提出的，有时也称为“有效市场分类法则”。

具可能对政策目标的影响是完全相反的。而在我国住房宏观调控体系中不仅为一种政策工具赋予实现多个目标的职能，还为实现同一调控目标而运用多种调控手段。如土地政策与限购政策对于防范房地产金融系统性风险的作用方向就可能存在冲突，增加土地供给有利于抑制房价过快上涨，限购又可能限制了一部分刚性需求，增加住房供给与降低住房需求对于房价的影响是不确定的，只有在能够判断需求类型的前提下才可能减少冲突的发生。同时，土地闸门开得过大，会造成投资过热，也会给金融系统带来威胁，根本原因在于未能科学地分析住房供需关系，又侧重于使用行政手段进行干预。

回顾十多年的房地产市场的变动和宏观调控，始终缺乏一种长期的政策，而一直是在做短期的刹车与加速，频变的短期调控政策造成市场资源浪费，同时也会给行业的健康发展带来隐患（李淑华、杨凌志，2009），不同的调控政策间隔地发生也会造成政策工具之间的不协调。这些情况可追溯到住房市场宏观调控政策制定过程中政策主体各部门之间存在短期利益上的冲突。

3.2.3　住房市场宏观调控中存在利益冲突

在住房市场宏观调控中决策能力与利益障碍共同影响着政府干预市场的有效性，政府对市场的干预行为最终很可能演变为协调各方利益关系的行为。体现在政策调控对象与政策执行者之间的利益矛盾，政策执行监督者与政策执行者之间的利益矛盾，政策制定主体之间的矛盾等方面。如土地政策调控中地方政府角色的定位就比较混乱，既是裁判员，还是运动员，而地方政府之所以持较为消极甚至抵触的态度，其根本原因就是调控政策必然会影响地方的经济发展，由此带来财政收入的减少。中央政府则更多从全局出发，确保整体经济持续稳定地增长。关于住房市场各方利益关系的分析在第七章会有更加详细的研究，本章不再赘述。

3.3 中国住房市场政府分区域干预的政策实践

3.3.1 住房市场政府分区域干预的情形

在住房市场宏观调控政策中也强调过实施差别化干预，譬如 2007 年 9 月推出的“差异化”房贷政策，该政策规定购买第二套以上住房贷款首付比例和利率水平均须高于购买首套住房，称为“二套房新政”。2009 年 12 月 14 日，再次实施“差异化”房贷政策。但这并不是本书关注的核心问题，实施差别化政策的难点在于各个区域住房子市场的发展状况与基本环境不尽相同，全面把握地方子市场需要付出巨大的成本。一般来讲，如果中央出台操作性较强的全国统一的调控政策，那么，该政策就是各地区进行住房市场调控的主要依据。如果中央宏观调控政策主要是指导性的，那么，各级地方政府在制定细则上会存在一定的弹性，各个地区住房市场调控政策也会有细微的差异。不过，有些时候，中央层面也会明确提出各级政府要因地制宜制定政策，或者由于某种特殊情况直接对某一区域进行差别化干预。如 2008 年 9 月 16 日，央行宣布下调存款准备金率，由于“汶川地震”给当地造成巨额财产损失，房屋几乎全部被毁坏，因此，法定金融机构存款准备金率下调幅度比其他地区要多 1 个百分点。对于住房市场发展过程中存在的矛盾，经过中央层面明确强调的区域差别化干预的政策并不常见，本书也只能简单地列举。

3.3.2 住房市场政府分区域干预的初步实践

从住房市场宏观调控历程来看，中央层面首次强调根据不同区域的情况进行差别化的干预应该在 2010 年 4 月 17 日国务院出台的“新国十条”，即《国务院关于坚决遏制部分城市房价过快上涨的通知》，其中明确指出在房价过高、上涨过快、供应紧张的地区，暂停第三套及以上房贷。此时，金融危机所带来的负面影响还没有完全退去，在刺激性政策下住房价格大幅反弹，比重过高的住房投机性需求将会带来严重的资源浪费，如果局部地区泡沫不能够逐渐萎缩，也会给金融系统带来严重的威胁。在多方面考虑下，“新国十条”在区域差别化调控上向前走了一步，提出了在不同的市场状况下三套房信贷执行的基本参考原则，留给地方政府自主判断的空间与决策权。

2013 年 11 月十八届三中全会公报中提到要建立公平开放透明的市场规则，完善主要由市场决定价格的机制，建立城乡统一的建设用地市场等。上海、广州、深圳和北京等城市相继推出新一轮调控政策，主要内容均为收紧限购政策及加大土地供应。随后，二三线城市加入楼市调控大军，“汉七条”等相继出台。强化市场决定价格的机制对不同区域差别化的干预住房市场是利好消息，或许未来地方政府可以自主的对住房市场进行微调。然而，从目前看住房市场区域差别化干预还主要依靠行政手段，2013 年 7 月，央行宣布取消金融机构贷款利率 0.7 倍的下限，由金融机构根据商业原则自主确定贷款利率水平，这或许有助于地方政府能够更加充分地利用货币政策工具。

3.4　中国住房市场政府干预总体框架分析

为了能够更加清晰地看到我国住房市场政府干预状况的全景，本章进一步总结了住房市场政府干预总体框架并将其拆分为以下几个部分：首先是住房市场政府干预目标的集合，如图 3-8 所示。本章所归纳的目标集合主要是基于房地产市场发展较快这样的大环境背景下，这也符合十几年来我国住房市场宏观调控的主旋律。其中，协调市场内外关系主要是指房地产业与宏观经济的和谐发展。从中也能够看出，各个目标相互之间并非是完全独立的。

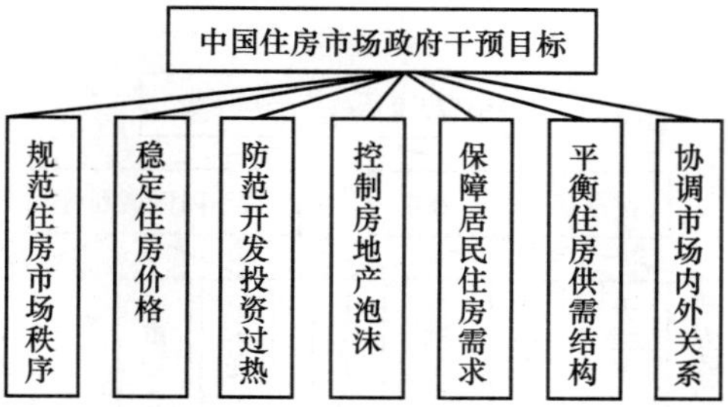

图 3-8　中国住房市场政府干预的政策目标集合

其次，住房市场政府干预手段的集合，如图 3–9 所示。主要分为市场手段、行政手段与法律手段三个部分，其中金融政策又可分为价格型货币政策、数量型货币政策与信贷政策等。

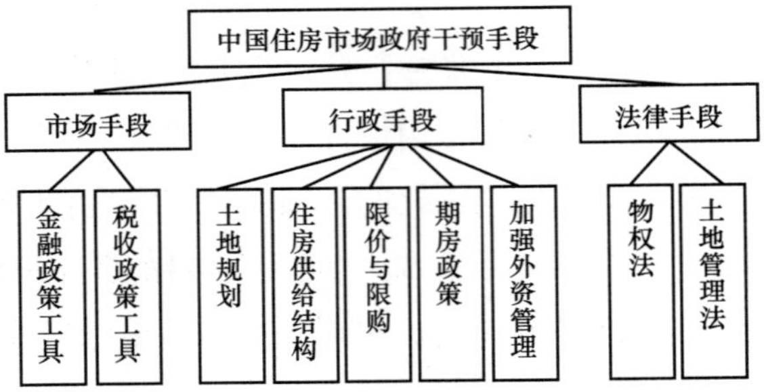

图 3–9　中国住房市场政府干预的政策工具集合

再次，住房市场政府干预相关制度政策制定主体的集合，如图 3–10 所示。

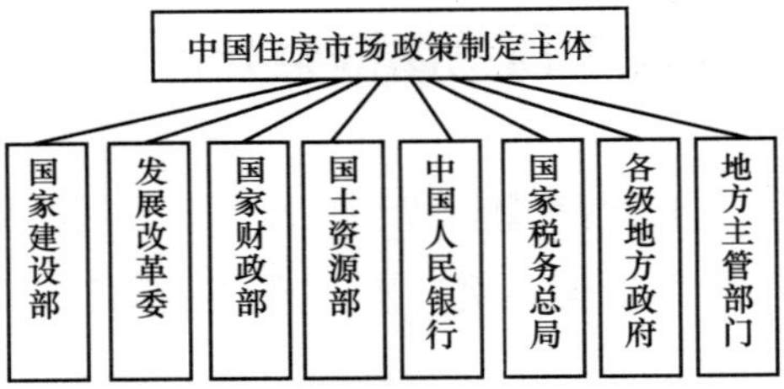

图 3–10　中国住房市场政府干预的政策制定主体集合

最后，住房市场政府干预对象的集合，如图 3–11 所示。需要指出的是，尽管我国还没有全面以区域市场为政策制定导向，但是在实际操作中会重点对部分区域进行预警监控。

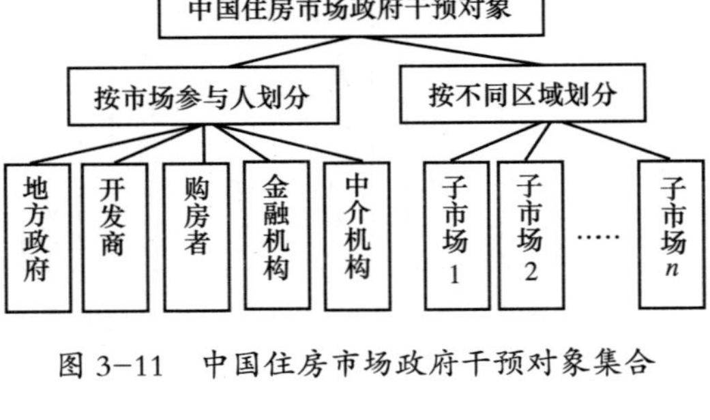

图 3–11　中国住房市场政府干预对象集合

3.5　本章小结

将 1998 年以来中国住房市场调控政策的变迁过程划分为五个阶段，应用多源流框架对政策变迁的根本动力进行了分析，认为住房市场起步政策激励阶段、平稳住房价格政策重压阶段与应对金融危机政策回转阶段政策变迁的触发因素为“问题之窗”的打开，而住房市场调控政策转向阶段与住房市场盘整政策僵持阶段政策变迁的触发因素为“政治之窗”的打开。紧接着对不同阶段政策变迁的规律性特征进行了探讨与比较分析，并指出不论是由“外部压力”模式还是由“内部压力”模式推动的住房市场调控政策变迁都存在隐患，会影响政府对住房市场干预的有效性，因此，有必要进一步优化住房调控政策形成过程。在此基础上，又进一步分析了我国住房市场宏观调控体系中存在的主要矛盾，最后概括了中国住房市场政府干预的总体框架。

第 4 章　住房市场政府总体干预效果区域异质性实证分析

前文应用多源流框架对我国住房市场调控政策进行了剖析，从政策形成角度对住房市场政府干预有效性进行了解释。本章首先应用聚类统计方法对住房市场进行区域分类，在深入分析住房价格影响因素与形成机制的基础上，构建面板数据时间干预模型将政策因素与其他因素进行分离，并对带有虚拟变量的实证模型进行估计，最后依据模型分析初步解释住房市场政府干预效果区域异质性的原因。

4.1　对区域样本选择与分类的说明

房地产市场的区域划分实际就是房地产市场的空间聚合问题，即对地理观念上的整个房地产市场进行分割，使其成为多个独立的小区域，在通过对各个小区域的指标变量进行深入分析，得出各个独立区域的内在关联性。根据其内在关联程度将独立区域重新聚合，进一步形成新的、独立性更强的、面积范围更大的市场区间（郑大川、尹晓波，2008）。因此，本书关于住房市场区域分类需要解决两个问题：一是如何选择样本，本书需要讨论是以城市为单位还是以省级建制为单位；二是如何将样本个体按区域进行分类。

4.1.1　样本选择与分区方法

1. 样本选择

根据本书的研究目标，对于空间样本的选择至少要确保两个基本原则。首先，样本个体内部没有空间异质性或者继续分解更小空间的成本巨大，如果所选择的样本个体内部存在差异，那么，对政策效果区域异质性的评价则无法进行科学的解释。如同把水和过氧化氢比作内部存在异质性的样本个体，虽然可以清楚地认识两种物质的物理性质，但却始终不能发现组成两种物质的基本元素是相同的。选择省级行政作为研究的最小样本单元，会在样本分类过程中失去房地产市场所具有的部分相似特征信息，不利于一般规律性研究，所以，选择样本应以考虑城市单位为重点。当然，在社会科学研究中，分组的意义在于能否解释差异。社会分组可以减少社会结果的差异性，但不可能穷尽个体差异。如果将一个城市再进行区域划分，由于城市内部构成要素关联非常复杂且不同的城市物理形态、发展模式、经济状况等不尽相同，这将导致继续分解样本个体的成本过高。另外，通常认为，地级市是作为执行政策最低级别的政府机构，从这个角度看，选择城市作为样本个体也是更为合理的。

其次，样本个体要具有代表性且能够获取相应的数据。中国地域辽阔，截止到 2012 年底，地级及以上城市多达 289 个[①]，区域间经济发展极为不平衡。如果将所有城市都作为样本纳入研究范畴，势必会造成归类不好把握，类别过多则不利于观察住房市场与调控政策之间的互动规律。从本书的研究目标看，由于中国经济高速增长、迅速开放和地区发展不平衡规律的作用，大量经济和社会资源以及房地产需求向一些大城市集中，必然导致这些大城市的级差地租大幅度上升，推动那里的房价上升，但那绝不是全国经济现象。其实，即使是作最夸张的估计，全国至多也只可能会有几十个城市，即总数不超过 10% 的城市的房价增长幅度超出正常水平，而全国大多数城市的房价不可能显著超过国民经济增长的幅度（金碚，2007）。这就意味着调控政策并不是无的放矢，在部分区域从政策到市场的传递过程可能是无效的．一般认为，我国 35 个省会城市和计划单列市是房地产市场重点关注的区域。此外，不是所有的城市都对房地产市场数据进行了比较全面与规范的监测[②]，35 个大中城市在市场数据搜集方面是最全面的。从统计层面来看，选择具有代表性的 35 个城市作为研究样本也有足够的依据，城市数量虽然只占地级及以上城市的 12%，但近十年来房地产投资规模和销售总量平均占比却超过了 50%（图 4−1）。

① 数据来源于国家统计局网站，2013 中国统计年鉴。

② 官方公开的统计数据以及研究机构监测公布数据，并没有覆盖所有城市。本节 35 个大中城市房地产市场相关数据来源于 CREIS 中指数据。

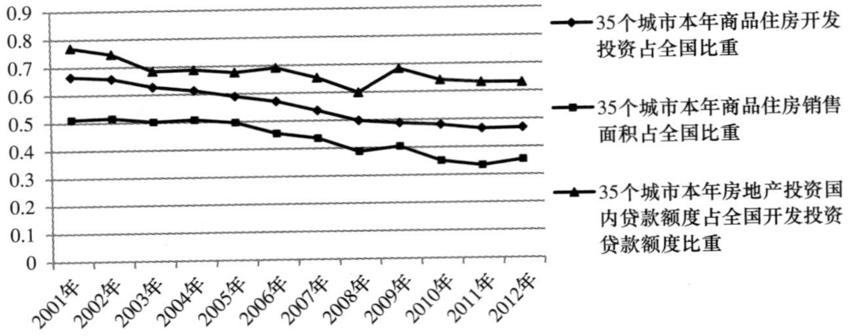

图 4-1　35 个大中城市住房规模占全国比重

除了以上两个原则以外，龙奋杰（2008）在住宅市场差异经济分析的研究中选择 35 个城市作为样本的依据也有重要的借鉴意义。我们认为，其中最主要的几条包括：

第一，住宅市场是区域性市场，以城市为单元进行研究符合城市经济学的基本原理，相对于区域或省级别等大尺度的研究单元，更加符合依据流动性划分房地产市场的标准。

第二，35 个城市从全国空间范围来看呈现比较离散的点状分布，从地域空间角度来看具有较强的代表性。

第三，从城市性质来看，样本城市包含了各种不同类别的城市。

综上所述，35 个城市是政府重点监测的城市，作为最小单元不存在内部差异化问题（熊方军、马永开，2008），将 35 个城市作为本书的研究样本可以更有效进行住房市场调控效果评价。

2. 区域分类研究方法

正如上面所提到的分类的意义在于解释差异性，从统计学原理上看，组内样本应具有相似的特征，而组间类别应具有明显的距离。需要强调的是相似性同样是相对的，对城市的归类旨在探寻调控政策对住房市场作用的区域性规律，但不同城市个体必然存在差异性。反之，正是这种差异性对组内样本实现充分的随机性，才能更有效地进行多元统计分析，这与上面讨论的最小单元样本选择避免内部差异有着本质的区别。在已有的文献中，大部分学者采用了惯用的或者说约定俗成的分类方法，主要包括东中西三分法①和一、二、三线城市分类法②。后一种分法主要应用在报告、评论等形式中，前一种分法则被大量应用在学术论文中。不过根据东部、中部和西部经济发展水平差异的房地产市场区域划分方法过于宏观，不能够很好地反映大区域范围内的房地产发展的差异性，简单将发展差异较大的样本归为一组会减少统计数据中包含的有效信息，基于三分法做出的实证研究的政策含义不强（李海海，2006）。而以地理位置和行政区域单位为标准的房地产市场划分延续了行政建制的特点，以此为基础，对房地产市场进行区域分割又不能合理体现市场发展特征（辛园园、冯长春，2011）。因此，目前对于我国房地产市场的研究采用东中西部的划分方法没能充分地结合房地产市场发展水平来进行，有必要采用基于我国房地产市场发展水平的区域划分方法，对我国房地产市场进行分类研究（朱媛玲，2012）。

房地产市场区域分类通常采用聚类统计研究方法（郑大川、尹晓波，2008；熊方军、马永开，2008；辛园园、杨子江，2011；朱媛玲，2012；詹鹏等，2012），但不同学者会根据各自的研究目的选择指标体系与具体的操作方式。聚类分析的基本思想就是依照某种准则，把一些形似程度较大的样本或变量聚合为一类，并使同类内部差别最小，类别之间的差别最大，最终将样本或变量分为若干类。所以，本书依然采用聚类统计分析方法对不同城市进行房地产市场区域划分。聚类分析方法主要包括系统聚类法、分解聚类法、有序样品聚类法、动态聚类法及模糊聚类法等，其中系统聚类方法是最常用的聚类分析方法。聚类分析需要处理两个核心问题：一是用什么统计量来表征样本之间的相似性程度；二是采用何种聚类方法或者说采用何种准则确定类与类之间的相似程度。本书将采用欧氏距离进行样本的相似性度量，并采用 Ward 系统聚类方法计算类与类之间的距离。

---

① 东部城市：深圳、上海、厦门、广州、北京、杭州、宁波、大连、天津、南京、青岛、石家庄、济南、沈阳、福州、海口；中部城市：武汉、郑州、长沙、太原、长春、南昌、哈尔滨、合肥；西部城市：呼和浩特、南宁、银川、兰州、西安、重庆、乌鲁木齐、成都、昆明、贵阳、西宁。

② 除了一线城市：北京、上海、广州、深圳没有争议外，二线城市和三线城市划分没有统一认可的结论。不过副省级城市和省会城市通常被归为二线城市，其余部分地级市被归为三线城市，在 35 个大中城市中除了四个一线城市，其余城市中只有银川、西宁、海口被归为三线城市，剩下的都归为二线城市。

欧氏距离计算数学公式为

$$d_{ij}(2)=[\sum_{k=1}^{p}(x_{ik}-x_{jk})^2]^{\frac{1}{2}} \tag{4-1}$$

其中，p 为样本个体的指标数量，x_{ij} 表示第 i 个个体的第 j 个指标，d_{ij} 表示第 i 个个体和第 j 个个体的距离。

Ward 系统聚类方法将 n 个样本分成 k 类 $G_1,G_2,\cdots,G_k$，用 x_{it} 表示 G_t 中的第 i 个样本（注意 x_{it} 是 p 维向量），n_t 表示类 G_t 中的样本个数，$\overline{x}_t$ 是类 G_t 的重心，则在类 G_t 中的样本的离差平方和为

$$L_t=\sum_{i=1}^{n_t}(x_{it}-\overline{x}_t)'(x_{it}-\overline{x}_t) \tag{4-2}$$

整个类的内平方和为

$$L=\sum_{t=1}^{k}\sum_{i=1}^{n_t}(x_{it}-\overline{x}_t)'(x_{it}-\overline{x}_t)=\sum_{t=1}^{k}L_t \tag{4-3}$$

Ward 系统聚类就是要选择使 L 达到极小的分类。需要进一步说明的是，对聚类分析方法中分类数的确定是迄今为止尚未完全解决的问题之一，本书则根据聚类结果和论文研究需要来确定最终的分类个数。

4.1.2 住房价格面板聚类与分区域住房市场统计特征

聚类指标的选择对应用计量模型分析住房宏观调控政策影响效果的区域异质性起着关键性的作用，指标体系的选择大致可以分为两种途径：一是选择住房市场开发与经营行为相关指标；二是既考虑住房市场开发与经营行为指标又加入住房市场影响因素指标。问题是如果将住房市场影响因素作为聚类分析的指标那么无法排除政策因素，从统计层面看，住房市场表现不尽相同，很可能意味着国家统一的宏观调控政策对不同区域的作用程度也是有明显差异的，但这种异质性的测度无法通过聚类分析来实现。将样本的政策与其他影响因素共同列为聚类的指标体系很可能会由于其他影响因素相似程度更大而被分在同一类别，而类内的样本个体政策因素对住房市场的影响却存在很大差异。特别是当部分政策因素无法量化而不能被纳入聚类分析指标时，这种情况就更可能会发生，我们做这样的推

断是由于无法确定对于所有样本来说政策因素与其他影响因素对住房市场的作用是同向的。如果只将反映住房市场发展状况的相关指标纳入聚类分析的指标体系，则减少了上述问题发生的可能性。国内外房地产区域分类的研究成果比较多，但很少有涉及到以房地产宏观调控为研究目标而进行的分类，这样的推断对于本书来说是否具有合理性则需要后面的政策评价实证分析来验证。

为了更加清晰的看到住房不同子市场发展的相似性，本书将采用面板数据进行聚类分析，面板数据聚类充分地考虑了样本个体在时间序列上的变化。在多指标条件下面板聚类分析既要考虑发展水平，也要考察发展速度和变异程度，利用 R 软件①进行算法实现后的结果反映了多指标面板聚类存在的适用性问题。首先，各个指标的权重对聚类结果有很大影响，例如住房投资、成交面积和成交价格对反应住房市场发展程度的占比如何很难把握；其次，在时间序列维度上发展水平、发展速度和变异程度的权重对住房市场分类也有很大影响，通过算法自动生成的权重与通过专家打分法得到的权重得出的结果有一定差别，增加了最终分类结果判定的难度；再次，多指标面板聚类需要进行两次标准化操作，一是对指标的标准化，二是在计算欧式距离总和时分别对发展水平、发展速度和变异程度数值的标准化，两次标准化在一定程度上弱化了样本之间的相异程度，导致多指标面板聚类结果显化的分类数过多，这将不利于进行面板计量分析。因此，在进行了多指标面板聚类、单指标面板聚类和多指标截面数据聚类尝试后，本书最终选择了单指标面板聚类作为住房市场分类的研究方法。

我国房地产市场是弱有效性的，即价格只能反映房地产市场的部分信息，不过，即便如此，在过去房地产市场快速发展的十年，住房价格对反应市场的发展程度仍旧是不可替代的，本书选择 2004—2012 年 34 个城市②住房销售价格数据作为研究样本对我国住房市场进行区域分类。

1. 住房价格聚类与住房市场区域划分

采用单指标面板聚类方法则在操作程序上简化了很多，可以通过对数据结构

① 面板聚类 R 源程序代码是由李因果老师编写并提供给本书的。

② 由于统计口径问题，重庆市统计数据存在明显异常，所以本书在最终的样本筛选中将重庆市剔除，样本个体总量为 34，后文沿用。

的处理将其转换为一般的聚类分析方法，应用 SPSS16.0 软件对我国 34 个城市住房市场价格进行聚类分析，聚类结果如图 4-2 所示。

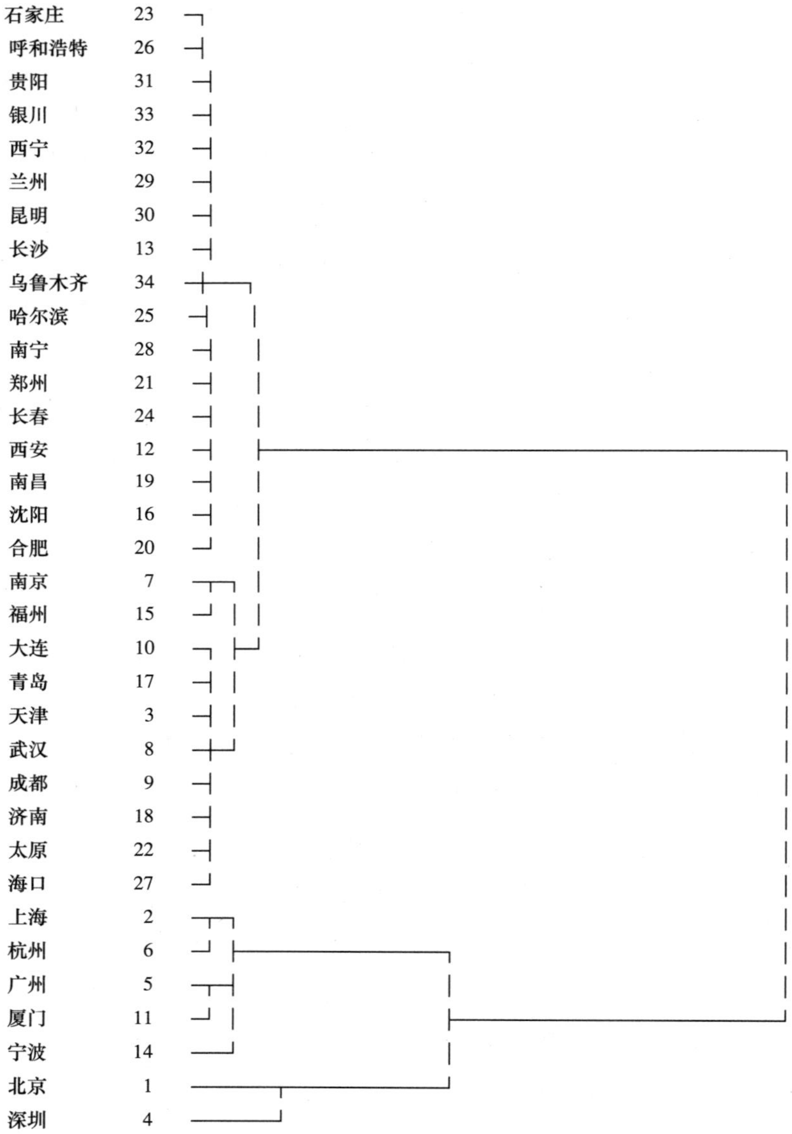

图 4-2　住房价格聚类分析 SPSS 输出结果

图 4-2 中不间断的直线表示欧氏距离的长度，间断的直线是对欧氏距离相近两个类别的连接，可以看出，按照欧氏距离最小原则可以将住房市场 34 个样本城市分为五类，其中样本量最小的一类包含北京和深圳两个城市，考虑到后面章节实证分析对样本总量的要求，本书将这一类划到相邻一类。最终将聚类输出结果定为 4 类，对我国住房市场聚类结果如表 4-1 所示。从分类情况看，与传统的划分方法存在明显的不同，比如海口与同作为东部城市的第一类城市、与同作为三线城市的西宁等城市都不在同一类里了。

表 4-1　　　　住房市场区域分类结果

类别	城市
I 类（C1）城市	上海、杭州、广州、厦门、宁波、北京、深圳
II 类（C2）城市	南京、福州、大连、青岛、天津、武汉、成都、济南、太原、海口
III 类（C3）城市	乌鲁木齐、哈尔滨、南宁、郑州、长春、西安、南昌、沈阳、合肥
Ⅳ类（C4）城市	石家庄、呼和浩特、贵阳、银川、西宁、兰州、昆明、长沙

注：在后文对不同类城市将用 C1，C2，C3，C4 符号表示。

为了能够对所划分区域住房市场情况有个直观认识，在本节中简要地对不同区域住房市场特征进行了统计分析[①]。此外，也为后文中市场影响因素分析以及政府干预效果区域异质性分析提供统计支撑。特别地，对于市场表现不理想的区域其在计量分析中得出的结论是否和直观认识保持一致可以通过与本节统计分析进行对照。

2. 土地与住房供给区域异质性

从土地供给情况来看，不同类别城市[②]住房建设用地计划推出面积统计特征如表 4-2 所示。

表 4-2　　不同类城市住房用地计划面积年度数据统计　　单位：平方米

城市类别	最小值	最大值	均值	标准差
C1 类城市	92377	27300000	5175875	5061250
C2 类城市	438062	29600000	7499073	6150389
C3 类城市	259881	20600000	5111634	4683932
C4 类城市	14810	14100000	3126467	2883124

注：2004—2013 年度数据。

① 本小节统计数据来源于中指院数据库和同花顺 iFinD 数据库。

② 由于数据缺失，C2 类城市中海口、太原未能进行统计；C3 类城市合肥、乌鲁木齐未能进行统计；C4 类城市数据缺失严重，是在非平衡面板数据下进行的统计。下文中的第 3 点沿用了本部分的统计口径。

从住房供给情况来看，不同类别城市住房竣工面积统计特征如表 4-3 所示。

表 4-3　　不同类城市住房竣工面积年度数据统计　　单位：平方米

城市类别	最小值	最大值	均值	标准差
C1 类城市	1963300	30800000	9393088	7313034
C2 类城市	2002782	21200000	7658662	4285435
C3 类城市	1415600	16400000	5721646	3303117
C4 类城市	690018	11600000	3700085	2590417

注：2004—2013 年度数据。

从统计层面看，住房建设用地推出面积 C1 和 C2 类城市比较接近，C2 类城市在均值上高于 C1 类城市，C4 类城市则明显低于其他类别城市，住房竣工面积与土地推出面积统计特征基本相同，在计量分析中会进一步解释。

3. 住房需求与价格区域异质性

住房需求[①]的含义在不同的情境下有不同的理解，如注解所示。本节主要统计已经实际发生的需求情况，不同类别城市住房销售面积统计特征如表 4-4 所示。从不同城市销售面积标准差值可以初步判断，C1 类城市住房交易波动较大，C2 和 C3 类城市统计特征比较接近，与土地和住房供给情况略有不同。

表 4-4　　不同类城市住房销售面积年度数据统计　　单位：平方米

城市类别	最小值	最大值	均值	标准差
C1 类城市	1502053	32800000	10500000	7725404
C2 类城市	2348300	25600000	9810748	5295973
C3 类城市	1749200	22000000	8061703	4643431
C4 类城市	636900	16600000	4871853	3789626

注：2004—2013 年度数据。

在数据库中住房价格也有很多表现形式，如绝对值水平、指数形式等，本节主要分析成交价格，不同类别城市住房销售价格统计特征如表 4-5 所示。仍旧可以从标准差值可以看出 C1 类城市住房价格波动较大，最小值与其他类别城市较近，但住房价格最大值与均值远远超过其他类别城市，C3 和 C4 类城市在住房价格统计特征上比较接近。

① 平常所提到的需求可能与教材中所定义的需求有一点区别，通常住房需求有两个层次的含义：一是居民为了满足基本的居住条件或改善其居住条件而对住宅数量的潜在需求；二是对住房的有效需求，是指在潜在需求的基础上，居民愿意并且有支付能力的需求。教材中所定义的需求是指后者。

表 4–5　不同类城市住房销售价格年度数据统计　单位：万元 / 平方米

城市类别	最小值	最大值	均值	标准差
C1 类城市	3026	23427	10469.60	4496.72
C2 类城市	2224	11078	5646.50	2117.27
C3 类城市	2004	6639	4065.32	1355.71
C4 类城市	1430	5759	3291.26	1183.41

注：2004—2013 年度数据。

4. 住房投融资及结构区域异质性

从住宅开发完成投资额情况看（表 4–6），不同类别城市形成了明显的梯队，C2 类城市和 C3 类城市在统计特征上最为相似，从最大值和标准差情况来看，这两类城市住房投资速度相对较快。而 C1 类城市住房投资波动最突出，这与住房市场发达程度以及政策不确定都可能有关系。由于数据库中没有关于住房投资资金来源渠道的统计，所以，本节采用房地产投资国内贷款情况作为替代，如表 4–7 所示。不同类别城市标准差的差异首先是由于贷款额度相差过大引起的，同时也可能由于资金来源渠道的逐渐多元化。

表 4–6　不同类城市住宅完成投资额年度数据统计　单位：亿元

城市类别	最小值	最大值	均值	标准差
C1 类城市	41.40	1778.31	525.60	393.12
C2 类城市	11.59	1172.60	304.54	258.62
C3 类城市	14.49	1331.43	267.46	274.12
C4 类城市	11.39	698.86	151.61	173.03

注：2002—2012 年度数据。

表 4–7　不同类城市房地产投资国内贷款年度数据统计　单位：亿元

城市类别	最小值	最大值	均值	标准差
C1 类城市	25.65	2367.77	365.68	394.45
C2 类城市	2.2	585.67	134.07	133.25
C3 类城市	4.54	256.34	58.65	56.93
C4 类城市	1.08	235.51	41.89	49.70

注：2002—2012 年度数据。

4.2　住房价格形成机制

房地产价格形成机制，即各种经济组织对价格形成参与权的配置结构，以及由此决定的价格形成方式、价格形式和价格体系，是房地产价格决定的客观依据和定价体制的总称。房地产价格形成机制分为三种①，分别是行政指令形成机制、价格形成机制和市场供求形成机制（张农科，2012）。生产价格机制与市场供求机制是研究住房价格形成机制的两个最主要的价格理论，它们在不同的层次上解释住房价格的运动过程。生产价格理论是价格决定的基础，住宅价格的构成，主要包括土地征收与开发、住房建造与安装、住房销售成本与利润等方面（曹振良，2003）。市场供求则决定价格的变化或波动，本书将考察以稳定住房价格为目的的政府干预效果区域异质性，对住房价格的研究对象是在住房同质假设下的城市住房平均价格，因此，住房供求价格形成机制是本书研究的重点。在实际经济运行中有众多因素直接或者间接影响着住房价格，很难直接观察和测量到所需要的反应住房价格变化的主要因素，而没有数量有限的主要因素就没有恰当的计量经济学模型。

4.2.1 住房供给影响因素

住房供给是指房地产开发商或持有者在某一时期，愿意且能够以某一价格提供的住房商品量。从宏观经济的角度看，住房供给是指在某一时期内的全社会住房供给或者某一区内的住房供给总量。通过整理相关文献以及与专家、有多年经验的房地产从业者进行交流，本书对住房供给的影响因素归纳为表 4–8。

表 4–8　　住房供给影响因素表单

指标	影响路径基本分析
土地成本★	土地成本是房地产开发成本构成的主要部分，成本上升会导致供给曲线向上移动，从而提高房地产价格；影响房地产价格未来预期
建安税费成本★	同上
GDP★	国内生产总值比较高也意味着整个宏观经济环境比较好，能够增强投资者和开发商的信心；国内生产总值水平可能会使得房地产建筑成本上升或下降，影响住房供给增量
CPI★	物价水平上涨会使大多数商品的价格也相应上涨，造成住房生产成本的上升
货币供应量★	当实体经济比较稳定时，货币供应量的变化会影响房地产业资金获取能力；货币现象

① 行政指令形成机制是指房地产价格由政府决定并以行政指令性计划强制企业执行的方式。价格形成机制是指价格由社会成本加平均利润构成。供求形成机制是指房地产市场价格是在房地产供给和需求双方相互作用的过程中形成的。本书认为将价格形成机制称为生产价格形成机制更为合适。

续表

指标	影响路径基本分析
利率★	短期利率增加开发商的资金压力，从而降价销售；长期利率增加会增加借贷资金成本，住房供给可能减少
住房价格★	根据经济学理论，住房价格与住房供给成正比
汇率★	人民币的升值会降低建筑材料价格；国际热钱流动
空置率	与新增供给形成竞争
建造周期	降低住房供给弹性；建造周期越长，短期住房供给能力越弱
贷款价值比★	指贷款金额和抵押品价值的比例，反应风险预期，从而改变住房供给规模
债券收益率★	投资替代效应
长期住房需求★	从长期来看，住房供给和需求将会接近均衡水平
住房供给和价格的上期水平★	住房供给上期水平会影响住房存量，住房价格上期水平对当期住房价格的影响主要是由于对市场未来的预期
城市承载力	直接影响住房供给总量
技术进步	影响住房建设成本和开发速度，从而导致住房供给量变化
政策因素	土地政策，税收政策，金融政策等

注：带有★的影响因素是经过实证分析的，其参考文献不再列出。

假定住房供给函数为线性形式，则其数学表达式可写为

$$S_{\mathrm{h}}=\alpha_0+\sum_{i=1}^{m}\alpha_i X_i^h \tag{4-4}$$

其中，S_{h} 为住房供给量，X_i^h 为住房供给影响因素，α_0 为截距项，α_i 为影响因素系数，i 为住房供给影响因素个数。

4.2.2　住房需求影响因素

住房需求是指消费者或投资者在某一时期，愿意且能够以某一价格购买的住房商品量。从宏观经济的角度看，住房需求是指在某一时期内的全社会住房需求或者某一区内的住房需求总量。通过整理相关文献文献以及与专家和有多年经验的房地产从业者进行交流，本书对住房需求的影响因素归纳为表 4–9。

表 4–9　住房需求影响因素表单

指标	影响路径基本分析
GDP★	国内生产总值的增长会带动经济发展水平的提高和人民生活水平的改善，对未来的预期普遍持乐观倾向，因此消费欲望较强，进而影响住房需求
人均 GDP 或人均可支配收入★	人均 GDP 作为收入水平的衡量指标，它的上升会增强居民的购买能力，提高房屋的有效需求；居民收入水平的提高对消费者的消费层次和结构有很大影响，改善住房条件

续表

指标	影响路径基本分析
利率⋆	利率上升会增加贷款买房者的购房成本，从而抑制需求
CPI⋆	通货膨胀率较高人们更倾向于持有住房等实物资本
住房价格⋆	根据经济学原理，住房需求与住房价格成反比
汇率⋆	人民币升值会导致进口品的相对价格下降，人们的实际购买力增加，对住房需求可能会增加；预期和国际热钱
人口密度	人口密度越大，意味着相对来说住房资源变得更为稀缺
人口总量⋆	直接影响住房需求，也包括外来人口①
家庭分裂速度	直接影响住房需求
人口结构	不同年龄段的人口对住房的需求量不同
城市化	主要通过人口途径传导
房价预期⋆	对未来房价预期上涨会增加当期住房需求，反之则降低当期住房需求
工资水平⋆	工资水平越高购买力能越强，对住房需求越多
租金	租房需求增加的同时购房需求相应下降
储蓄率	依据莫蒂尼亚尼的生命周期理论，能够反映出人口结构；居民购买力
自然地理位置	通过住房周围的物理性状因素来影响居住者的心理感受
基础设施	满足居民对交通、教育、医疗设施的需求，对人口的集聚效应强
社会因素	含社会治安、教育水平、政府治理，对人口的集聚效应强
城市战略	对城市环境的影响等，对人口的集聚效应强
政策因素	金融政策，税收政策，行政手段

注：带有⋆的影响因素是经过实证分析的，其参考文献不再列出。

假定住房需求函数为线性形式，则其数学表达式可写为

$$D_{\mathrm{h}} = \beta_0 + \sum_{j=1}^{n} \beta_j Y_j^{\mathrm{h}} \tag{4-5}$$

其中，D_{h} 为住房需求量，Y_j^{h} 为住房需求影响因素，β_0 为截距项，β_j 为影响因素系数，j 为住房供给影响因素个数。

4.2.3 住房价格的供求形成机制

与其他商品市场一样，房地产商品价格是由房地产市场的供给和需求双方相

① 清华大学研究报告显示，80 后农民工占到农民工总数的 49.1%，但这些新生代农民工中超过 70% 不打算回乡就业，他们中只有 7.3% 愿意回乡务农，而 90 后农民工更是只有 3.8%。就定居地点而言，无论是农业户籍还是非农户籍，流动人口都有在城市定居的强烈意愿。农业户籍的流动人口中，21.6% 的家庭已经在城镇买房，而非农户籍的流动人口中，79.8% 的家庭已在城镇拥有住房。未来 5 年内，有购房或建房打算的比例和流动人口均高于本地居民。http://203.207.226.100/files/201310/20131028111532.html

互作用决定的（孔行，2010）。从需求来看，住宅价格（需求价格）是指在特定时间内需求者对一定数量的住宅愿意并有能力支付的最高价格。从供给方面看，住宅价格是指在特定时间内开发商对一定数量的住宅愿意并有能力出售的最低价格，是盈利水平和供给能力的统一（彭鸿斌，2010）。从短期来看，由于生产周期较长，住房供给几乎无弹性，不能适应变化的需求，导致价格上涨或下降。与供给相比住房需求更具有弹性，在供求均衡的条件下，如果需求突然增加，供给却不能增加，则价格上升，反之则价格下降。

住房价格的形成遵循价值规律，在总体上其价格由价值决定，并随着供求等市场因素的变化围绕价值上下波动。特别是，与大多数商品不同，住房还具有投资属性。从实际情况看，住房价格的波动远远超过普通商品，体现出了明显的虚拟资产的特征。因此，住房未来收益的预期对住房价格的形成起到关键性的作用。当住房市场处于均衡状态，即 $S_{\mathrm{h}} = D_{\mathrm{h}}$ 时，由住房供给函数 [式（4−4）] 和住房需求函数 [式（4−5）] 可得住房价格决定方程为

$$\bar{P}_{\mathrm{h}} = \frac{(\alpha_0 - \beta_0) + \sum_{i=1}^{m-1}\sum_{j=1}^{n-1}(\alpha_i X_i - \beta_j Y_j)}{\beta_j^{\mathrm{p}} - \alpha_i^{\mathrm{p}}} \tag{4-6}$$

其中，α_i^{p} 和 β_j^{p} 分别为住房供给方程和需求方程中的价格系数，住房价格决定方程可以简化为

$$\bar{P}_{\mathrm{h}} = \gamma_0 + \gamma_1 Z_1 + \gamma_2 Z_2 + \cdots + \gamma_k Z_k \tag{4-7}$$

其中，$\bar{P}_{\mathrm{h}}$ 为均衡价格，Z_k 为住房价格的影响因素（其中，k 为最终的住房价格影响因素个数，且 $1 \leqslant k < (m+n)/2-1$），$\gamma_0$ 为截距项，γ_k 为影响因素的系数。

正如上节所提到的影响住房供给与需求的因素众多，在研究住房价格问题时，不可能把每个因素都作为重点去分析，事实上，也没有必要这样做。从表 4−8 和表 4−9 的简单路径分析中，已经可以看到因素之间存在层级关系，因此，很多学者在住房价格形成规律上进行了有价值的探索。

不同的住宅价格形成理论模型有不同的研究目标，本书将有代表性的住房价格形成理论模型分为三类。一是研究房地产个体的价格形成理论模型，包括特征

价格模型、重复销售模型和混合销售模型[①]，其中房地产特征价格模型最具有代表性。特征价格模型（Hedonic Price Model，HPM）最早可以追溯到1928年，是用来估计农产品的隐含价格。20世纪六七十年代，特征价格模型理论研究取得了重大进展，基于消费者决策、生产决策和市场均衡的分析研究奠定了特征价格模型的理论基础，随后即被广泛应用于房地产领域。房地产特征价格模型有多种形式，其中最为基础的线性特征价格模型数学表达式为

$$P = \alpha_0 + \sum \alpha_i Z_i + \varepsilon \quad (4-8)$$

其中，P 为房地产价格，α_0 表征特征变量外的常量对房地产价格的影响，Z_i 表示特征变量，α_i 表示第 i 个特征变量的特征价格，ε 为随机干扰项。

二是更看重房地产的金融属性，通常强调风险收益及波动机制，将金融领域分析工具应用到房地产定价研究中来，如泡沫理论、看跌期权理论（王文斌，2010）。最具代表性的是对资产定价理论的应用，经典的资产定价理论包括资本资产定价理论（CAPM）、无套利定价理论（APT）、消费基础的资本资产定价理论（CCAPM）等。但是，资产定价理论通常需要严格假定资产的同质性，其对住房价格形成解释的可行性有必要进一步探讨。

三是从某一区域或地区角度分析住房价格，通常是平均价格，代表性的理论有“缩约”模型（Reduced Form Model）、服务流量理论（Service-Flow Theory）、存量—流量模型（Stock-Flow Model），此类住房价格形成理论模型也是本书所重点关注的。

模型1：“缩约”模型。该模型最早是由Muth（1960）提出的，目的是估计住房的供给弹性。Muth将住房新增变量作为被解释变量，主要解释变量包括住房存量、住房价格、人均持久收入、建造周期、贷款价值比和债券收益率等。随后Follain（1979）在Muth的基础上分别构建了需求方程和供给方程，也做了住房供给弹性的估计，但是同时也得到由供需决定的住房价格“缩约”方程，Follain所考察的住房价格影响因素包括建筑材料价格指数、劳动工资水平、利率水平、家

① 在房地产异质性假设条件下主要的房地产估价方法，如成本法、市场比较法和收益还原法（施建刚、白庆华等，2000），其在完美条件下，应与文中描述的房地产个体形成理论模型是相对应的。

庭收入、其他商品价格及上一期的住房服务存量水平等。我国学者沈悦和刘洪玉（2004）则根据我国的实际情况对已有模型进行了调整，调整后的模型函数表达式为

$$P_{\mathrm{H}} = f[INC, POP, VACANCY, UNEMP, COST, L(P_{\mathrm{H}}), X] \quad (4-9)$$

其中，P_{H} 是住宅价格指数，INC 为可支配收入，POP 代表人口的相关指标，$VACANCY$ 为住宅市场空置率，$UNEMP$ 代表失业率，$COST$ 代表建筑成本，$L(P_{\mathrm{H}})$ 为滞后算子，X 为其他外生变量。

模型 2：服务流量模型（Hort，1997）。该模型考虑了住房价格模型的微观基础，认为住房可以为使用者提供服务流，住房基础价格可以看作是未来各期服务流的折现值。住房长期均衡价格函数可表示为

$$P^{*} = g[RUC, \delta, \Delta Y, \Delta N, Y, N, C, (1-t_{\mathrm{p}})] \quad (4-10)$$

其中，$RUC = (1-t_{\mathrm{i}})i + d + t_{\mathrm{h}} - \pi$ 表示实际用户成本（i 为住房抵押贷款利率、t_{i} 为利息税、d 为住房折旧与维修支出比率、t_{h} 为住宅税、π 为通货膨胀率），δ 为存量住房折旧率，ΔY 为人均收入变化率，ΔN 为人口增长率，Y 人均收入，N 人口数量，C 建造成本，t_{p} 住房价格税收。

模型 3：存量 – 流量模型。Malpezzi（1996）在假设住房市场一年内完成出清的假设前提下，先提出一个简单的住房供给流量调整模型，之后又放松了该假设，进一步提出了带有存量调整的结构模型。该模型假定任一时间的住宅价格仅仅取决于模型中其他变量的当期值，而住宅的存量则依赖于这些变量的历史值（周京奎，2005）。其数学表达式为

$$\begin{cases} Q_{\mathrm{d}t} = \delta(K_t^{*} - K_{t-1}) \\ K_t^{*} = \alpha_0 + \alpha_1 HP_t + \alpha_2 INC_t + \alpha_3 POP_t \\ Q_{\mathrm{s}t} = \beta_0 + \beta_1 HP_t \\ Q_{\mathrm{d}t} = Q_{\mathrm{s}t} \end{cases} \quad (4-11)$$

其中，K_t^{*} 为长期住房需求，K_{t-1} 为上一期的实际住房服务存量水平，δ 为存量调整参数；HP_t 为当期住房价格，INC_t 家庭收入水平，POP_t 为人口水平；$Q_{\mathrm{d}t}$ 和 $Q_{\mathrm{s}t}$ 分别为当期住房需求和住房供给；α_0，β_0 为截距项；α_1，α_2，α_3，β_1

为各变量系数。

对式（4-11）进行整理后，可得

$$HP_t = \frac{\delta\alpha_0 - \beta_0}{\beta_1 - \delta\alpha_1} + \frac{\delta\alpha_2}{\beta_1 - \delta\alpha_1} INC_t + \frac{\delta\alpha_3}{\beta_1 - \delta\alpha_1} POP_t - \frac{\delta}{\beta_1 - \delta\alpha_1} K_{t-1} \quad (4-12)$$

可以进一步简化得到计量模型为

$$HP_t = \gamma_0 + \gamma_1 INC_t + \gamma_2 POP_t + \gamma_3 K_{t-1} + \varepsilon_t \quad (4-13)$$

存量—流量模型是分析住房价格形成机制最有影响的理论模型，本章同样以住房价格供求机制为基础，借鉴存量—流量模型的设定形式，结合对住房供给与住房需求影响因素的分析，在相关数据能够获取的前提下，构建更为恰当的以政策因素为研究变量的计量经济模型，并将对不同的政策因素分别进行机理分析。在住房市场政府总体干预效果的评价中，政策因素的选择要考虑政策本身是否具有代表性，能否反映中国住房市场宏观调控政策变迁的整体过程，住房价格水平或波动是否在政策前后体现明显的时间结构特征，政策因素又该以何种形式纳入到计量经济模型中，都需要进一步探讨。

4.3 IAM 分析政府总体干预效果区域异质性

4.3.1 面板数据时间序列干预分析模型的设定

时间干预分析模型（Intervention Analysis Model，IAM）作为一种政策评价方法广泛应用于评估各类干预事件（王松涛，2009）。时间序列干预分析模型最早应用于应对空气污染问题，通过转移车流量来控制臭氧浓度（Box & Tiao，1975）。在对住房市场宏观调控政策评价的研究中，由于影响住房价格的因素比较复杂，特别是在同时考虑全国层面与城市层面影响因素的情况下，如何将政策变量从变量集合中分离出来以便于更科学地考察调控政策对住房市场的作用程度是一个艰难的考验。干预分析模型的优越性就在于通过选择合适的干预函数将干预事件对被解释变量的影响分离出来，而其在不同政策评价领域应用的广泛性也

为本章选择应用该模型构建了扎实的实践基础。Box & Tiao 构建的时间序列干预分析模型的数学表达式为

$$Y_t = M_{\mathrm{t}} + \sum_{j=1}^{k} f_{\mathrm{t},j} + N_{\mathrm{t}} = M_{\mathrm{t}} + \sum_{j=1}^{k} [\omega_j(B) / \delta_j(B)] I_{\mathrm{t},j} + \frac{\theta(B) e_t}{\phi(B)(1-B)^d} \tag{4-14}$$

其中，Y_{t} 为被解释变量；M_{t} 为除干预事件 $I_{\mathrm{t},j}$ 影响之外的其他外生解释变量；N_{t} 为随机误差项；$f_{\mathrm{t},j}$ 为代表第 j 个干预事件对被解释变量影响的干预函数，$\omega_j(B)$ 和 $\delta_j(B)$ 为第 j 个干预事件对被解释变量影响的传递函数系数，$\omega_j(B) = \omega_{j,0} - \omega_{j,1} B - \omega_{j,2} B^2 - \cdots - \omega_{j,s} B^s$，$\delta_j(B) = 1 - \delta_{j,1} B - \delta_{j,2} B^2 - \cdots - \delta_{j,r} B^r$，$B$ 为滞后算子；$\theta(B)$、$(1-B)^d$ 和 $\phi(B)$ 分别为移动平均算子、d 阶差分和残差项的自回归，$\theta(B) = 1 - \theta_1 B - \theta_2 B^2 - \cdots - \theta_q B$，$\phi(B) = 1 - \phi_1 B - \phi_2 B^2 - \cdots - \phi_p B^p$，$e_t$ 为一白噪声序列。

干预分析模型的核心内容是选择合适的干预函数 $f_{t,j}$ 来分离干预事件对被解释变量的影响，Box & Tiao 认为干预事件可以通过脉冲指示模型和阶跃函数模型两种形式来描述，它们的表达式为

$$P_t^T = \begin{cases} 0, & t \neq T \\ 1, & t = T \end{cases} \tag{4-15}$$

$$S_t^T = \begin{cases} 0, & t < T \\ 1, & t \geqslant T \end{cases} \tag{4-16}$$

干预事件对被解释变量的影响效果主要取决于传递函数的系数和阶数，不同的传递函数条件下干预函数又存在多种变换形式，通常情况下，主要考虑零阶或一阶传递函数。当传递函数的阶数为 0 时，干预函数即为脉冲指示模型或阶跃函数模型，意味着干预事件对被解释变量存在突然的短期影响或长期影响。当传递函数的阶数为 1 时，对于脉冲指示模型存在两种形式，分别为

$$f_{t,j} = \frac{\omega_{j,0}}{1 - \delta_{j,1} B} P_{t,j}^T \tag{4-17}$$

$$f_{t,j} = \left(\frac{\omega_{j,0}}{1 - \delta_{j,1} B} + \frac{\omega_{j,0}}{1 - B}\right) P_{t,j}^T \tag{4-18}$$

式（4-17）中的传递系数是变化的，表示当 $t=T$ 时干预事件对被解释变量在不同时点上不同程度的渐进短期影响；式（4-18）则带有截距项，表示当 $t=T$ 时干预事件对被解释变量在不同时点上不同程度的渐进长期影响，并在一定时期后变为固定影响。

阶跃函数模型同样存在两种形式，分别为

$$f_{t,j}=\frac{\omega_{j,0}}{1-\delta_{j,1}B}S_{t,j}^{T} \tag{4-19}$$

$$f_{t,j}=\frac{\omega_{j,0}}{1-B}S_{t,j}^{T} \tag{4-20}$$

式（4-19）中的传递系数是变化的，表示当 $t\geqslant T$ 时干预事件对被解释变量在不同时间点有不同程度渐进的长期影响；式（4-20）表示当 $t\geqslant T$ 时干预事件对被解释变量的固定系数的渐进长期影响。

随着计量经济学的不断发展，已经开发出了多种面板数据计量模型，面板计量主要有两个前沿领域。一个是面板数据非线性模型，或者称为面板数据非经典计量经济学模型；另一个是面板数据单位根和协整检验理论方法研究。而经典面板数据计量经济学模型一般为简单的线性形式，主要包括变截距面板数据模型和变系数面板数据模型。经典面板数据模型的表达式①为

$$Y_{it}=\alpha_i+X_{it}\beta_i+\mu_{it},\ i=1,2,\cdots,n;t=1,2,\cdots,T \tag{4-21}$$

式中，X_{it} 为 $1\times K$ 向量，$X_{it}=(X_{1it},X_{2it},\cdots,X_{Kit})$；$\beta_i$ 为 $K\times 1$ 向量，$\beta_i=(\beta_{1i},\beta_{2i},\cdots,\beta_{Ki})'$，$K$ 为解释变量的数目。

误差项 μ_{it} 均值为零，方差为 σ_u^2。该模型表示，在横截面个体之间，存在个体影响，也存在变化的经济结构，因而结构参数在不同横截面个体上是不同的。

当 α_i 随样本个体变化、β_i 不变时，就是截面个体变截距模型；当 α_i 不变、β_i 随个体变化时，就是截面个体不变截距、变系数模型。当然，式（4-21）还有多个变化形式，这里就不专门讨论了。

将时间序列干预模型与面板计量模型结合使用，其数学表达式可写为

① 参考李子奈编著的教材《高级应用计量经济学》，清华大学出版社，2012 年第 1 版。

$$Y_{it} = \alpha_i + X_{it}\beta_i + \sum_{j=1}^{k}[\omega_j(B)/\delta_j(B)]I_{t,j} + \mu_{it} \tag{4-22}$$

其中，Y_{it} 为反应住房市场状况的被解释变量，X_{it} 为政府干预事件外的影响因素，$I_{t,j}$ 为住房市场调控政策干预事件。从时间序列干预模型中可以看出，干预事件将采用虚拟变量及其动态时间序列模拟政策的干预机理，因此，该模型只能刻画政策干预事件发生前后被解释变量的变化形式，对住房市场政府总体干预效果的解释有一定局限性，需要结合其他变量进行补充分析。

4.3.2　变量选择与数据来源

在住房市场政府总体干预效果评价中，主要应用合适的计量模型研究政策干预事件对住房价格的影响，因此，首先要对政策干预事件或者说政策变量进行定义。对政策干预事件或事件集合（以下简称事件）的定义或选择主要遵循以下几个原则：首先，该政策在一定时期内为非经常性政策或多次发生但集中度比较高，政策事件的发生从理论上要具备某种影响力，经常性事件无法突出这一特征；其次，政策事件的影响不能一直存在，政策事件对住房市场的干预可以有短期影响，也可以有渐进影响和长期影响，但恒定影响是在初期时点发生并无法改变的，这种事件进行计量分析的意义不明显；再次，鉴于我国住房市场政府干预的频繁性，选择政策事件变量应考虑该事件具备相当重要的作用，不论是从干预时点还是干预手段以及影响程度上看，从理论上对住房市场或住房价格的干预都应具有深层次的意义。事件不能简单地通过某个指标或某些指标的变化程度来进行度量，而是综合的影响，既有可操作性的具体措施又能产生释放信号的作用。除此之外，还需考虑模型中控制变量数据的可行性问题。基于以上原则，结合住房市场调控政策变迁过程的分析，本章将着重考察在各政策变迁阶段中以下几个政策组合工具对住房市场的影响。

第一，2006 年 5 月 29 日，国务院办公厅出台《关于调整住房供应结构稳定住房价格的意见》（国办发（2006）37 号），提出“90/70”的标准。37 号文件的出台也是为“国八条”提高了可操作性。意见中还包括进一步发挥税收、信贷、土地政策的调节作用，进一步整顿和规范房地产市场秩序等内容。紧接着，5 月

31 日，国税总局下发《关于加强住房营业税征收管理有关问题的通知》（国税发 74 号文件），对“国六条”中二手房营业税新政策的具体执行问题予以明确。要求各级地方税务部门要严格执行调整后的个人住房营业税税收政策。税收政策释放出抑制住房投机的信号，短期内可能会干扰购房者行为，因而用零阶脉冲指示模型来反应税收政策对房价的影响。而住房供应结构对住房价格的影响却存在争议，在需求不变的情况下，增加中、小户型住房供给比例能够提高住房供给套数，平均每套住房价格将会下降；另一种观点则认为，小户型住房供给数量虽然增加，但是，相应的有效需求数量也会随之增加，反而造成了单位面积住房价格的上升。不论是哪种路径，住房结构对价格的作用都是循序渐进的过程，因此，本书用一阶阶跃函数模型来描述住房供给结构对住房价格的影响。

第二，2007 年 9 月 27 日，央行规定第二套住房贷款首付不得低于 40%，贷款利率不得低于同期同档次基准利率的 1.1 倍。通知同时要求，商业用房购房贷款首付款比例不得低于 50%，期限不得超过 10 年，贷款利率不得低于中国人民银行公布的同期同档次利率的 1.1 倍。对以“商住两用房”名义申请贷款的，首付款比例不得低于 45%。对于住房市场而言，央行明确了二套房首付比例和贷款利率的最低限制，主要针对的是住房投机需求，会影响到投机者对市场的短期判断，信贷政策表明的政府干预的意图，在城市化率水平尚处于低水平阶段时，该政策更可能通过预期影响市场参与者的决策，因此，本书用零阶脉冲指示模型来模拟其影响。

第三，为应对金融危机，2008 年 9 月 15 日开始，国家出台了一系列经济刺激政策，包括货币政策、信贷政策、税收政策以及督促保障房建设等，从统计数据看，2009 年，经济基本面指标与房地产市场相关指标出现了明显的时间结构上的变化。正如本书在第三章中分析的结论，应对金融危机所采取经济刺激政策密集程度高，对住房市场的影响不仅表现在当期，因此，本书应用零阶脉冲指示模型和一阶脉冲指示模型来描述一系列经济刺激政策。

第四，在住房调控政策变迁分析中已经指出，由于中央政府出台了一系列刺激性政策，住房价格出现大幅反弹，这导致了史上最严厉的市场干预措施出台。从 2009 年 12 月开始，营业税由两年恢复到五年到提高拿地首付比例，紧随其后的是规定购买二套房的家庭，贷款首付比例不得低于 40%，并再次强调增加小户型比例，政府干预力度越来越大，直到 2010 年 4 月 17 日限购政策出台。信贷政策的影响模式与上方类似，而限购政策对房价的影响是长期的，因此，本书用零阶脉冲指示模型和零阶阶跃函数模型来模拟这一次政府的综合干预。综上所述，本书将四次政策干预事件定义如表 4–10 所示。

表 4–10　干预事件定义以及对房价的理论影响

干预事件	影响模式	变量符号
2006 年第 2 季度，住房结构与税收政策组合	短期影响，渐进影响	I_{1p}（−）；I_{1g}（+/−）
2007 年 9—10 月，信贷政策	短期影响	I_{2p}（+/−）
2008 年第 3 季度—第 4 季度，综合干预	短期影响，渐进影响	I_{3p}（+）；I_{3g}（+）
2009 年 12 月—2010 年 4 月，综合干预	短期影响，长期影响	I_{4p}（−）；I_{4s}（−）

在构建计量模型与选择变量过程中，既要考虑遗漏变量问题又要保证模型估计有足够的自由度。面板数据结构本身就能够在一定程度上降低遗漏变量对回归精确度的影响，不过，在样本数据充足的情况下，本章仍旧尽可能多地加入控制变量。在上文的分析中，梳理并总结了影响住房价格的诸多因素，由于数据方面的限制，本章将首次纳入计量模型控制变量的全国层面因素包括建筑安装投资价格指数（JAI）、深圳成分指数（STOCK_SC）、上证综合指数（STOCK_SZ）、基础货币余额（MB）、超额准备金率（ERR）、城市层面的因素包括人均可支配收入（INC）、住宅建设用地成交均价（LP）、住宅土地成交面积（CJMJ）和城市总产出（GDP）等，被解释变量为新建商品住宅销售价格指数（HPI）。所有指标均采用 2005 年第 3 季度到 2013 年第 1 季度的数据，其中，基础货币余额为季度同比增长数据，深圳成分指数、上证综合指数、住房价格指数进行了月度到季度数据的换算。新建商品住宅销售价格指数 2010 年及以前统计口径为新建商品住宅销售价格指数，数据来源于中指院数据库，2010 年以后统计口径为新建住宅销售价格指数，与其他指标一样，数据都来自于同花顺 iFinD 数据库。由于杭州、南宁、武汉和天津四个城市个别指标数据缺失严重，未能纳入研究范围，剔除个别城市不会从根本上影响研究的结论。一般来讲，为了减小异方差性，需要对不同量纲的指标进行自然对数处理，绝对值水平变量的自然对数一阶差分值近似的等于其增长率，根据需要本章将分别生成 ΔLNSTOCK_SC、ΔJAI、

ΔHPI、ΔMB、ΔERR、ΔLNSTOCK_SZ、ΔLNINC、ΔLNLP、ΔLNCJMJ、ΔLNGDP 等新序列并做计量分析。此时，各个指标的经济意义已经发生了变化，与自然对数的一阶差分值不同，直接进行差分取值的指标含义为相对于上一期的增长幅度或同比增长幅度，不过，为了简化书写，本章仍然按照原始指标的名称进行描述。

4.3.3 相关检验与模型估计

为了避免虚假回归（spurious regresion）等问题，首先对控制变量与被解释变量面板数据进行平稳性检验，本章将检验过程分为两个部分，一是对全国层面时间序列数据进行平稳性检验，检验结果如表 4−11 所示；二是对城市层面面板数据进行平稳性检验，检验结果如表 4−12 所示。

表 4−11　全国层面指标时间序列数据 ADF 平稳性检验

指标	统计量值	*P* 值	结论
ΔJAI	−3.6633**	0.0106	平稳
ΔLNSTOCK_SC	−3.5489**	0.0145	平稳
ΔLNSTOCK_SZ	−3.5692**	0.0139	平稳
ΔMB	−4.2941***	0.0031	平稳
ΔERR	−8.1411***	0.0000	平稳

注：*** 为 1% 置信度下显著；** 为 5% 置信度下显著。

从全国层面指标时间序列数据 ADF 平稳性检验结果看，在 5% 置信度下各变量均为平稳序列。对于面板数据需要采用 ADF−FISHER 方法进行平稳性检验，ADF−FISHER 的优势在于不受非平衡面板的限制。从不同城市类别各指标平稳性检验结果看，在 1% 置信度下所有指标在不同城市均表现良好，可以进行面板模型参数估计。

表 4−12　城市层面指标面板数据 ADF− FISHER 平稳性检验

城市类型	指标	统计量值	*P* 值	结论
C1 类城市	ΔLNINC	52.7243***	0.000	平稳
	ΔLNLP	145.738***	0.000	平稳
	ΔLNCJMJ	121.575***	0.000	平稳
	ΔLNGDP	112.715***	0.000	平稳
	ΔHPI	51.3509***	0.000	平稳

续表

城市类型	指标	统计量值	*P* 值	结论
C2 类城市	Δ LNINC	137.872***	0.000	平稳
	Δ LNLP	199.269***	0.000	平稳
	Δ LNCJMJ	184.484***	0.000	平稳
	Δ LNGDP	98.4679***	0.000	平稳
	Δ HPI	72.3373***	0.000	平稳
C3 类城市	Δ LNINC	135.387***	0.000	平稳
	Δ LNLP	175.292***	0.000	平稳
	Δ LNCJMJ	178.079***	0.000	平稳
	Δ LNGDP	439.563***	0.000	平稳
	Δ HPI	71.8340***	0.000	平稳
C4 类城市	Δ LNINC	122.246***	0.000	平稳
	Δ LNLP	138.203***	0.000	平稳
	Δ LNCJMJ	136.665***	0.000	平稳
	Δ LNGDP	547.597***	0.000	平稳
	Δ HPI	79.4022***	0.000	平稳

注：*** 为 1% 置信度下显著；** 为 5% 置信度下显著。

最后，本书将面板数据时间序列干预分析模型设定为

$$\begin{aligned}\Delta HPI_{it} &= \alpha_i + \beta_1 \Delta JAI_t + \beta_2 \Delta LNSTOCK\_SC_t \\ &+ \beta_3 \Delta LNSTOCK\_SZ_t + \beta_4 \Delta MB_t + \beta_5 \Delta ERR_t \\ &+ \gamma_1 \Delta LNINC_{it} + \gamma_2 \Delta LNLP_{it} + \gamma_3 \Delta LNCJMJ_{it} + \gamma_4 \Delta LNGDP_{it} \\ &+ \theta_j \sum_{j=1}^{4} I_{tjp} + \theta_5 I_{t1g} + \theta_6 I_{t3g} + \theta_7 I_{t4s} + \varepsilon_{it}\end{aligned} \tag{4-23}$$

其中，i 为样本个体，t 为样本观测时期；α_i 为不同个体的截距项，$\beta_j (j=1,2,\cdots,5)$ 为全国层面控制变量系数，$\gamma_j (j=1,\cdots,4)$ 为城市层面控制变量系数，$\theta_j (j=1,\cdots,7)$ 为各个干预事件所对应的系数；ε_{it} 为随机干扰项。

本书同时对设定模型形式进行了检验，四类城市均通过了截面固定效应模型的 F 检验①。面板数据时间序列干预分析模型中含有多个虚拟变量，本书利用 Eviews7.0 采用面板数据广义最小二乘法（pooled generalized leastsquare，PGLS）对式（4−23）进行参数估计，选择固定效应（fixed effect）变截距模型，并用截面协

① 当进行固定效应模型估计时，软件会同时提供F检验结果。

表 4–13　　不同类城市住房市场政府总体干预效果实证分析结果

系数符号	C1 类城市			C2 类城市		
	回归结果	*T* 统计量	*P* 值	回归结果	*T* 统计量	*P* 值
β1	0.3969	5.2840***	0.0000	0.0966	1.3863	0.1673
β3	5.8532	5.5929***	0.0000	0.5803	0.6964	0.4871
β4	0.0644	1.1159	0.2666	0.0748	2.5721**	0.0109
β5	−0.1781	−0.8269	0.4098	−0.1913	−1.9988**	0.0470
γ1	3.0249	4.1332***	0.0001	0.8652	1.1225	0.2632
γ2	0.0277	0.1178	0.9064	0.2220	1.4493	0.1489
γ3	−0.0285	−0.2000	0.8418	−0.0228	−0.2399	0.8106
θ1	−0.5851	−0.8238	0.4113	0.5246	0.9093	0.3643
θ2	1.2528	1.0567	0.2923	1.6344	2.4681**	0.0145
θ3	2.7537	3.0827***	0.0024	−2.1327	−2.9003***	0.0042
θ4	1.0092	2.3559**	0.0198	2.1286	3.6172***	0.0004
θ5	−0.1086	−0.1163	0.9075	−0.2910	−0.5908	0.5553
θ6	−2.2025	−2.0511**	0.0420	2.0222	5.1594***	0.0000
θ7	3.8069	6.2518***	0.0000	0.6180	2.1199**	0.0353
系数符号	C3 类城市			C4 类城市		
	回归结果	*T* 统计量	*P* 值	回归结果	*T* 统计量	*P* 值
β1	0.1911	2.2828**	0.0235	0.2176	2.8491***	0.0048
β3	2.5288	2.7662***	0.0062	1.6734	2.2300**	0.0267
β4	0.0740	2.0788**	0.0389	0.0483	1.5640	0.1192
β5	−0.2335	−1.8957*	0.0594	−0.0799	−0.4934	0.6227
γ1	−0.2372	−0.1900	0.8495	0.6349	0.8069	0.4213
γ2	0.2556	1.4681	0.1436	0.1259	0.6624	0.5090
γ3	−0.1085	−1.0172	0.3103	−0.0037	−0.0401	0.9680
θ1	0.3448	0.5501	0.5828	−0.6411	−1.2928	0.1974
θ2	2.7158	3.3020***	0.0011	2.0243	3.0422***	0.0026
θ3	0.1204	0.1314	0.8956	−0.6952	−0.8104	0.4186
θ4	1.4798	2.1976**	0.0291	2.8545	4.4290***	0.0000
θ5	−0.4242	−0.8618	0.3898	−0.5413	−1.2657	0.2069
θ6	1.6834	3.5135***	0.0005	1.4409	3.3629***	0.0009
θ7	1.0528	3.1476***	0.0019	0.1586	0.5104	0.6103

注：截距项估计值未列入表中；*** 为 1% 置信度下显著；** 为 5% 置信度下显著；* 为 10% 置信度下显著。

方差矩阵加权（cross-section weights），得到结果①如表 4-13 所示。斜体部分表示回归结果特别不显著，相对应的控制变量最后从模型中被剔除，然后再次进行回归，由于影响住房价格一些主要因素数据无法获取，可能会导致回归结果误差较大，所以，在逐步剔除不显著变量的过程中，保留了显著性水平低于 20% 的控制变量。如果在回归过程中同时出现两个以上需要剔除的变量，那么，将采取交替剔除的方式，观察是否有保留的可能，如果在去掉其中一个变量后都符合保留的条件，那么，会选择能够使模型可决系数 R^2 较大者的控制变量。灰色字体部分为虽然回归结果显著但是系数符号与理论分析不符，对于此种情况，将在后面进行分析。

4.4　结果分析与总体干预效果区域异质性评价

4.4.1　实证结果分析

从总体看，对于不同区域住房市场政府总体干预效果并不理想。C1 类城市的实证分析结果表明，系数 θ_1 和 θ_5 的估计不显著，可以认为第一次以促进住房结构调整为主的政策干预事件对该区域的作用既没有短期影响，也没有渐进影响；系数 θ_2 估计结果同样不显著，可以认为第二次信贷政策干预对该区域没有短期脉冲影响；而从系数 θ_3 的回归结果看，为了应对金融危机所采取的经济刺激政策对 C1 类城市的短期脉冲影响非常显著，但系数 θ_6 估计结果符号与理论分析不同，意味政策事件长期渐进影响不显著；以限购为主要手段的第四次综合干预其短期效应系数符号 θ_4 和长期效应系数符号 θ_7 与理论分析亦不符，也意味着影响效果不明显。

C2 类城市的实证分析结果表明，系数 θ_1 和 θ_5 的估计不显著，可以认为第一次以促进住房结构调整为主的政策干预事件对该区域的作用既没有短期影响也没有渐进影响；不过，系数 θ_2 估计结果显著，可以认为信贷政策对该区域有短期影响；以刺激经济为主要目的的第三次综合干预对 C2 类城市的短期影响系数符号

① 在第一次回归后发现深成指数与上证指数存在严重的共线性问题，所以在最后的结果中只保留其中一个；通过绘制 GDP 增长率与住房价格同比增长率曲线图，发现两者几乎没有相关性，故去掉 GDP 指标。

θ_3 与理论分析不同，意味着回归结果不显著，与 C1 类城市不同，该类城市系数 θ_6 估计结果显著，表明刺激性政策对该类城市有阶跃渐进影响；与 C1 类城市相同，第四次综合干预其短期效应系数符号 θ_4 和长期效应系数符号 θ_7 与理论分析亦不符，也意味着影响效果不明显。

C3 类城市的实证分析结果表明，系数 θ_1 和 θ_5 的估计不显著，可以认为第一次以促进住房结构调整为主的政策干预事件对该区域的作用既没有短期影响也没有渐进影响；与 C2 类城市相同，系数 θ_2 估计结果显著，可以认为信贷政策对该区域有短期脉冲影响，且影响程度高于 C2 类城市；从系数 θ_3 的回归结果看，应对金融危机的经济刺激政策对 C3 类城市的短期影响不显著，但系数 θ_6 估计结果显著，表明第三次政策干预对该类城市有阶跃渐进作用；第四次综合干预其短期效应系数符号 θ_4 和长期效应系数符号 θ_7 与理论分析亦不符，意味着影响效果不明显。

C4 类城市的实证分析结果表明，在低于 10% 的置信度下系数 θ_1 和 θ_5 的估计不显著，可以认为第一次以促进住房结构调整为主的政策干预事件对该区域的作用既没有短期影响也没有渐进影响，如果将置信度提高到 20%，那么与另外三类城市相比，促进住房结构调整等措施对平抑住房价格的作用更加有效；与 C2、C3 类城市相同，信贷政策对该区域的短期影响显著，影响程度也高于 C2 类城市；与 C3 类城市的情况类似，应对金融危机的经济刺激政策对 C4 类城市的短期影响不显著，但渐进作用效果明显；第四次综合干预对该区域的短期效应系数符号 θ_4 和长期效应系数符号 θ_7 与理论分析不同，意味着短期效应和长期效应非常不显著。

4.4.2 总体干预效果区域异质性评价

从 2006 年第 2 季度住房结构与税收政策组合干预住房市场情况来看，所有类别城市的实证分析结果都表明事件对住房价格波动没有显著影响，从住房套数销售情况看[①]（图 4-3），在促进住房结构调整政策出台后约两年的时间住房销售套数有明显的提高，可以推断小户型供给虽然增加住房存量套数，但同时也降低了每套住房总价格，需求则会大幅增加。从短期住房交易量情况也可以推断，这

① 2006 年商品住宅销售套数数据只有这四个城市有，数据来源同花顺 iFinD 数据库。

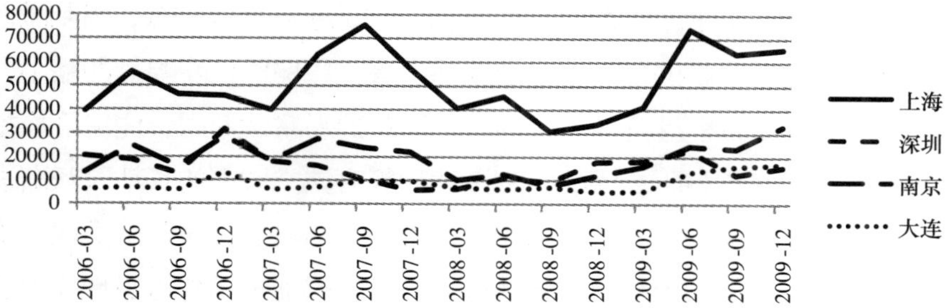

图 4-3　2006 年 3 月—2009 年 12 月不同城市商品住宅销售套数

次政策组合短期效应没能有效调节住房购买行为，表明购房者对未来政策预期不乐观。

从 2007 年 9—10 月信贷政策干预住房市场情况来看，除了对 C1 类城市住房价格的短期影响不明显外，对另外三类城市住房价格的短期效应明显。我国住房政策的出台往往具有“发布效应”（王松涛，2009），即政策出台后市场参与者会处于一种混沌状态，需要在短期内对政策走向与市场走势做出基本判断，然后再选择合适的消费模式。如果这次信贷政策干预“发布效应”明显，可以推断央行释放出的信贷政策信号对 C2、C3 和 C4 类城市产生的“发布效应”更强，消费者更相信信贷政策会逐步收紧，从银行获取资金的能力将逐步减弱，所以会选择提前入市。从系数 γ_1 估计结果看，在模型中只有 C1 类城市结果最为显著，人均可支配收入能够推动住房价格的上涨，其余城市皆不明显。说明对于大多数城市来讲，人均可支配收入的变化并非是房价波动的主要动力来源，但对于房价收入比较高的城市收入状况的变化会显著影响住房购买行为。因此，该类城市对信贷获取成本的反应相对比较敏感，信贷政策所带来的“发布效应”与“成本效应”可能会同时对 C1 类城市消费者产生零和博弈的综合效应。

从 2008 年第 3 季度—第 4 季度综合干预情况来看，经济刺激政策对 C1 类城市住房价格波动短期影响非常显著，但阶跃渐进效应不明显。而 C2、C3 和 C4 类城市与 C1 类城市恰好相反，经济刺激政策对这几类城市的短期影响不显著，但阶跃渐进作用效果明显。C1 类城市市场相对比较开放，特别是国际资本在该区域比较活跃，从 2008 年各个城市外商实际投资情况看，C1、C2、C3 和 C4 类城市平均投资额分别为 453011.43 万美元、278621.88 万美元、165671.14 万美元和

44023.14 万美元。可以推断金融危机对 C1 类城市的影响程度较深，当刺激性政策出台时，政策对金融危机的反作用迅速体现出来，住房价格降幅立即缩小，紧接着又继续下行，经济恢复速度较慢，导致在一年的考察时期内，住房价格指数同比下降与上升幅度基本持平，因此，刺激性政策对该类城市的长期阶跃渐进影响不显著。对于另外三类城市，短期内住房价格降幅不明显，表明这类城市受到金融危机的影响较弱，但从价格变化的轨迹来看，阶跃渐进函数恰当地模拟了政策对住房市场作用路径，经济刺激政策渐进地推动了该类地区住房价格的上涨。

从 2009 年 12 月—2010 年 4 月综合干预情况来看，对所有城市住房价格的短期效应和长期效应均不明显。按照机理分析以限购为主的第四次政府综合干预应该在某种程度上能够抑制住房投机性需求，住房价格应呈下行趋势。但从参数估计结果来看，系数 θ_4、θ_7 符号均为正值，在时间结构上政策虚拟变量对住房价格的影响与理论分析相背离，可以认为第四次综合干预在约一年的考察期内对住房价格的影响没能达到预期效果。从住房价格波动情况看，在 2010—2013 年间，只有中间一年的时期住房价格下行明显，与实证结论也比较吻合。由于数据问题在模型中没有考虑人口因素，使人口因素未能与其最相关的限购政策分离，如此则无法考察刚性需求对住房价格的带动作用。从世联地产住房交易情况来看，购房者中年轻人占有很大比例，所以这次政策干预不显著很可能是由于强劲的刚性需求来托底。

到目前为止，本小节通过对实证分析结果的解读对住房市场政府干预效果区域异质性原因进行了初步分析，然而实证研究中的政策变量最终是以虚拟变量体现在模型中的，对于货币政策、土地政策等在后文还有专门的章节进行研究，但对于与这二者同样重要的税收政策由于统计数据的限制未能成行，因此有必要结合本章的实证结果从理论上对税收政策与住房市场之间的关系做进一步分析。同时，由于数据获取、被解释变量在计量分析中转换等原因，一些对住房价格有重要影响的因素如 GDP、人口等未能纳入模型中来，特别是当以住房价格水平为研究变量时，这些因素更加不能忽视。为了在一个更加完整的框架下对住房调控效果区域异质性进行研究，有必要对此作一个补充。

关于税收政策在对第一次政策干预事件的评价中有部分涉及，实证结果表明这次政策事件对所有类别城市干预效果均不理想。从我国对税收政策工具的使用情况来看，主要发生在 2005 年 5 月和 2006 年 5 月两次扩大营业税免征年限，以及 2008 年 10 月和 2009 年 12 月税收政策的两次回调。从理论上来讲，不论是土地出让环节，还是最终的住房商品交易环节，凡是使住房成本增加的税收政策，将导致住房供给量减少，在住房需求不变的情况下住房价格上升；如果税收成本转嫁给消费者或者直接增加了消费者购房成本，那么，在供给不变的情况下，住房需求将减少，住房价格下降。如果税收政策是针对免税年限而制定的，那么，扩大住房营业税免征年限将导致住房交易频率降低，在某种程度上抑制投机性需求，有利于住房价格趋于平稳。除了二者之间的基本关系，还要看住房价格对税率变化的敏感程度，借鉴国民收入税率弹性的概念，本书给出了住房价格税率弹性的定义：

$$\text{住房价格的税率弹性}=\frac{\text{住房价格的变化率}}{\text{税率的变化率}}$$

住房价格的税率弹性又可分为点弹性和弧弹性，令 hp 表示住房价格，t 表示税率，则住房价格对税率的点弹性为

$$e_{\mathrm{t}} = -\frac{\mathrm{d}hp}{\mathrm{d}t}\cdot\frac{t}{hp}$$

假定税率从 t_1 变到 t_2，住房价格对税率的弧弹性为

$$e_{\mathrm{t1}} = -\frac{\Delta hp}{\Delta t}\cdot\frac{t_1}{hp_1} ,$$

其中

$$\Delta t = t_2 - t_1;\quad \Delta hp = hp_2 - hp_1$$

一般而言，住房价格的税率弹性越大，税率调整对住房价格的影响程度越高，反之，影响程度就会越低。通过评估我国不同区域住房价格的税率弹性，可以对税收政策干预住房市场的有效性和区域异质性做初步的判断，不过，对弹性的评估还需要高质量的住房市场交易数据以及足够的税率变动频率。如果只从前文实证研究结果看，两次收紧的税收政策都没有达到预期效果。税收政策的表现较差不仅仅体现在国内，还有很多其他国家和地区也存在同样的情况。

如美国在2001—2007年间税收政策并无明显变化，但是却经历了房地产价格上涨和破灭的动荡；从2010年11月开始，香港政府实施了针对投机投资性的额外印花税，若买家在6个月内转售，将征收15%的税率；6个月至1年内转售，征收税率是10%；1~3年内转售，税率是5%。但从效果上看，高额税率没有起到抑制房价过快上涨的作用。尽管如此，通过对新加坡、日本和香港地区的税收政策比较分析，唐旭君、姚玲珍（2013）认为房地产转让价值税相对于转让所得税在住房市场调控中更加有效。

对国内外实际情况调查和对税收政策影响住房价格的理论分析表明，税收政策对抑制住房价格波动有效性与区域异质性的原因主要包括以下几个方面：首先，理论上，在不同的住房市场发展阶段住房价格对税率的弹性存在差异。一般来讲，在房地产业的快速成长期，住房价格对税率的弹性非常低，不同区域住房市场处在不同的发展阶段，住房价格的税率弹性就会有不同的表现。住房价格的税率弹性低也就意味着税收政策对增加住房交易成本的负担影响有限，当然也包括免征年限对持有房地产机会成本的影响，相对来讲，住房价格上涨所带来的利润空间会更大，税收政策干预住房价格的效果也就越差。其次，房地产税收政策的主要目标不是调控住房价格，而是国家财政税收收入的稳定来源，同时提高房屋资源的利用效率。发达国家和地区的实践经验表明，税收政策工具在调控住房价格波动中的使用频率有限，主要是配合其他政策工具共同应对住房价格问题。我国房地产税收体系还不完善，我国住房市场税收政策调控实践（具体情况见附录A）也表明近十几年来对税收政策工具很少运用，因此，税收政策在抑制住房价格过快上涨中的作用很难体现。最后，我国的住房流转税收方式缺少灵活性，这导致了在应对住房价格问题时很难采取有针对性的措施，当然这也与我国住房登记制度、首套房认定等各方面问题密切相关。

关于本章实证研究中由于客观原因导致某些未能在实证结果进行深入分析的重要变量也有必要进一步探讨其与住房价格之间的关系，其中就包含人口与经济发展水平两大方面。在4.2节住房价格形成机制分析中已经简要给出人口与经济发展水平影响住房价格的基本路径。首先，人口因素对住房需求以及住房价格影响的重要性是不言而喻的，本小节从统计的角度探讨不同区域人口变动状况与住房价格之间的关系。如果把所有类别城市的人口数据全部展现出来则显得杂乱，也无法通过曲线趋势走向发现不同区域人口与住房价格之间关系的异质性。另外，在不同城市住房价格的比较分析中，通过对人口规模总量的考察并不一定完全能得出正确的结论，更确切的影响因素是人口密度，当然还可能包括人口结构等。在实证研究中被解释变量最后转换为住房价格波动幅度，在分析人口因素过程中将保留这一选择。因此，本章首先列出 34 个城市常住人口数据（数据依托于《中国房地产白皮书》第四期，之所以选择常住人口指标是因为不仅要考虑本市户籍人口改善型需求的基数，还要考虑城市化带来的人口规模的增加），计算出每个城市常住人口 2003—2012 年的变动百分比，然后对每一类别城市人口变动百分比求平均值，从而得到四类城市平均人口变动情况（图 4−4）。其中所有类别城市 2010 年常住人口增加规模都存在异常，故将该年数值去掉。

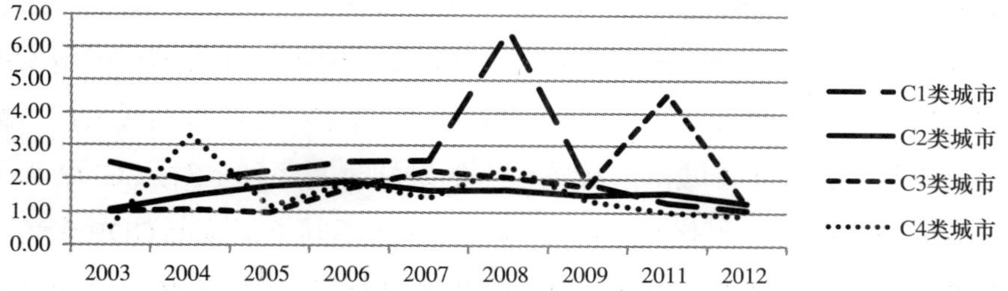

图 4−4　2003—2012 年不同类别城市平均人口变动情况

从图 4−4 中可以看出，C1 类城市人口增长水平比其他几类城市要高，这意味着 C1 类城市对住房潜在的新增需求会更大，住房价格上涨的人口动力因素更强，从 4.1.2 节不同区域住房价格统计分析中可以看到 C1 类城市住房价格水平数字特征值比其他类别城市要高。在对第四次政策干预事件的评价中也指出，以限购为主的政策干预住房价格不理想的原因也指向强劲的刚性需求。不过，在长期内对住房价格波动程度的分析并非那么简单，图 4−4 中，C2、C3、C4 类城市 2005—2009 年平均人口变动情况比较接近，然而这三类城市住房价格波动程度却存在很大差异，其中，C2 类城市住房价格波动程度更大，而 C3、C4 类城市则相对平缓，但从图中可以看出 C2 类城市人口变动状况在很长一段时间内均低于另外两类城市，换句话说，人口流动可能是造成住房价格波动的原因。所以，本书可以进一步推断，人口增长是影响住房价格水平的重要方面，而住房价格波动程度可能主要是受到人口流动的影响。如果将人口规模看作住房刚性需求的决定性因素，那么，有理由认为，在住房市场政府总体干预效果区域异质性实证分析中，部分政策事件未能达到预期效果，除了受到人口等决定住房刚性需求的因素影响外，更可能主要受到相对隐蔽的投资和投机性需求的干扰。

其次，经济发展水平对住房价格水平的影响情况也可以遵循同样的思路进一步展开研究。在此依旧选取 GDP 为经济发展水平的代表性指标，前文的实证研究中发现 GDP 增长率与住房价格波动之间并无显著关系，由于要满足计量分析前提假设条件，实证中对 GDP 和住房价格水平原始数据进行了转换，然而，这样的处理方式却丢失了原始数据中所包含的部分信息。现在将不同类别城市平均 GDP 水平的变动情况（图 4-5）与 4.1.2 小节中不同区域住房价格（也可参考附录 E-3 各个城市住房价格指数数据）统计分析进行对比，从中可以发现，C1 ~ C4 类城市平均 GDP 绝对水平值依次降低，其中，C1 类城市经济发展水平更高，同时，这四类城市中住房销售价格的统计数字特征值包括最大值、最小值和平均值也从 C1—C4 类城市依次减小。如果从时间序列上对照 GDP 水平变动和住房销售价格数据也会看到，从 2006—2013 年不同类别城市 GDP 走势与住房价格走势基本趋同，特别是 2008 年和 2009 年两个变量的关系体现得更加明显。受金融危机的影响，各个城市的 GDP 水平与住房价格水平呈先下行、再回升的同向变化。因此，不论是从截面上还是从时间序列上都可以认为 GDP 对住房水平的变化有重要影响，而不同区域的经济发展水平也会成为干扰住房市场政府宏观调控效果区域异质性的因素。

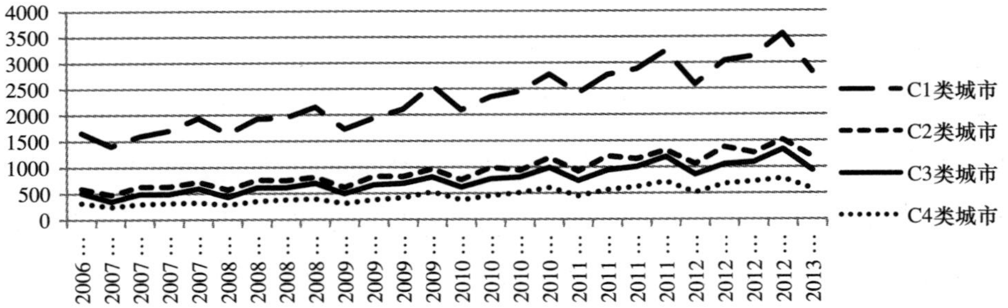

图 4-5　2006 年第 4 季度—2013 年第 1 季度不同类别城市平均 GDP 变动情况

总之，在对住房市场政府总体干预效果区域异质性分析中，主要分析了影响住房价格的重要政策事件与其他关键因素，以期能够从总体上把握住房市场政府宏观调控情况的轮廓。即便如此，本书在研究过程中也体会到若对于所有的政策变迁阶段、针对各种不同的政策工具能够在总体上得出概括性很强的结论则显得过于理想化，还有一些住房价格的影响因素在实证分析过程中不得不归入到误差项中，研究独立的政策工具时这种情况将会得到进一步改善。

4.5　本章小结

本章将干预分析模型与面板数据模型相结合对中国住房市场政府总体干预效果区域异质性进行了评价，结果表明，宏观调控政策的总体作用效果并不理想，但对不同区域来说，政策对 C1 类城市的作用效果与其他城市相比有明显不同，特别是金融政策对该类城市的作用轨迹与其他城市有很大差别。因为政府总体干预事件无法选择具体的变量替代政策变量，所以，只能通过设定虚拟变量来代表政策事件并从时间结构上或者说事件前后的对比上得出相应的结论，但是，这样的分析技术无法体现独立政策对住房市场的作用情况，也很可能掩盖了具有连续性的独立政策工具在住房市场宏观调控中发挥的作用。因此，接下来我们将分别考察货币政策和土地政策对住房市场干预效果的区域异质性。

第 5 章　货币政策干预住房市场效果区域异质性实证分析

上一章对我国住房市场政府总体干预效果区域异质性进行了评价，且在模型中已经包含了部分货币政策的变量，不过，货币政策对住房市场的作用机理无法完全通过简单的线性关系进行描述，关于货币政策干预住房市场效果的区域异质性，需要进一步研究。货币政策是中央银行为实现一定的宏观经济目标而采取的各种控制和调节货币供应量与信用的方针、政策和措施的总和（江其务，2003），是国际上任何市场经济国家都采用的最主要的宏观调控手段且往往具有多重目标，货币政策是否应该直接盯住房地产价格在理论界尚未达成共识，在我国对住房市场是否已经采取了有针对性的措施也存在争议，这就为评价货币政策干预住房市场的效果造成了障碍。因此，分析货币政策对住房市场的影响有必要放在货币政策制定与实施的整个框架体系内。如果货币政策直接针对住房市场进行干预却忽略了空间分布上的差异，那么面对不同区域住房子市场的多样化，“一刀切”的货币政策很可能在部分区域失灵，最终导致干预效果不理想。然而只从统计层面上分析难以得到科学的判断，所以亟需研究统一的货币政策对不同区域住房市场的影响效果以及探讨造成差异化的根本原因。反过来看，如果货币政策对住房市场的干预效果存在区域异质性，那么，货币政策还有必要直接盯住住房价格吗？本章将系统地对货币政策与住房价格之间的关系问题进行研究。

5.1　货币政策传导机制与货币政策规则

5.1.1　以房地产为载体的货币政策传导机制

Taylor（1993）认为，货币政策传递机制是指货币政策通过某种传导引发真实 GDP 和通货膨胀率变动的过程。我国学者万解秋（2010）认为，货币政策传导机制是指由中央银行政策信号变化所引起的经济过程中各中介变量的连锁反应以及最终引起实体经济变化的作用途径和机理。探讨货币政策作用住房市场传导机制有利于更加深入认识货币政策对住房市场的影响机理并为实证研究变量选择提供科学依据。货币政策的根本作用在于实现货币供给调控，使货币供给满足市场经济交易对货币的需求。货币政策操作依次包括“工具目标[①]、操作目标、中介目标与最终目标”（Carl E. Walsh，2001），中介目标介于最终目标与工具目标之间，对货币政策的传导起着至关重要的作用（黄安仲，2006）。Fellner（1982）、Belongia & Batten（1992）、Dotsey & Otrok（1994）、Freidman & Heren（2002）对中介目标的标准进行了讨论，基本明确了选择中介目标的三个标准，即相关性、可测性、可控性。一般来讲，货币供应量与利率被业内认为是中介目标，而对于二者是否适合作为中介目标仍旧存在很大争议（Estrella & Mishkin，1997；Feldstein & Stock，1994）。

货币政策操作工具主要包括公开市场业务、利率政策（包括调整存贷款利率、金融机构存款准备金率等）以及结构性政策（信贷政策[②]）。由于金融调控方式和金融市场发育程度的差异，各国中央银行选择的操作目标通常分为两大类：一类是价格型操作目标，如美联储的联邦基金利率、英格兰银行的14天期的回购利率等利率指标；另一类是数量型操作目标，典型的如处于通货紧缩期间日本中央银行采用的存款准备金指标（汪洋，2009）。

在我国法定存款准备金制度、公开市场业务和中央银行贷款[③]是三大传统的一般性货币政策工具，随着宏观调控市场化程度的不断提高，利率政策工具得到越

① 在其他一些文献中还将工具目标称为操作工具或政策工具，本书在论述过程中不做区分。

② 关于信贷政策是否可以归为货币政策范畴存在不同观点，在中国人民银行官方网站上对两者分开概述，由于两者关系的密切性，在分析房地产相关问题过程中本书将信贷政策与货币政策并行研究。

③ 存款准备金是指金融机构为保证客户提取存款和资金清算需要而准备的资金，存款准备金制度的初始作用是保证存款的支付和清算，之后才逐渐演变成为货币政策工具，中央银行通过调整存款准备金率，影响金融机构的信贷资金供应能力，从而间接调控货币供应量。公开市场操作已成为中国人民银行货币政策日常操作的重要工具，对于调控货币供应量、调节商业银行流动性水平、引导货币市场利率走势发挥了积极的作用。在我国，中央银行通过适时调整再贴现总量及利率，明确再贴现票据选择，达到吞吐基础货币和实施金融宏观调控的目的，同时发挥调整信贷结构的功能。中央银行贷款指中央银行对金融机构的贷款，简称再贷款，是中央银行调控基础货币的渠道之一。中央银行通过适时调整再贷款的总量及利率，吞吐基础货币，促进实现货币信贷总量调控目标，合理引导资金流向和信贷投向。

来越多的重视[①]，而常备借贷便利 2013 年 11 月才正式作为货币政策工具列入到中国人民银行网站货币政策工具介绍中。操作目标按照国际通行的价格型和数量型两种分类方法，我国价格型操作目标针对的是货币市场利率，中国人民银行根据货币政策实施的需要，适时地运用利率工具，对利率水平和利率结构进行调整，进而影响社会资金供求状况，实现货币政策的既定目标。数量型操作目标主要是基础货币和存款准备金总量等，中央银行通过调整存款准备金率，影响金融机构的信贷资金供应能力，从而间接调控货币供应量。信贷政策[②]是中国人民银行根据国家宏观调控和产业政策要求，对金融机构信贷总量和投向实施引导、调控和监督，促使信贷投向不断优化，实现信贷资金优化配置并促进经济结构调整的重要手段。中间目标介于操作目标与最终目标之间，因为最终目标变量要隔很长时间才能观察到，而关于利率和货币总量的数据能以较快频率获取，所以，这些变量通常可以提供政策目标变量的经济运行状况信息。因此，利率与货币供应量能否作为货币政策的主要传导渠道就成为理论界最为关注的，即利率和货币供应量如何来影响总供给和总需求，也是本书关于货币政策传递机制分析的主要内容。需要特别强调的是，货币政策操作程序不一定全部都是有效的，利率操作程序能否有效熨平货币市场利率波动，关键在于中央银行能否运用政策利率引导市场利率，使得各个期限的市场利率与政策利率偏差最小化（Davies，1998；Bartolini et al，2002；Ayuso & Repullo，2003），因此需要构建评价利率操作程序有效性的标准（Kasman，1992；Wetherilt，2002）。由于货币政策实施的有效性问题，操作目标与中介目标之间也并不一定总是存在稳定的关系，基础货币的投放与货币供给

① 中国人民银行采用的利率工具主要有：a. 调整中央银行基准利率，包括：再贷款利率，指中国人民银行向金融机构发放再贷款所采用的利率；再贴现利率，指金融机构将所持有的已贴现票据向中国人民银行办理再贴现所采用的利率；存款准备金利率，指中国人民银行对金融机构交存的法定存款准备金支付的利率；超额存款准备金利率，指中央银行对金融机构交存的准备金中超过法定存款准备金水平的部分支付的利率。b. 调整金融机构法定存贷款利率。c. 制定金融机构存贷款利率的浮动范围。d. 制定相关政策对各类利率结构和档次进行调整等。其中，调整中央基准利率与传统货币政策工具有重合。

② 中国目前的信贷政策大致包含四方面内容：一是与货币信贷总量扩张有关，政策措施影响货币乘数和货币流动性。比如，规定汽车和住房消费信贷的首付款比例、证券质押贷款比例等；二是配合国家产业政策，通过贷款贴息等多种手段，引导信贷资金向国家政策需要鼓励和扶持的地区及行业流动，以扶持这些地区和行业的经济发展；三是限制性的信贷政策。通过“窗口指导”或引导商业银行通过调整授信额度、调整信贷风险评级和风险溢价等方式，限制信贷资金向某些产业、行业及地区过度投放，体现扶优限劣原则。四是制定信贷法律法规，引导、规范和促进金融创新，防范信贷风险。信贷政策的实施效果，极大地影响着货币政策的有效性。信贷政策的有效实施，对于疏通货币政策传导渠道，发展和完善信贷市场，提高货币政策效果发挥着积极的促进作用。

量之间很可能没有正相关性，即便二者关系显著，也可能存在滞后效应。

关于货币政策传导机制的研究，不同宏观经济学派有不同的分析和结论。在信息经济学理论未应用到货币政策传导机制前凯恩斯学派的货币观传导机制占主导地位，主要包括利率机制和货币机制。而以 Friedman 为代表的货币主义学派认为，由于传导途径涉及的范围很广而且非常复杂，寻找传导路径不仅毫无意义而且会低估货币的作用。Friedman 过于简单的结论遭到了学者的许多批评，于是，货币主义学者提出了资产组合调整理论，认为货币的变动通过托宾 Q 值，莫氏生命周期和庇古的财富效应影响消费和投资。货币观的分析是以完善的金融市场以及贷款和债券等金融资产的完全替代性为前提条件的。随着信息经济学的发展，以 Bernanke 等为代表的货币政策传导机制“信用观”对“货币观”的这些假定进行了修正，形成了两种具体的信贷传导理论，分别为银行信贷渠道和资产负债表渠道。“信用观”强调银行作为金融中介在经济中的作用，Bernanke（1999）认为由于不对称信息的存在，银行信贷的可得性在货币政策传导过程中占据重要地位。与传统的货币观相比，货币政策传导的“信用观”是比较新且争议较大的理论。总之，通过对货币政策传导渠道系统地归纳，米什金（1996）认为，最为典型的货币政策传导渠道包括货币渠道、利率渠道和信贷渠道。一般的货币政策传递过程[①]如图 5-1 所示，关于货币政策在传导过程中的理论分析将结合房地产载体进一步探讨，在此先明确货币政策传递机制的基本框架。

虽然货币观和信贷观传导机制都没有单独指出房地产市场的作用，但同样适

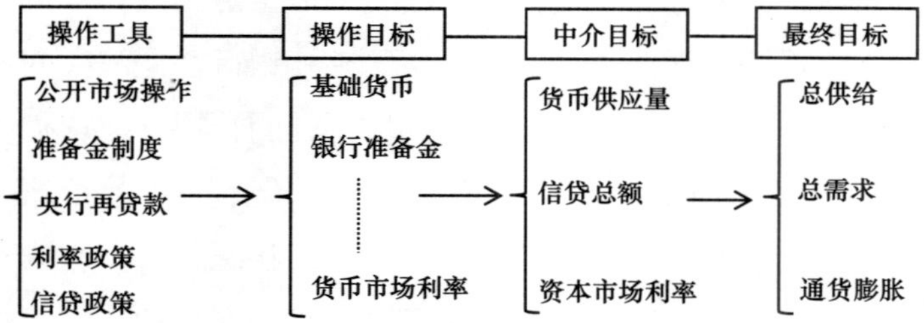

图 5-1　一般的货币政策传递过程

① 由于本书将信贷政策与货币政策并行研究，两者将共同直接影响货币政策信贷渠道，故把信贷总额归到中间变量。

用于分析房地产市场在货币政策传导机制中的作用（武康平，2010）。本章将分为两个阶段探讨以房地产市场为载体的货币政策传导渠道，第一阶段为货币政策对住房市场的影响，依然遵循传统的货币政策传递机制。首先是利率渠道，对于大多数购房者来说，需要通过按揭方式进行购买，利率的变化会影响到购房者的成本，利息增加会提高消费者的还款额度从而影响需求。并且当利率上升时，储蓄、购买债券的收益增加，投资组合可能向储蓄等方面倾斜，住房需求则会降低。对于房地产开发商来说，利率的变化会影响到企业的融资成本，利率增加会导致住房开发成本提高，住房供给随之减少。因此利率的变化对住房价格的影响存在不确定性，将取决于对供需双方影响程度的大小。除了直接影响房地产的供给与需求，利率渠道还会产生预期效应。

其次是货币渠道，如果一般消费品价格保持稳定，增加货币供给量会使财富流向房地产等资产，资产价格水平就会上涨。一些货币主义者还认为，公开市场操作等货币政策工具会导致商业银行准备金增加，由此增强了贷款和派生存款能力，商业银行改变融资条件，降低利率，增加放款，增加公众持币量，进一步降低利率和提高了房地产等资产的价格（黄飞雪、王云，2010）。货币供应的增加使得房地产商从银行获得贷款的可能性增加，潜在购房者流动性约束下降，从而对住房需求和新建筑的投资决策有相当大的影响，最终导致住房价格变化。

最后是信贷渠道，信用供应可能性理论分析资金供给者即贷款人的利率弹性和贷款行为，强调利率变动对信用供应可能性的影响，认为资金供给者对流动性的考虑及提供信用的意愿是影响实际经济活动的最重要因素。信贷渠道主要包括两种途径：银行信贷渠道强调银行信贷的特殊性和银行在经济中的重要地位，认为银行在货币政策传导机制中发挥着特殊的作用，而且银行信贷和债券不是完全可以替代的。资产负债渠道是指当资产价格上升，现有资本品价值上升，企业抵押物价格随之上升，企业净值增加，企业资产负债状况改善，意味着企业为其贷款提供了较多担保，逆向选择和道德风险问题减轻。而房地产作为企业最重要的抵押物之一，其价值直接关系到企业的最大借款额，房价上升提高了企业净资产和利润水平，银行更愿意发放更多贷款（丁晨、屠梅曾，2007）。不过，随着金融创新和信用工具的日渐发达，出现了很多银行信用的替代物，信用渠道的作用或许已经开始减弱。

第二阶段为住房市场对总供给与总需求的影响，本书将阐述有代表性的传递机制。首先，托宾的 Q 效应渠道，托宾的 Q 效应最早是由经济学家 Tobin 于 1969 年提出的，用于住房市场可以将 Q 定义为住房的市场价格与重置成本的比值，Q 值越高，说明住房市场的投资回报越好，住房投资会迅速增加。其次，拉动效应渠道，拉动效应是指住房需求将会带动相关产业产品的需求，促进经济增长。再次，财富效应渠道，财富效应是指由于住房价格上涨导致住房所有者财富的增长，进而产生增加消费，促进经济增长的效应。然后，挤出效应渠道，挤出效应指的是住房价格持续上涨反而会降低居民的即期消费，以应对未来成本更高的住房需求。最后，预期效应渠道，预期效应是指住房市场的繁荣可以使消费者增加对未来经济发展的信心，使其对未来收入情况抱有更乐观的态度，持久性收入理论认为对未来预期收入较高能够增加当期的消费。综上所述，以住房市场为载体的货币政策传导渠道如图 5-2 所示。

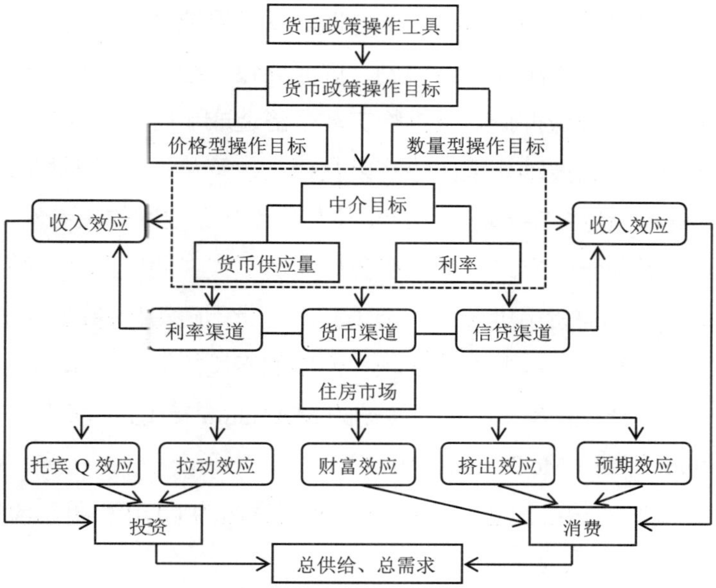

图 5-2 以住房市场为载体的货币政策传递渠道

5.1.2 考虑房地产价格的货币政策规则扩展

由于存在动态不一致性，相机抉择的货币政策不能有效地稳定经济，因此，提倡政策制定者遵循某种政策规则（Kydland & Prescott，1977）。货币政策规则（Monetary Policy Rules）是指如何根据经济行为的变化从而对基础货币和利率等货币政策工具进行调整的一般要求（邢毓静，2009）。当前学界关注较多的是泰勒规则，并从不同的角度对泰勒规则进行了修正，从国内学者的研究现状看，已有的研究成果主要集中于泰勒规则以及其扩展形式在中国的检验与适用性方面（谢平、罗雄，2002；杨英杰，2002；刘斌，2003；孔丹凤，2008；赵进文、高辉，2009；肖争艳、彭博，2011），并且越来越多的学者根据实际情况不懈地扩展与完善泰勒规则，使其可以很好地拟合我国货币政策的实践过程。因为资产价格波动会对货币供应产生结构性影响，改变货币政策的传导机制，所以，资产价格大幅波动在金融危机的形成与发展过程中，扮演了极为重要的角色（赵进文、高辉，2009）。房地产和股票是最重要的资产形式，具有对“新息”反应灵敏的特性，资产价格已成为多种冲击的一个重要传导器。从世界范围看，近三十年里，世界主要经济体的房地产价格波动日益加剧，进而导致了经济的不稳定性，特别是日本泡沫经济和美国次级抵押贷款危机给实体经济造成了巨大的冲击，因此引发了学术界对于房地产价格波动和整体经济以及相关政策关系的思考和研究，对泰勒规则扩展形式的检验也主要考虑了资产价格与货币政策之间的关系①。

货币规则有多种分类方式，也存在多种变换形式。通过上文货币政策传递机制的理论分析已经知道货币供应量与市场利率是货币政策传递的中间变量，所以接下来除了以调整利率来控制通货膨胀和产出的泰勒规则外，本书还要介绍能够通过调整货币供应量来避免产出剧烈波动的 McCallum 货币政策规则。

1. McCallum 规则（McCallum，1988）

McCallum 规则的核心思想在于将货币增速表达为 GDP 和货币流通速度的函数，McCallum 规则原式为

① 关于货币政策是否应该盯住资产价格的讨论详见文献综述 2.1.2 小节中第 1 点，这里不再重复。

$$\Delta M_{it} = \Delta GDP^* - \Delta V + 0.5(\Delta GDP^* - \Delta GDP_{-1}) \quad (5-1)$$

其中，ΔM_t 为货币增速，ΔGDP^* 为名义 GDP 的潜在增长率，ΔGDP_{t-1} 为 $t-1$ 期名义 GDP 的增长率，ΔV_t 为 t 期前四年货币流通速度增速的平均值。从该式中不难分析其正常含义，右边第一项即为名义 GDP 的长期合意的增长路径，而货币流通速度增长率和产出缺口分别以系数 1 和 0.5 的反应速度影响着基础货币增长率。货币流通速度的影响率为负向，而产出缺口的影响为正向，即当潜在增长率高于上期的实际增长率时，经济运行中需要更高的货币增速。

2. Taylor 规则（Taylor，1993）

Taylor 认为，货币当局的最终目标在于实现以目标通胀率和潜在产出为路径的稳定增长，利率的调整就是对物价和产出偏离目标水平做出反应。按照规则，短期名义利率应该等于均衡的实际利率、通货膨胀率和通胀及产出缺口之加权平均的三者之和，其中的通胀缺口由近一年的平均通胀率与目标通胀率衡量，产出缺口则表现为实际 GDP 与潜在 GDP 的偏离缺口，Taylor 规则原式为

$$r_t = r^* + \pi_t + 0.5(\pi_t - \pi^*) + 0.5((GDP_t - GDP_t^*)/GDP_t^*) \quad (5-2)$$

其中，r_t 为 t 期短期利率，r^* 为均衡状态下的实际利率，π_t 为当期近一年内的平均通货膨胀率，π^* 为目标通货膨胀率，GDP_t^* 为 t 期潜在的名义 GDP，GDP_t 为 t 期名义 GDP。其政策含义亦相当明显：若通胀率超过目标通胀率，或者产出超出潜在水平，货币当局就应向上调整名义利率，从而控制通胀压力。反之亦然。

借鉴赵进文、高辉（2009）对泰勒规则的扩展形式，本书给出考虑住房价格（HP）的货币政策规则数学表达式：

$$\Delta M_t = \Delta GDP^* - \alpha\Delta V_t + \beta(\Delta GDP^* - \Delta GDP_{t-1}) + \delta\Delta HP_t \quad (5-3)$$

$$r_t = r^* + \pi_t + \theta(\pi_t - \pi^*) + \sigma[(GDP_t - GDP_t^*)/GDP_t^*] + \lambda\Delta HP_t \quad (5-4)$$

其中，ΔHP_t 为住房价格变动幅度，式（5-3）是扩展后的 McCallum 规则，其中，α，β，δ 分别为货币供给增速对货币流通速度增速、产出缺口和住房价格波动的反应系数。式（5-4）是扩展后的 Taylor 规则，其中，θ，σ，λ 分别为短期名义利率对通货膨胀率变化、产出缺口和住房价格波动的反应系数。

本章的主要目的不是对货币政策扩展规则进行检验和模拟，而是根据数理分析过程得到扩展规则中住房价格、总产出、通货膨胀与货币政策之间的基本

关系，并初步判断这种关系的合理性。蒙代尔（1961）首次提出最优货币区理论时就指出最优货币区的范围既可以超越国界也可以在一国国界之内，最优货币区的前提条件是其内部经济具有同质性的特征。一般而言，一个国家内部经济不会完全同质，尤其是在大国中，由于自然环境和历史背景的差异，必然存在着区域性或行业性的差别。而在一个地区经济发展有差距，尤其是地区差距比较大的国家中实行单一货币政策，货币政策效果就很容易产生差异，甚至会对部分地区造成较大的负面影响，进而损害整体宏观经济目标的实现（宋旺、钟正生，2006）。可以肯定的是，房地产市场具有区域特征的固有属性，当以房地产市场为载体传递货币政策时，就可能会出现最优货币区理论所描述的问题。如果货币政策制定遵循某一规则并且该规则考虑了房地产价格对货币政策执行效果的影响，那么，有必要进一步从房地产市场区域性特征来分析货币政策规则的适用性，这也就意味着如果采用盯住房地产价格的货币政策规则，那么，该规则暗含着如下假设。

假设 1：如果以住房市场为传递载体的货币政策不存在区域异质性，货币增速在不同区域是相等的，则盯住住房价格的货币规则是可行的。

假设 2：如果以住房市场为传递载体的货币政策不存在区域异质性，资本市场利率在不同区域是相等的，则盯住住房价格的货币规则是可行的。

多数学者都在系统整体层面上讨论货币政策与房地产价格，回避了房地产市场区域异质性这一根本事实。房地产市场将作为相对比较适合的纽带将货币政策规则与货币政策的区域效应连接在一起，盯住住房价格波动也可能导致货币政策过松或过紧，以住房价格为目标可能会导致不希望的产出和通胀波动。因此有必要从住房市场区域异质性角度对货币政策与住房价格之间的关系进行研究，通过测度货币政策区域异质性为货币政策是否应盯住房地产价格进行经济干预提供参考。同时，如果研究结论认为采取盯住住房价格的货币政策规则是不合适的，可能会导致货币政策干预住房市场以及实现货币政策最终目标的有效性降低。

5.2 PVAR 模型分析货币政策干预效果的区域异质性

5.2.1 PVAR 模型介绍与适用性

目前关于货币政策对住房市场影响区域异质性的研究成果较少，在对不同城市子市场的研究中，采取的主要处理办法是分别对不同的城市进行模型估计，而传统时序方法对经济数据检验“势”值过低、检验结果缺乏稳健性，为了更好地论证货币政策区域异质性问题，本书选择 PVAR 模型。

1. PVAR 模型介绍

PVAR（panel vector auto−regression）模型最早是由 Holtz−Eakin & Newey（1988）将时间序列 VAR 模型扩展到面板数据而建立的。但是，严格上来讲，PVAR 模型应该是从 Peasran & Smith（1995）的开创性研究开始，两位学者发现对于长面板数据可以通过对面板数据向量自回归模型中的每个变量个体平均时间序列数据建立时间序列向量自回归模型，而对于短面板数据由于各个体时间序列较短和存在个体异质性，难以将时间序列建立 VAR 模型的方法直接推广。对于纵剖面时间序列独立的短面板数据，Binder、Hsiao & Pesaran（2003）给出了个体固定效应面板数据向量自回归的 QLM 估计、GMM 估计和最小距离估计。对于纵剖面时间序列相关的面板数据，Canova（1995）、Canova & Ciccarelli（2004）提出了一种后验估计方法，Canova & Ciccarelli（2002）将 PVAR 和指数模型结合还解决了系数存在时间变异造成的估计问题。

PVAR 模型的一般数学表达式如下所示：

$$y_{it} = \phi_1 y_{i,t-1} + \cdots + \phi_p y_{i,t-p} + \mu_i + \varepsilon_{it} \qquad i = 1,2,\cdots,N;\ t = 1,2,\cdots,T \tag{5-5}$$

其中，y_{it} 是所考察的内生变量组成的 $m \times 1$ 向量，参数 p 为滞后阶数，μ_i 是个体效应，$\phi_1 \cdots \phi_p$ 为不变系数向量，误差项。其矩阵表达式为

$$\begin{pmatrix} y_{1it} \\ y_{2it} \\ \vdots \\ y_{mit} \end{pmatrix} = (\phi_{11}, \phi_{21}, \cdots \phi_{m1}) \begin{pmatrix} y_{1i,t-1} \\ y_{2i,t-1} \\ \vdots \\ y_{mi,t-1} \end{pmatrix} + \cdots + (\phi_{1p}, \phi_{2p}, \cdots \phi_{mp}) \begin{pmatrix} y_{1i,t-p} \\ y_{2i,t-p} \\ \vdots \\ y_{mi,t-p} \end{pmatrix} + \mu_i + \varepsilon_{it} \tag{5-6}$$

2. 模型适用性

一般的结构模型利用经济理论来描述变量之间的关系，但当变量之间的关系结构不明确或者比较复杂时，经济理论往往不能提供严格的定义，为应对这些问题，就需要寻找非结构的方法。在关于以住房市场为载体的货币政策传递机制的分析中本书认为，不同传递渠道在操作目标、中介目标与住房价格之间的关系没有明确的划分，而是相互交错，这也会导致货币政策扩展规则的线性模型由于无法满足经典计量的前提假设而不能采用一般的最小二乘法。与传统的VAR模型相比，PVAR模型的最大优势在于不仅可以接受更小的自由度，从而提高了统计推断的效率，并且与一般面板结构模型相比，PVAR能够揭示变量之间的动态关系（Gavin & Theodorou，2005），从而避开了结构建模方法中需要对系统中每个内生变量关于所有内生变量滞后项函数的建模问题，而面板数据固定效应模型则可能导致有偏估计（Holtz−Eakin et al.，1988）。

5.2.2 变量选择与数据来源

为了在实证分析中指标选择环节上有更充分的依据，本书将货币政策中介变量与房地产市场的关系进一步放大，如图5−3所示。

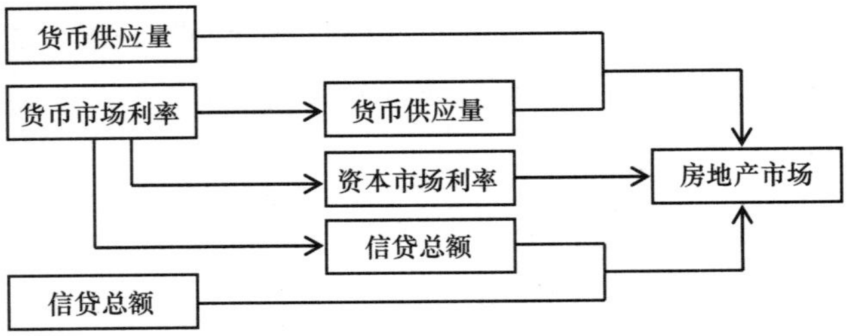

图5−3 货币政策影响房地产市场不同渠道所包含的指标间关系

该图表明货币供应量、利率与信贷总额之间并非彼此独立，也没有固定的前后顺序，而是直接或间接的共同作用于房地产市场。

通过对以住房市场为载体的货币政策传递机制的理论分析与货币政策规则的探讨，本书选择货币供应量M2、7天同业拆借月加权平均利率（SR_7）、金融机构人民币贷款余额（LOAN）作为反映货币政策的变量[①]。随着经济的不断发展和金融创新步伐的加快，M1 日益表现出可控性和可测性不足的缺点（王松涛，2009），但其与最终产出之间的相关性相对要高于 M1 大家，且能够反映社会总需求的变化和未来通货膨胀的压力状况。因此，在实际模型的回归过程中，我们选择了更加具有代表性的 M2 这一变量指标（王刚，2010）。我国同业拆借市场自 1984 年建立以后得到了长足的发展，是我国 1996 年利率市场化进程开始启动以来最早放开的利率，银行间市场利率直接反映银行头寸供求状况，对市场变化反应非常敏感，是我国最具代表性、最成熟的市场化利率，可以作为市场化利率的代理变量。由于我国至今仍以间接金融为主，信贷规模的控制仍然是选择性货币政策的代表，尤其是针对房地产业的调控，所以还应选用金融机构各项贷款余额作为反映货币政策和信贷政策的变量，由于数据可获取性本书选择金融机构人民币贷款余额作为研究变量。

另外，根据上一小节对货币政策扩展规则的探讨，本书更关注的是住房价格作为货币政策传递的载体所起到的作用，因此，反映住房市场状况的其他指标暂不考虑，选择新建商品住宅销售价格指数（HPI）作为反映住房市场价格水平的指标；由于 GDP 没有月度数据，所以选择进出口总额（TEIV）作为反映经济增长水平的替代指标，同时选择居民消费价格指数（CPI）代表物价水平；货币供应量和金融机构人民币贷款余额则使用同比指标。本章将采用各变量的 2005 年 7 月—2013 年 12 月的月度数据作为研究样本，新建商品住宅销售价格指数 2010 年及以前数据来源于中指院数据库，统计口径为新建商品住宅销售价格指数，2010 年以后数据来源于同花顺 iFinD 数据库，统计口径为新建住宅销售价格指数，其余所有指标的原始数据均来自于同花顺 iFinD 数据库。

5.2.3　面板数据平稳性检验

在利用 PVAR 进行分析之前，先要对所有变量时间序列数据进行平稳性检验，只有对平稳序列或稳定向量进行回归分析得到的结果才是可靠的。由于所有变量均为同比或比率指标，我们国家采取该种类型数据主要是为了避开季节性波动，

① 三个变量不是分别严格的对应货币政策三个传导渠道，而是每一个变量都有可能通过三个渠道传导至住房市场，从货币政策传递机制分析来看，这三个变量基本上能够代表货币政策的变化。

因此，本章不再进行季节性调整。本章所用数据仍旧涉及到全国和地区两个层面，因此分别对时间序列数据和面板数据的平稳性进行检验，由于一些检验方法无法提供最佳滞后期标准，本章将进行多次滞后期选择，但通常不超过二期。利用STATA13.0软件得到的检验结果如表5–1和表5–2所示。

表5–1　　货币政策评价全国层面数据平稳性检验

变量	统计量值	*P* 值	检验方法	检验结果
SR_7	−3.216★★	0.0191	PP	平稳
M2	−1.551	0.5080	PP	不平稳
ΔM2	−9.495★★★	0.0000	PP	平稳
LOAN	−1.996	0.2883	PP	不平稳
ΔLOAN	−7.40★★★	0.0000	PP	平稳

注：★★★ 为在1%置信度下显著；★★ 为在5%置信度下显著。

从表5–1可以看出，在5%置信度下利率变量通过了平稳性检验，货币供应量和人民币贷款余额变量则未能通过检验，但经过差分处理后，在1%置信度下，二者均通过了平稳性检验，两个变量的经济意义也变为相对于上一期的同比增长幅度。从表5–2中可以看出，相应调整后的不同类别城市各个变量均通过了平稳性检验，其中，FISHER检验①方法适用于非平衡面板。

表5–2　　货币政策评价面板数据平稳性检验

城市	变量	统计量值	*P* 值	检验方法	检验结果
C1类城市	Δ*HPI*	−5.198 ★★★	0.000	IPS	平稳
	Δ*LNTEIV*	——	0.000	FISHER	平稳
	CPI	−3.362★★★	0.000	IPS	平稳
C2类城市	Δ*HPI*	−5.992 ★★★	0.000	IPS	平稳
	Δ*LNTEIV*	——	0.000	FISHER	平稳
	CPI	−3.972★★★	0.000	IPS	平稳
C3类城市	Δ*HPI*	−6.837 ★★★	0.000	IPS	平稳
	Δ*LNTEIV*	——	0.000	FISHER	平稳
	CPI	−3.846★★★	0.000	IPS	平稳
C4类城市	Δ*HPI*	−6.397 ★★★	0.000	IPS	平稳
	Δ*LNTEIV*	——	0.000	FISHER	平稳
	CPI	−3.513★★★	0.000	IPS	平稳

注：★★★ 为在1%置信度下显著；★★ 为在5%置信度下显著；——为检验方法未能提供统计量值。

①在EVIEWS软件中是ADF-FISHER检验，在STATA软件中习惯简称为FISHER检验，下同。

PVAR 模型的系数通常是很难解释的，而脉冲响应函数可以用于衡量来自随机扰动项的一个标准差冲击对内生变量当前和未来取值的影响。因此，通常需要通过系统的脉冲响应函数（Impulse Response Function）来推断 PVAR 的内涵。本书将采用世界银行研究员 Inessa Love 编写的在 STATA 软件环境下 PVAR 计量分析代码对货币政策与住房市场关系问题进行研究（Love，2005）。

5.2.4　脉冲响应函数分析

脉冲响应函数（IRF：Impulse Response Function）是用于衡量来自随机扰动项（或称为新息）的一个标准差冲击对内生变量当前和未来取值的影响。为了避免 PVAR 模型中变量输入顺序不同对结果造成的负面影响，本书将采用两两变量输入的办法。一般来讲，在滞后期的选择上通常都希望式（5-5）中的 P 值足够大，但滞后期越长，模型中待估参数就越多，自由度就越少，因此应在滞后期与自由度之间寻求一种均衡状态。由于 Love 编写的程序没有在计量结果中给出能够判断最佳滞后期的 ACI 和 SC 准则，因此，我们分别选择了 1 ~ 5 的滞后期进行尝试，然后对不同滞后期的结果进行比较，再根据文献中对普通 VAR 模型滞后期选择的经验，最终选择了滞后三期的 PVAR 模型进行脉冲响应函数分析。关于脉冲函数追踪的期数本书将选择由源程序默认的 6 期，采用 500 次模拟的蒙特卡洛法计算脉冲响应函数的标准误。在所有脉冲响应图中本书同时给出了响应函数值加、减两倍标准差的置信带，即所有图中的虚线部分。

1. 住房价格波动对货币政策的脉冲响应

根据本章的理论分析，首先我们来考察住房价格上期同比增幅（以下简称住房价格变动）对货币政策（变化后的政策变量经济意义见 5.2.3 小节）一个标准差新息的反应。不同类别城市住房价格对货币供应量一个标准差新息的脉冲反应函数如图 5-4 所示。

不同类别城市住房价格对信贷总额一个标准差新息的脉冲反应函数如图 5-5 所示。

不同类别城市住房价格对利率一个标准差新息的脉冲反应函数如图 5-6 所示。

其中，横轴表示脉冲反应函数追踪的期数，纵轴表示脉冲反应函数值，两条

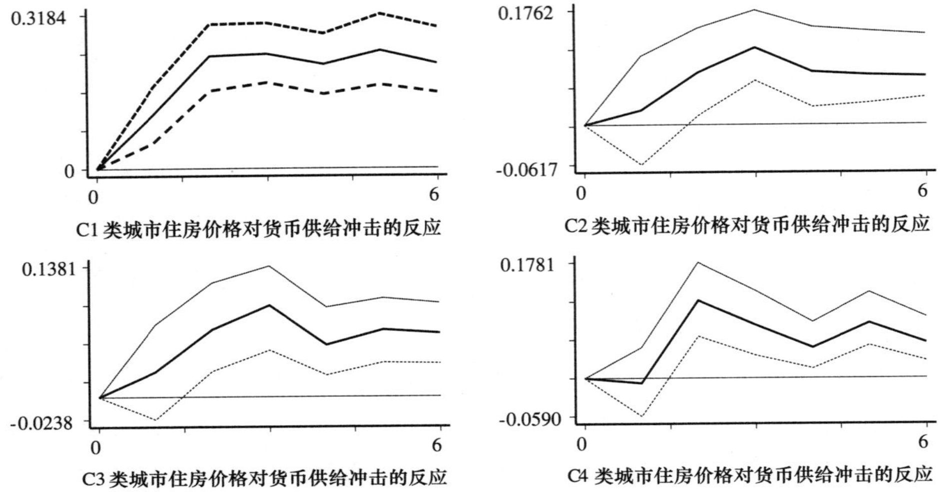

图 5-4　不同类别城市住房价格对货币供给冲击的脉冲反应

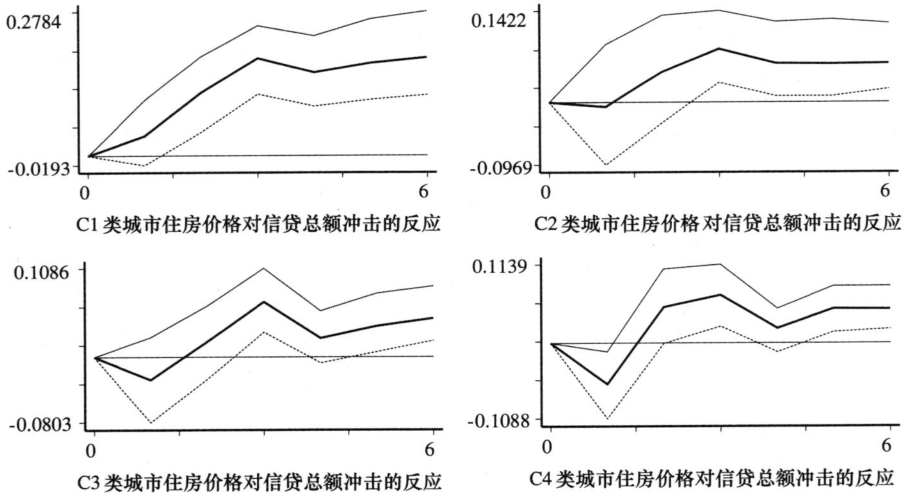

图 5-5　不同类别城市住房价格对信贷总额冲击的脉冲反应

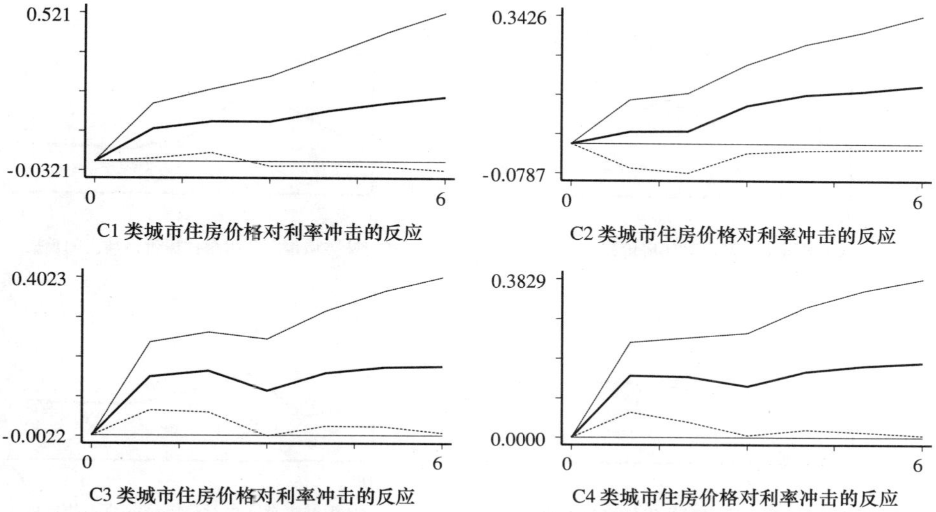

图 5-6　不同类别城市住房价格对利率冲击的脉冲反应

虚线之间的实线即为一个变量对另外一个变量标准差新息的脉冲反应曲线，下同。

2. 政策目标对住房价格波动的脉冲响应

本书同时给出了不同类别城市通货膨胀和总产出（经过变换后的变量经济意义见 5.2.3 小节，在分析中则使用简称）对住房价格一个标准差新息的脉冲反应函数，如图 5-7 和图 5-8 所示。

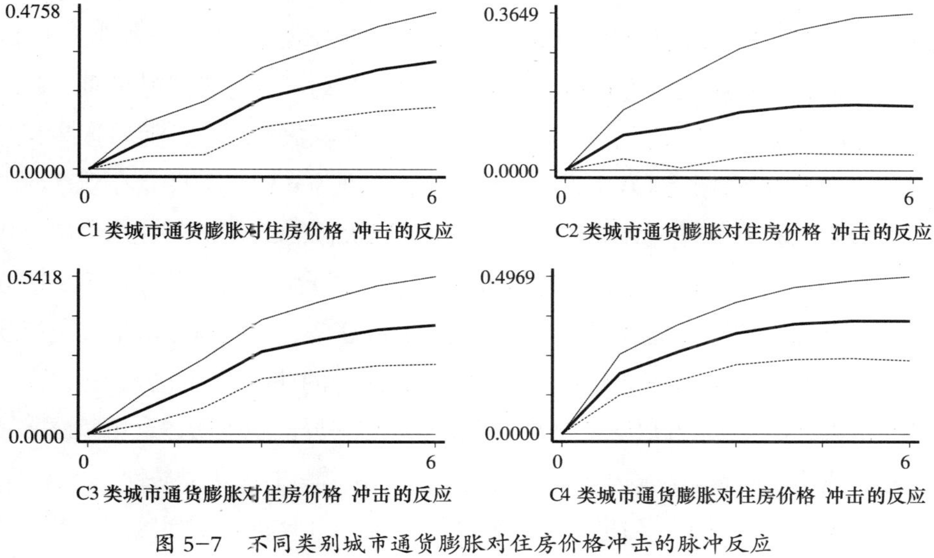

图 5-7　不同类别城市通货膨胀对住房价格冲击的脉冲反应

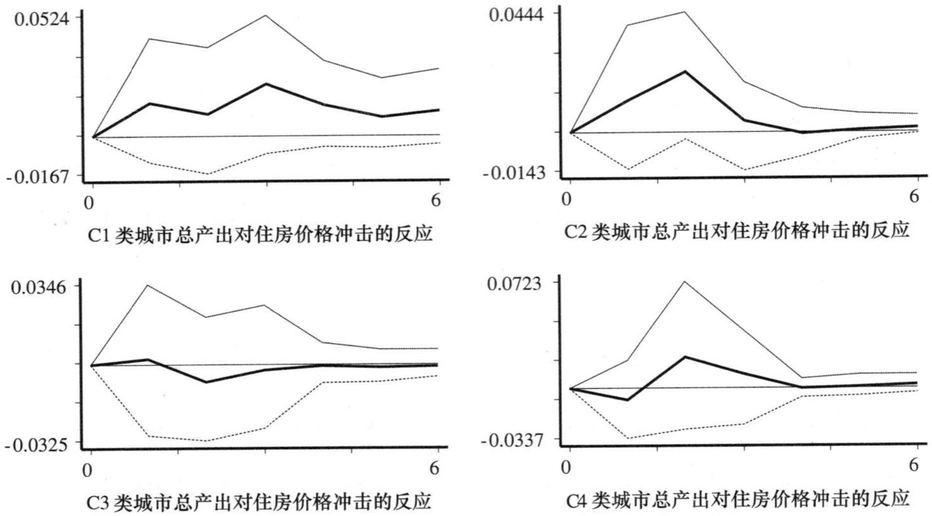

图 5-8　不同类别城市总产出对住房价格冲击的脉冲反应

5.3　结果分析与货币政策干预效果区域异质性评价

5.3.1　实证结果分析

从图 5-4 可以看出，不同城市住房价格对货币供应量一个标准差新息的反应或脉冲反应有明显的区别。C1 类城市住房价格对货币供应量的冲击立即产生反应，并在第 2 期就达到最大值为 0.23，在该水平附近波动一直持续到观察期结束；C2 与 C3 类城市情况比较接近，初期反应较慢，脉冲函数值较小，随后脉冲反应函数呈向上弯曲的折线，到第 3 期达到最大值，分别为 0.12 和 0.09，在观察期内曲线经历最高点的后 1 期开始缓慢下行再维持平稳状态；C4 类城市住房价格对货币供应量在初期没有任何反应，脉冲函数在 1 期过后开始迅速上升并在第 2 期达到最大值为 0.12，随后又迅速下降。不论是从反应速度、反应程度还是反应持续时间看，只有 C2 和 C3 类城市住房价格对货币供应量的冲击表现比较接近，而从最大值情况看，C1 类城市则与其他类别城市有明显差异。综上所述，可以认定，总体来看，货币供应量对不同类别城市住房价格的影响具有区域异质性。

从图 5-5 可以看出，与货币供应量情况不同，C1 类城市明显区别于其他类别城市。C1 类城市住房价格对信贷总额冲击的反应在初期也会产生但反应程度比较缓和，随后快速上升并在第 3 期达到最大值为 0.21，在该水平附近波动一直持续到观察期结束；而 C2、C3 和 C4 类城市期初均有负值响应且后两类城市负向作用较大，脉冲函数值在 1.5 期转负为正并在第 3 期达到最大值，C2 类城市最大值约为 0.08，C3 和 C4 类城市最大值约为 0.06，然后，在观察期内呈不规则波动。通过以上分析，我们可以判定信贷总额对不同类别城市住房价格的影响具有区域异质性，尤其是对 C1 类城市的作用效果更为突出。

从图 5–6 可以看出，利率对 C1 和 C2 类城市住房价格的冲击在初期已经产生，并均表现平缓，C2 类城市住房价格对利率的冲击反应程度更小，不过，这两类城市住房价格对利率冲击的反应在观察期内一直处于上升态势。C3 和 C4 类城市住房价格对利率冲击的反应在期初就很明显，并在第 1 期就达到最大值约为 0.15，然后在该水平附近波动一直持续到观察期结束。基于此，我们可以认为利率对不同类别城市住房价格的影响可以主要划分为以上所描述的两种情况。

从图 5–7 可以看出，不同类别城市居民消费价格指数对住房价格冲击的脉冲图像非常相似，其中，C2 类城市相对于其他类别城市反应程度较低。从图 5–8 可以看出，不同类别城市总产出对住房价格冲击的反应均不明显，从脉冲函数值和持续时间上看，C1 和 C2 类城市似乎有微弱响应，但是再进一步观察双倍标准差冲击的置信带，即上面和下面两条虚线，会发现两条线的走势呈相反方向，所以能够依据此种现象判断总产出增长率与住房价格相对上期的同比增幅之间没有明显的关系。特别强调，同样的问题在第四章也得到了同样的结论。

5.3.2　货币政策干预效果区域异质性评价

回到 5.1.2 小节的两个假设，通过应用脉冲响应函数对相关问题分析所得出的结论，可以判定两个假设是无法成立的，换句话说当货币政策对住房市场的影响存在区域异质性时，盯住住房价格的货币政策规则并非是最优的。不仅如此，由于住房价格对通货膨胀具有长期的影响，对于泰勒规则扩展式来说，如果局部房地产泡沫推动了中国住房价格整体上浮，那么盯住住房价格的全国统一的货币政策规则就会给住房价格问题或者通胀问题不明显的区域造成负面影响，从而不利于宏观经济目标的实现。我国 CPI 测算食品类比重仍然过高（杨立勋、王鹏，2011），如果能够在通货膨胀相关指标中考虑资产价格的比重，那么，采取盯住通货膨胀的货币政策规则或许会更好。需要强调的是，既然以住房市场为载体的货币政策存在区域异质性，那么，实行统一的货币政策不是正好吗？因为货币政策可能会自动作用于有问题的地区，而对没问题的地区不会产生效果。那么，本书认为这样的推断是过于理想化的，除非可以肯定货币政策对不同区域的作用力度与这些区域发生问题的严重程度永远是保持一致的。不过，对于局部房地产泡沫问题也不能完全置之不理，而是需要采取有针对性的措施。

通过上面的分析我们还可以判断，由于全国统一的货币政策对住房市场的影响存在区域异质性，如果中央银行已经采取了盯住住房价格的货币政策进而导致货币政策不是最优的，那么，政策本身就是影响货币政策有效性的根本原因，很可能会由于“金融加速器”效用进一步扩大影响住房市场区域异质性的程度。当然，货币政策作用于住房市场的区域异质性还可能是由于货币政策传递渠道的畅通与否所导致的。一般认为，影响货币政策传递渠道的因素包括经济发达程度、金融机制是否完善、市场的灵敏度与开放程度、产业分布状况及消费模式等方面。对于由北京、上海、广州和深圳等所组成的 C1 类城市来说，这类城市经济相对更为发达，市场开放度高，从微观金融资源分布上看不仅是各大银行总部的所在地，银行营业网点总数也较多，网点分布比较密集。因此，即便是从信贷可得能力方面，较高的储蓄能力与完善的金融结构也会使该类地区的货币政策传递渠道更加流畅，而由兰州、银川、西宁等所组成的 C4 类城市则相对较差。

区域间产业内部的差异和企业构成的差异，也使得不同区域形成了不同的货币政策传导机制。对于 C1 类城市而言，房地产市场规模较大，产业集中度较高，大型房地产企业总数较多[①]，单从信用渠道来看，大型企业更容易从银行获得信用，从而增强了他们的间接融资能力。不仅如此，大企业通常可以进行多样化的融资选择，而小企业则主要依赖银行作为他们的单一融资源泉。特别是在经济更发达和金融市场机制更完善的地区，能够获得更多非银行的资金来源。对于其他类别

① 在本书作者参与编著的《中国房地产白皮书（2011—2012）——中国 35 个大中城市房地产发展指数研究报告》已经做过详细的研究。

城市，则在这些方面表现与 C1 类城市还有差距，C2 和 C3 类城市相对还好于 C4 类城市。

以住房市场为载体的货币政策传导渠道还受到市场微观行为主体的影响，货币政策传导过程中区域微观主体的不对称会造成货币政策区域效应，比如住房市场参与者对于货币政策的预期或者对货币政策影响住房市场程度的预期可能会主导参与者行为，微观主体预期不同会造成货币政策干预住房市场效果的区域异质性，进而影响货币政策总体干预效果。

5.4　本章小结

本章首先分析了以房地产市场为载体的货币政策传递机制，在货币政策作用住房市场的传递环节主要包括货币渠道、利率渠道、信贷渠道等三种传递渠道，从住房市场到总供给和总需求的传递环节包括财富效应、托宾 Q 效应、挤出效应和拉动效应等。然后又探讨了考虑住房价格的货币政策规则扩展形式，明确规则中货币政策、住房价格波动与货币政策最终目标的一般关系。应用面板向量自回归模型从区域异质性角度对三者之间的关系进行了分析，得到货币政策对住房价格干预效果存在区域异质性的结论并初步解释了隐藏在背后的原因。

第6章　土地政策干预住房市场效果区域异质性实证分析

传统的主流经济学家认为土地供给是缺乏弹性的，在研究经济增长的理论中考虑最多的是劳动力和资本这两个要素。主流的新古典学派认为，土地和资本可以相互替代，所以，并不是一种特殊的生产要素。但实际上，随着土地利用结构的变化，特别是建设用地供给量的变化，土地要素对经济增长的贡献率也不断发生变化，其供给数量和结构直接影响着产出量和产出水平（卢为民，2008）。而我国特殊的土地产权制度为土地政策参与宏观调控提供了法律制度基础以及实施的可行性。

我国实行土地公有制，即国家所有和农民集体所有，农村集体土地不能直接进入市场，须征为国有后才能入市，这种土地制度决定了政府拥有更大的控制权。2004年上半年，中央在实行稳健的财政和货币政策之后，首次明确了运用土地政策控制投资所需的大量建设用地，土地政策与财政政策、货币政策一并纳入国民经济宏观调控序列。中央之所以将“地根”作为与“银根”同等重要的宏观调控措施，就在于我国土地资源配置有其特殊性。具体体现在城镇国有一级土地市场的政府垄断地位、土地利用总体规划的强控制性和政府对新增建设用地的完全控制等方面。其中，建设用地供应总量是调控经济运行的最直接、最有力的手段（郑亚伍，2007）。

土地作为重要的生产要素，同资金计划、劳动力计划一样，是宏观计划指导的重要内容，而土地供应计划对房地产开发投资调节的功效尤为直接和显著，因为房地产开发总是伴随着对土地的直接需求，政府供应土地的数量和质量无疑可以直接控制房地产开发的规模和结构（张红，2009）。我国实行土地公有制，有条件和能力运用土地供应的价格、数量和结构等手段，通过影响土地市场来对房地产市场施加影响。而如何看待土地政策，它在房地产调控中到底发挥多大作用，这些需要我们进行系统性反思，以形成对土地政策的客观评价，便于合理运用房地产相关调控政策（吴焕军，2011；全诗凡、张洪，2011）。

6.1　土地政策干预住房市场的机理分析

6.1.1　土地供应政策作用住房市场的传导机制

土地政策传导机制是指中央土地管理部门运用各种土地政策工具，直接或间接地调节土地市场的供求关系，进而控制全社会的土地供应量和供应结构，是微观主体不断调整自己的经济行为，达到国民经济新的均衡过程。土地政策传导机制涉及的要素主要包括：土地政策工具、操作目标、中间目标和最终目标以及传导的环境（卢为民，2008）。土地政策传导涉及多级组织和成员、多个政策变量和多个经济活动环节的交互作用和影响，是一个动态复杂性系统（肖教燎、贾仁安等，2010）。土地供给制度的发展和表征代表了中国土地制度的演进和特点（杨璐璐，2012），土地供应政策作用住房市场的传导机制同样要放在土地政策传递整体框架下来研究。

土地参与宏观经济管理的内容，主要包括土地供给数量、供给结构、供给方式和供给主体等多个方面，通过控制这些内容影响经济运行，是政府运用土地参与宏观经济管理的主要方法（孟星，2005）。卢为民（2008）描述了土地调控政策的传导过程如图 6–1 所示。在绝大多数国家，政府对居住用地市场的干预是强烈的，这种干预通过两种渠道实现，一是土地供应，二是城市规划控制。而我国土地供应政策对房地产市场的影响，主要表现在土地供应量和土地供应的市场化程度（张洪，2007）。

住宅用地系统具有复杂性系统的典型特征，本书将主要关注土地供应政策与住宅用地供给子系统二者之间的作用机理与影响程度。对于土地供应的市场化改革仍旧存在争议，改变后的土地出让方式的执行过程和所造成的影响屡为人诟病。首要原因是在土地出让过程中存在以暗标为特征的寻租行为与以陪标为特征的合谋行为，或者直接推高了土地获取成本（杜葵，2003；罗运阔，2003）。不过，

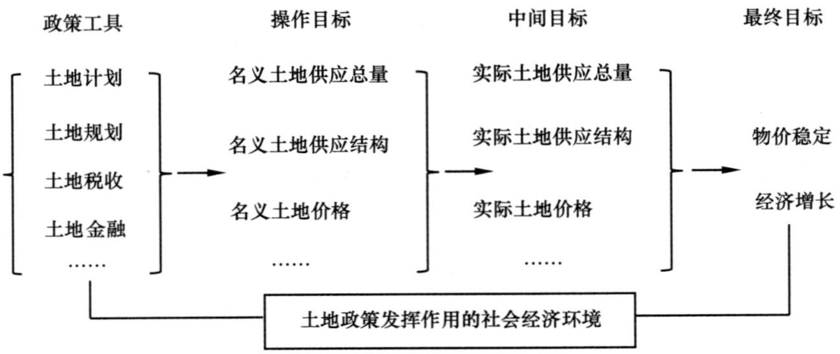

图 6-1 土地调控政策的传导过程

武康平和丑婷认为（2005），一些学者所质疑的土地出让方式的转变增加了土地获取成本进而间接地推动了房地产价格的上升是一种经不住推敲的观点，土地价格上升是由需求因素导致。王松涛和刘洪玉（2009）的研究表明，短期看，当年土地供应市场化程度提高会使房地产价格有所上升；但长期看，土地供应市场化程度越高，会对房价上涨起到一定的抑制作用。黄静和王洪卫（2012）认为，房价的历史信息对土地价格影响显著，开发商依据房价预期进行土地价值估值的预期效应显著存在；在长期看来，土地“招拍挂”制度的实施使得住房市场和土地市场的联动性加强，房价上涨拉高了地价，但房价上涨却不能由地价上涨来解释。

自 2002 年我国叫停了已沿用多年的土地协议出让方式以后，很长一段时期内，房地产制度与政策从根本上都没有重新审视这一领域，直到 2010 年 5 月 31 日，中国政府网公布了《国务院批转发展改革委关于 2010 年深化经济体制改革重点工作意见的通知》，由国土资源部牵头，深化土地管理制度改革，研究制定农村集体建设用地管理条例，逐步建立统一的建设用地市场。修订国有建设用地划拨目录，深化国有建设用地有偿使用制度改革。2011 年 1 月 6 日，从国土资源部获悉《深化国有建设用地有偿使用制度改革实施方案》已经形成文件，将报国务院审批实施。国土资源部人士表示“方案”将是改变地方土地财政的开始，其中包括改革和完善“招拍挂”出让制度、规范和完善土地征地制度、建立城乡统一的建设用地市场等内容。“方案”可能重点强调土地出让方式结构的调整，解决土地出让中“价高者得”的弊端，如北京市在 2010 年试水的土地出让“综合评价法”将作为“方案”的借鉴。“方案”还被期望能够改变地方政府依赖的卖地财政，改变地方政府推高地价带动房价的逻辑链条。该“方案”的出台与实施正是对 11 号文件质疑声音的积极回应。

在过去的十几年里，土地出让的市场机制逐步得到完善，在该市场化机制正常运行下可以避免寻租腐败等现象的发生，使土地资源分配到更优秀的开发企业中，也促进了企业不断提高自身的管理水平。虽然市场化进程缓慢但土地出让方式改革作为土地制度的重要部分其影响是深远的。也正因为如此，土地市场化程度的变化对住房市场的调控效用有限。关于土地出让方式推高了土地成本，引发的地价与房价谁为因果的争论从经济学角度看意义不明显。土地要素价格的上涨必然导致房地产生产成本上升，而房地产均衡价格是由供需双方决定的。同时，土地要素的价格也在不断变化中，房地产生产净成本[①]将最终直接影响到产品利润的大小。实际中，对是由哪一方造成住房市场无序现象的争吵更像是各自在推卸责任，这也提醒我们应该更加客观地看待这一问题，譬如土地制度、财政制度、住房保障制度、房地产法律体系等外部环境是否已经出现病态。

综上所述，本书认为土地市场化程度对住房市场有影响，但目前还不够成调控住房市场的主要手段。因此，本书关注的土地供应政策[②]作用于住房市场的传递渠道如图 6-2 所示。土地供应政策主要是通过城市住房用途建设用地的规模来进行操作，住房建设用地计划供给直接影响到住房产品土地生产要素的市场规模。土地市场存在流拍现象，土地供给计划总量与实际供给往往不能对等，住房建设用地实际供给量即为房地产开发商最后购置的土地面积，作为土地供给政策作用住房市场渠道的中间目标将为调控主体提供观察住房市场的主要指标。由于住房

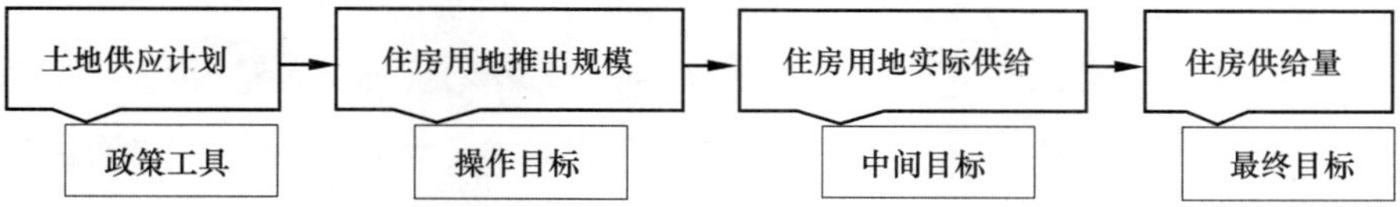

图 6-2　土地供给政策作用住房市场传导渠道

① 在本书中，房地产净成本是指购买土地时土地供给方剩余价值部分减去房地产交易时土地持有期间的增值部分。

② 在本书中土地供应结构主要导致了住房产品结构的变化，关于住房供给结构在第四章已有分析。

价格影响因素较多，把住房价格作为政策最终目标不利于政策实施效果的判断，土地供给政策对住房价格的影响应该通过住房供给量间接实现。

6.1.2 土地供应政策对住房市场的影响

一般来讲，虽然我国城市建设用地供应来源逐渐呈现多样化的特性，但是土地政策主要通过住房用地供给计划来控制住房建设用地总量。在住房用地供需从非均衡到实现均衡的不断调整过程中，住房价格会随之波动。由于影响房价的环境因素较为复杂，增加或减少住房用地供给规模并不一定能够带来价格的逆向走势，但同时也不可完全否认土地供给计划对住房市场的调节作用。在房地产调控中，土地政策有其独特的作用机理（张勇，2008），因此，若要客观地评价土地政策的实施效果，首先应该明确土地供应政策对住房价格的理论影响。

对土地供应政策或土地市场与住房市场诸多指标之间的关系认识不清将会直接影响到相关政策的制定和具体运用。从静态角度看，如果开发商没有生产约束，那么土地供应量增加必然会带来住房供应量的增加；根据土地市场供需基本原理，土地供应量增加会带来土地价格的下跌，开发商获取土地的成本将会降低。根据供给理论，住房生产成本降低也会进一步刺激开发商增加住房供给。而事实上，问题并非如此简单，在上一小节关于土地政策作用住房市场的传导机制分析中，本书把土地政策的最终目标定为住房供应量而非住房价格，根本原因在于土地政策对住房价格作用的时效性很难把握，时效性问题也是机理分析的难点。我国在2006以后才逐渐加大对开发商“囤地”行为的打击力度，在此之前，很多开发商手中的土地都处于长期待开发状态，如此一来，则弱化了地方政府增加土地供给进而提高住房供给量的作用。房屋竣工以后，开发商还通过使用各种伎俩如“捂盘惜售”等制造房慌，新建住房投放市场的时间表无法确定，这将导致住宅供给变化滞后于价格的变化。在一个很短的时间周期内，住宅供给是固定的，对于价格的变动不可能马上作出反应；但如果把时间周期放长一些，价格变化对于供给的影响就会表现出来。房地产开发企业经营周期较长，通常情况下，需要2~3年的刚性周期，由于建筑周期和土地供给计划限制，房地产市场的供给反应滞后（McCarthy & Peach，2004）。因此，土地供应政策对住房市场特别是住房价格影响的时效性受到土地供应政策制定的反应程度和政策形成的效率、土地市场成交量、开发商行为以及房地产建设周期的影响。

其次是土地供应政策给住房市场带来的预期因素不确定。任荣荣和刘洪玉（2007）认为，土地供应是影响住房价格变化的一个重要因素。当期和前期的土地供应量均对住房价格的变化有着显著的影响，但是与土地供应通过影响住房供应进而影响房价变化相比，政府的土地供应更大程度上通过影响市场参与者对未来房价变化的预期而作用于现阶段房价的变化。土地供应量的变化或者土地供应政策的相关信号会导致住房需求方对未来住房供给情况的判断，进而对当前购房策略做出调整。土地政策实施则通过影响市场竞争规则、消费者预期以及投机行为等进一步作用于房地产市场，住房消费者因对土地政策的信息处理而导致购房意愿和心态发生了变化，进而通过调整购买时机和减少购买风险以实现购买决策最优化的理性行为（刘彤、杨海燕，2012）。特别是在土地供应政策动态不一致的情况下，购房者很难对未来住房供给规模做出判断，长期观望的消费者对未来政策调控住房市场的效果持比较乐观的态度。胡晓添、蹼励杰等（2006）运用时差相关法对广州和南京市土地供应量等因素对房价在时间上的领先与滞后进行了研究，发现土地出让指标滞后房价 1~2 年。滞后期限低于房地产开发周期即很可能是由预期因素造成的，不仅仅是消费者，土地供给政策也很可能会影响到开发商对住房供给的未来预期。地方政策增加土地供给，如果开发商对未来供需状况持悲观态度，那么很可能选择减少土地购置数量并加快房地产开发速度并尽快消化房地产库存，开发商对土地政策做出了即期反应，缩短了对住房价格影响时效，反之亦然。

综上所述，从预期角度看，土地供应政策对住房市场影响的方向性和时效性都很难把握，这也就是为何在讨论住房供给弹性时通常会认为，短期内住房供给价格缺乏弹性，住宅市场的租金和售价是由需求决定的；长期内可以通过开发商投资新的开发项目或原有的业主改变房屋用途来适应住宅市场价格水平的变化，所以，随着时间周期的延长，房地产市场的供给价格弹性逐渐增大。在前面分析的基础上，本书给出了土地供应量对住房价格的影响机理概念模型，如图 6-3 所示。

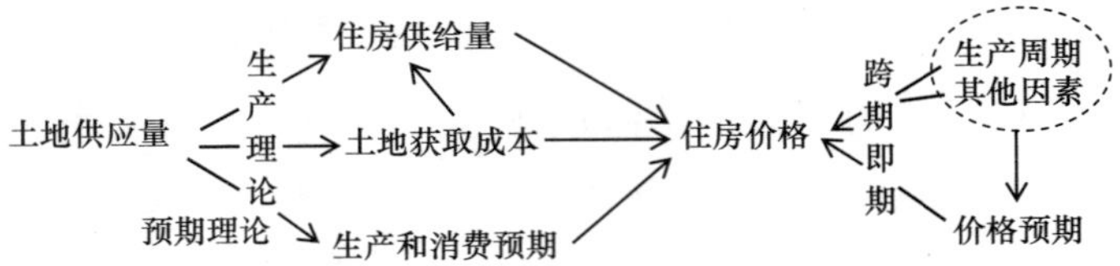

图 6-3 土地供应量对住房价格的影响机理

为了能够更好地进行定量研究，通过对土地供应量影响住房市场的机理分析，本书假设土地供应量作用住房价格的数理模型①如下所示：

$$LS_t = \beta_0^{'} + \beta_1^{'}HS_t + \beta_2^{'}HS_{t-1} + \delta^{'}LS_{t-1} \quad (6-1)$$

$$HP_t = \beta_0^{''} + \beta_1^{''}HS_t + \beta_2^{''}HS_{t-1} + \delta^{''}HP_{t-1} \quad (6-2)$$

其中，HS_t为第t期住房供给量，LS_t为第t期的土地供给量，HP_t为第t期住房价格。式（6-1）主要考察土地供给是否考虑了住房供应的变化，式（6-2）表明住房价格受住房供给当期和滞后一期以及自身滞后一期的影响。接下来将分别根据不同类别城市的情况对假设模型进行验证，并尽可能的去发现不同城市土地供给量对住房市场的影响差异化。在后文中可以看到各变量面板数据并不平稳，因而不能按照原模型运用普通最小二乘法进行参数估计，需要对模型做适当变换。

6.2 Panel-ECM 分析土地政策干预效果的区域异质性

6.2.1 Panel-ECM 的设定

上节主要从理论层面对土地供给量作用住房市场的机理进行了分析，可以推断土地供应量与住房价格可能存在长期的稳定关系，但短期内影响效果可能不会明显。基于此，本章将进一步采用计量分析方法对上述理论进行验证。误差修正模型（Error Correction Model，ECM）是一种具有特定形式的计量经济学模型，它的主要形式是由 Davidson，Hendry，Srba & Yeo 于 1978 年提出来的，称为

① 机理分析表明，住房供给主要由存量住房以及当期和预期价格决定，但同时又受到土地资源的约束，因此理想的模型设定形式应将所有因素放在同一模型中。但是十年的数据没有办法满足多变量的协整分析要求，本章只能将两者拆开分别建模，在研究土地政策干预行为中式（6-1）已经可以初步说明土地政策对住房市场的影响，式（6-2）就是为了在政策与住房价格建立起传递关系，在未考虑其他影响价格的因素情况下，充分考虑了预期供给和预期价格对当期价格的影响，并通过变量的滞后项表示预期因素。

DHSY 模型。误差修正模型本身也具备很多优点，如一阶差分项的使用消除了变量可能存在的趋势项，从而避免了虚假回归问题，同时也消除模型可能存在的多重共线性问题，误差修正项的引入保证了变量水平值的信息没有被忽视等。由于本章所采用的是面板数据，所以要设立面板误差修正模型（Panel−ECM）[①]。

研究住房市场政府干预效果区域异质性不仅仅要分析政策对不同区域住房市场作用效果的差别，还要深入分析作用机理的异质性特征，才能更好地把握住房市场发展的区域性规律，再根据不同区域类型引导房地产市场向更加优化的模式发展。通过整理，将式（6−1）和式（6−2）写为面板误差修正模型的形式为

$$\Delta LS_{it} = \beta_1 \Delta HS_{it} - \lambda(LS_{i,t-1} - \alpha_i - \alpha_1 HS_{i,t-1}) + \mu_t \qquad (6-3)$$

$$\Delta HP_{it} = \varphi_1 \Delta HS_{it} - \theta(HP_{i,t-1} - \gamma_i - \gamma_1 HS_{i,t-1}) + \varepsilon_t \qquad (6-4)$$

其中，ΔLS_{it} 为土地供给量的一阶差分项，ΔHS_{it} 为住房供给量的一阶差分项，ΔHP_{it} 为住房价格的一阶差分项；$LS_{i,t-1}$ 为土地供给量的一阶滞后项，$HS_{i,t-1}$ 为住房供给量的一阶滞后项，$HP_{i,t-1}$ 为住房价格的一阶滞后项；α_i 和 γ_i 为截距项；β_1、α_1、φ_1、γ_1 为待估参数；λ 和 θ 为误差项调整系数；μ_t 和 ε_t 为误差项。括号内的部分表示变量之间的长期均衡关系。括号内误差修正项也可表示为 $ecm_{i,t-1}$ 形式。

6.2.2 变量选择与数据来源

为了更加充分地反映土地供应政策变量，在对土地政策作用住房市场传导机制分析的基础上，本书选择住房土地计划推出面积（JHMJ）作为土地供应政策的替代变量，住房销售面积（XSMJ）作为政策与住房价格的过渡变量，选择商品住宅销售价格（HP）作为价格水平变量。为了减小异方差，对所有变量均用对数形式表示，分别记为 LNJHMJ，LNXSMJ，LNHP，一般认为，取对数后对数据序列之间关系的分析影响不大。鉴于房地产建造周期较长的刚性特征，本书选择各个变量的年度数据，以满足前文所讨论的土地政策对住房市场影响机理。由于 C2

① 对面板误差修正模型的检验与参数估计统计学界和理论计量经济学界还在不断地进行探索，因此本章在构建模型过程中存在以研究目的为导向的争议，导致变量之间即便存在协整关系，也不一定完全满足格兰杰表述定理。格兰杰表述定理认为如果变量之间是协整的，则它们的短期非均衡关系总能由一个误差修正模型表述。

类城市中太原和海口某些年份数据缺失，两市将不纳入样本空间；C3 类城市中，合肥数据明显异常，可能为数据录入错误，该市也不纳入样本空间；C4 类城市数据缺失较多，所以，本章未能把该类城市纳入研究范畴。从我国土地市场发展阶段来看，在实际操作过程中，2004 年以前的土地出让仍旧以协议出让方式为主，“831 大限”后住宅用地基本上全部通过招标、拍卖、挂牌方式出让，并在 2005 年 5 月以后住宅用地需要通过一级开发成为“熟地”才能进入市场。再考虑到个别指标数据获取可行性问题，因此本书选取 2004—2013 年度数据作为研究样本，本章所有涉及数据主要来源于中指院数据库①。

6.2.3 相关检验与模型估计

1. 面板单位根检验

时间序列数据只有在平稳的前提下对计量模型参数的估计才是稳健可靠的，因此，首先要对各变量面板数据进行平稳性检验。如果拒绝原假设，这表明各变量的原始数据均是平稳的；不能拒绝原假设，这表明各变量的原始数据均非平稳，即包含单位根，需要进一步检验差分序列，如果各变量均为同阶单整，则它们可能存在协整关系。本章利用 STATA13.0 统计软件进行分析，各变量面板数据平稳性检验②如表 6-1 所示。

结果表明，C1，C2，C3 类城市各变量在 5% 置信度下均为非平稳序列，但变量的一阶差分项均为平稳序列，这意味着各个变量是一阶单整的。如果两个序列都是同阶单整序列，二者之间可能存在协整关系，但二者之间究竟是否存在协整关系有待进一步的检定。

2. 面板协整检验

面板协整检验早些时候主要是应用由 Nyblom-Harvey 于 2000 年提出来的基于残差的检验方法，但是该方法隐含着一个重要的前提假设，即长期误差修正系

① 2010 年之前的数据来自中指院，由于使用期限等因素，2010 年之后的数据来自于同花顺数据库。从历年数据收集情况看，极个别城市的数据同花顺数据库比中指院数据库略高，从数据结构看细微差别应不会明显影响到最终的估计结果。

② 由于数据量过少，截面个体与时间维度数量相当，在分析时无法根据面板数据结构特征选择检验方法，本章做了反复的尝试，最后在表中给出了符合本书研究目的的检验结论。

表 6-1　　土地政策评价面板数据平稳性检验

城市类别	变量名称	*P* 值	检验方法	平稳性
C1 类城市	LNJHMJ	0.071	PADF	不平稳
	ΔLNJHMJ	0.000**	PADF	平稳
	LNHP	0.124	PADF	不平稳
	ΔLNHP	0.028**	PADF	平稳
	LNXSMJ	0.197	PADF	不平稳
	ΔLNXSMJ	0.000**	PADF	平稳
C2 类城市	LNJHMJ	0.731	PADF	不平稳
	ΔLNJHMJ	0.016**	FISHER	平稳
	LNHP	0.782	PADF	不平稳
	ΔLNHP	0.000**	PADF	平稳
	LNXSMJ	0.411	PADF	不平稳
	ΔLNXSMJ	0.007**	LLC	平稳
C3 类城市	LNJHMJ	0.655	HADRI	不平稳
	ΔLNJHMJ	0.000**	LLC	平稳
	LNHP	0.998	FISHER	不平稳
	ΔLNHP	0.0396**	FISHER	平稳
	LNXSMJ	0.808	PADF	不平稳
	ΔLNXSMJ	0.003**	PADF	平稳

注：** 为 5% 置信度下显著。

数（变量的水平值）等于短期动态调整系数（变量的差分值），称之为“同要素限制”(common factor restriction)。但 Banerjee et al.（1998）研究表明，当这一假设无法满足时，以残差为基础的面板协整检验统计量的检定力会大幅降低。随后 Westerlun（2007）提出了基于误差修正模型的检验方法，避免了这一限制，该检验方法构造了四种检验统计量，如果有一个统计量值能够满足拒绝原假设要求则可以认为变量之间至少存在一个协整关系。因此，本章将采用 Wester 协整检验方法①对相关变量之间的关系进行协整检验，土地政策模型与住房价格模型的变量协整检验结果分别如表 6-2 和表 6-3 所示。

① 该检验方法最适用于大 N 大 T 或大 N 小 T 的面板数据，本章在数据结构上有偏差，所以在应用中可能会有缺陷。也正是由于协整检验方法和面板误差修正模型估计方法对数据的要求，使得本章在设定模型和估计模型中无法开展更多的计量实验。

表 6-2　　土地政策模型面板数据协整检验

城市类别	统计量名称	统计量值	是否存在协整关系
C1 类城市	Gt	−2.403**	是
	Ga	−3.360	否
	Pt	−6.288**	是
	Pa	−5.307**	是
C2 类城市	Gt	−2.233**	是
	Ga	−2.660	否
	Pt	−5.610**	是
	Pa	−2.975**	是
C3 类城市	Gt	−3.723**	是
	Ga	−8.750**	是
	Pt	−6.986**	是
	Pa	−3.642**	是

注：** 为 5% 置信度下统计量显著。

表 6-3　　住房价格模型面板数据协整检验

城市类别	统计量名称	统计量值	是否存在协整关系
C1 类城市	Gt	−1.417	否
	Ga	−1.758	否
	Pt	−3.346**	是
	Pa	−1.575	否
C2 类城市	Gt	−1.930**	是
	Ga	−3.350	否
	Pt	−3.455**	是
	Pa	−2.058	否
C3 类城市	Gt	−0.714	否
	Ga	−2.028	否
	Pt	−1.659	否
	Pa	−1.632	否

注：** 为 5% 置信度下显著。

从表 6-2 中可以看出，C1 和 C2 类城市土地政策模型变量协整检验中，有三个统计量值的绝对值大于在 5% 置信水平下的临界值，拒绝了原假设； C3 类城市四个统计量值的绝对值均大于临界值，拒绝了原假设。证明土地政策模型变量之间存在协整关系，可以构建面板数据协整模型。

从表 6-3 中可以看出，C1 类城市住房价格模型变量协整检验中，有一个统计量值的绝对值大于在 5% 置信水平下的临界值，拒绝了原假设； C2 类城市有两个统计量值的绝对值大于临界值，拒绝了原假设。C3 类城市则未能通过协整检验。所以只能针对 C1 和 C2 两类城市构建面板数据协整模型。土地政策误差修正模型和住房价格误差修正模型分别由式（6–5）和式（6–6）所示：

$$\Delta LNJHMJ_{it} = \beta_1 \Delta LNXSMJ_{it} - \lambda(LNJHMJ_{i,t-1} - \alpha_i - \alpha_1 LNXSMJ_{i,t-1}) + \mu_t \quad (6-5)$$

$$\Delta LNHP_{it} = \varphi_1 \Delta LNXSMJ_{it} - \theta(LNHP_{i,t-1} - \gamma_i - \gamma_1 LNXSMJ_{i,t-1}) + \varepsilon_t \quad (6-6)$$

3. 面板误差修正模型估计

下面分别对通过协整检验的协整模型进行参数估计，由于本章只采用了变量十年的统计数据，样本数据量明显不够充分，这将影响到参数估计的显著性，所以，在面板误差修正模型估计中，本章将给出 5% 置信度和 10% 置信度下参数估计情况。应用 xtpmg 命令对面板误差修正模型进行估计，同时采用考虑截面个体效应的 FE 估计量，该估计量假设各个截面具有相同的短期和长期系数，但有不同的截距项，最后得到的土地政策变量误差修正模型参数估计结果如表 6–4 所示，住房价格变量误差修正模型参数估计结果如表 6–5 所示，其中，该模型 C3 类城市未能通过协整检验，因此不再进行模型估计，在后文中，将对这一问题做出解释。

表 6–4　　土地政策面板误差修正模型实证分析结果

城市类别	系数符号	回归结果	Z 统计量	P 值
C1 类城市	β_1	0.4*	1.96	0.05
	λ	0.46**	−3.24	0.001
	α_1	−0.73*	−1.91	0.056
C2 类城市	β_1	−0.14	−0.33	0.742
	λ	0.74**	−9.21	0.000
	α_1	−0.95**	5.31	0.000
C3 类城市	β_1	−0.09	−0.32	0.746
	λ	0.95**	−7.66	0.000
	α_1	−0.76**	4.44	0.000

注：** 为在 5% 置信度下显著；* 为 10% 置信度下显著；截距项不再列出。

表 6–5　　住房价格面板误差修正模型实证分析结果

城市类别	系数符号	回归结果	Z 统计量	P 值
C1 类城市	ψ_1	−0.13**	−2.26	0.024
	θ	0.17**	−5.72	0.000
	γ_1	1.54**	4.29	0.000
C2 类城市	ψ_1	0.04	0.58	0.565
	θ	0.24**	−5.90	0.000
	γ_1	0.53**	5.51	0.000
C3 类城市	ψ_1	—	—	—
	θ	—	—	—
	γ_1	—	—	—

注：** 为在 5% 置信度下显著；* 为 10% 置信度下显著；截距项不再列出。

6.3　结果分析与土地政策干预效果区域异质性评价

6.3.1　实证结果分析

总体上来讲，与另外两类城市相比，C1 类城市模型估计结果比较理想，从对 β_1 值的估计情况来看，短期内住房销售面积与土地计划供给面积成正相关关系，住房销售面积变动 1%，土地计划供给面积变动将同向变动 0.4%，说明在过去的十年中经济较为发达的 C1 类城市土地供应政策考虑了近期住房市场的供需状况，住房销量的增加意味着需求仍旧旺盛，住房价格仍将处于上升趋势，地方政府需要通过增加土地供应量解决住房供需结构性矛盾；从对 ϕ_1 的估计结果看，短期内住房销售面积与住房价格成负相关，住房供给增加 1 个百分点，将有效降低住房价格 0.13%，在 C1 类城市中地方政府通过增加住房用地供给规模能够有效的抑制住房价格剧烈波动。C2 和 C3 类城市土地计划供给面积对住房交易的关注均不显著，说明在 C2，C3 类城市中地方政府土地供应政策并没有明显针对住房市场的发展状况，土地“饥饿供应”与过分对土地财政的依赖都可能造成此类现象的发生。C2 类城市住房销售面积与住房价格之间的即期关系也不显著，说明住房供给量的变化短期内无法对住房价格产生影响。

从对不同城市 α_1 值的估计情况来看，C1，C2，C3 类城市地方政府土地供应政策与住房供应量之间均具有长期均衡关系，由于土地作为住房不可或缺的生产要素之一，该实证结果既符合基本的客观事实，也能够反映出在更长的时期内地方政府供地行为与住房市场的紧密关系。长期来看，住宅用地计划推出面积与住房销售面积同样存在正相关关系（模型中该系数前是负号，所以估计值为负时呈同向变化），C1，C2，C3 类城市住房供给量变化 1%，住宅用地计划推出面积分别增长 0.73%，0.95% 和 0.76%。从对不同城市 γ_1 值的估计情况来看，住房价格与住房供给量呈显著负相关关系（与上同），C1 类城市住房供给量变化 1%，住房价格反向变化 1.54%。C2 类城市住房供给变化 1%，住房价格反向变化 0.53%。

从对不同城市 λ 值估计情况来看，C1 类城市估计值最小，进一步说明住房用地计划推出规模与住房供给量存在更显著的相关关系，误差修正项对二者之间短期关系测度误差的调整是明显的。C2 和 C3 类城市由于住房供给量对住房用地推出面积短期影响不够显著，导致调整系数值过大。从不同城市 θ 值估计情况来看，C2 类城市误差修正项的调整速度明显快于 C1 类城市，同样是由于短期内 C2 类城市住房价格对住房供给量的反应估计值误差较大所致。

综上所述，通过运用面板数据误差修正模型对住房用地计划面积与住房供给量之间关系的研究，认为 C1 类城市土地供给政策能够对住房供应量进行有效干预，特别是短期对住房供给的干预能力远远超过其他类别的城市，而住房供给增量的变化也能够抑制住房价格的波动。不过，从长期来看，不同类别的城市住房用地供给规模与住房供给量均具有长期均衡关系，住房供给也能够持续的抑制住房价格增幅，不过，本书认为，这种长期均衡关系是在市场机制作用下形成的，不能代表土地政策对住房市场的干预情况。

6.3.2　土地政策干预效果区域异质性评价

对于土地短期供给除了受到地方政府本身动机的影响之外，还会受到土地供给系统软件和硬件条件的限制，其中最主要的是城市土地储备制度与运行模式。中国城市土地储备使得地方政府可以通过决定土地供应时机而对土地市场施加影响，在追求地方收入最大化的假定下，市场不确定性的提高将延迟土地供应的最优时机（王媛、贾生华，2012）。在土地储备制度越完善的城市土地供给的效率越高，相应的土地供给价格弹性值越大，运用土地政策的能力也就越强。在C1类城市中包含了土地市场化程度较高的几个城市，如上海是最早建立土地储备制度的城市，从土地收储到出让基本实现公司化运作，更有效地避免了由于腐败、财政依赖等制约土地供给透明化的负面作用。

土地供给短期内对住房市场的调节能力还受到城市财政状况的影响，在我国当前的分税制财政体制下，地方政府面临着财政和政绩的双重压力。我国目前实行地方政府垄断的土地出让制度，许多受“土地财政”理念主导的地方政府通过一些方式抬高土地出让价格，以弥补预算内收入不足，缓解财政压力，但是却可能推动居住用地价格和住宅价格的上涨（郑思齐、师展，2011）。2013年土地出让金收入占到地方财政总收入的50%，过去十年占比最高时可达约75%。地方政府财税收入对土地出让金的依赖越强，就越有动力加强对房地产经营用地供应规模的控制，尽量用更少的土地获取更多的土地出让收入，从而加剧供给不足。这种在土地供给行为中的“财政激励”严重影响了土地供给的效率，中央政府主导的土地政策对住房市场的调控作用很难达到预期目标。同时，也正是由于对土地财政的依赖，住房用地供给政策可能根本没有考虑住房供给存量与增量的情况，而存在地方政府过度供给行为，这也会导致短期内住房用地供给政策对住房供给量调节的作用不明显。对于不同类别的城市，地方政府土地供给行为受不同财政激励因素的影响程度不同，同时也受地方政府债务总额的影响，地方政府偿债资金来源越依赖于土地出让收入，地方政府在土地供给行为越可能导致住房价格的上涨，人为因素会降低土地供应量本身对住房市场的作用力度。

从新建商品住宅销售价格指数来看，C1类城市住房价格上涨幅度相对较大，地方政府执行中央政府统一部署的稳定房地产市场健康发展政策的压力也相对较大，地方政府也会综合考虑政绩激励、民意压力等因素，可能通过增加住房用地供给等措施应对价格增幅过大问题。总之，通过面板计量模型的分析，我们看到了不同类别城市住房用地供给政策对住房市场不同程度影响，特别是C1类城市更明显的区别于其他类别城市。而本书试着通过实证模型带给我们的信息对造成土地政策干预效果区域异质性的原因做了简要的分析，认为土地供给制度特别是土地储备制度、地方政府激励因素特别是财政激励与公众激励等方面是造成土地供给政策影响住房市场区域异质性的主要原因。

6.4　本章小结

本章首先考察了我国土地供给政策的传递机制，然后对土地供给政策作用住房市场的机理进行了分析并假设了土地供给政策影响住房市场的数理模型。应用面板误差修正模型对土地政策干预住房市场效果的区域异质性进行了研究。结果表明，在短期内只有 C1 类城市地方政府住房用地推出计划比较明显的考虑了当期住房市场的交易状况，并且通过住房供应量变量能够较好的传递到住房价格，即地方政府住房用地供给行为对抑制住房价格波动显著；而 C2 和 C3 类城市土地政策的干预效果不显著；C4 类城市由于相关数据缺失严重而未能纳入研究范围。不过，从长期来看，不同类别的城市住房用地供给规模与住房供给量具有长期均衡关系，住房供给也能够持续的抑制住房价格增幅。但本书认为，这种长期均衡关系是在市场机制作用下形成的，不能代表土地政策对住房市场的干预情况。在此基础上，本书又对造成土地政策干预住房市场效果区域异质性的原因做了简要的回答。

第 7 章　住房市场微观行为及对不同区域干预有效性原因的进一步解释

在住房市场政府干预效果评价及原因分析中，政策以及其他宏观层面因素往往更被重视，而实际上隐藏在市场表象背后的原因是多方面且复杂的。住房市场是一个多主体参与者相互作用的过程（高炳华，2008），住房市场主体行为不仅取决于市场环境与自身考虑，还直接依赖于他人的策略选择（王军，2008；范俏燕，2009；陈迅，2011）。如果所有住房市场参与主体在进行策略选择时都会受到政策因素的影响，那么，政策调控将不仅仅通过单向路径作用于市场行为主体，还会由于参与各方对彼此策略的判断而间接作用于市场主体。因此，若要科学评价政策效果与构建调控体系不仅要独立的观察市场主体对政策的反应，还要充分考虑政策在不同市场主体之间产生的相互影响。有效的市场干预是为了最大化减轻市场失灵的程度，提高市场配置资源效率，没有对住房市场微观行为的系统把握就容易导致调控出现偏差。关于市场政府干预理论可以追溯到 20 世纪 30 年代的凯恩斯学说，而后理性预期学派以博弈论为工具发展了一种有微观基础的宏观经济理论，他们通过研究个体之间静态或动态、短期或长期的交互作用来对社会经济现象做出解释或预测，对凯恩斯学派构成了挑战。随后新凯恩斯主义则借鉴了理性预期学派的研究方法，博弈论也成为他们研究经济问题的重要工具。鉴于此，本书试图应用博弈理论分析政策对住房市场参与主体的直接与间接影响，并在此基础上进一步解释了住房市场政府干预的有效性。

7.1　对住房市场博弈参与者的界定

通常情况下，有效的住房制度与市场宏观调控体系能够平衡住房市场各方利益关系，实现住有所居以及维护住房金融系统稳定并实现经济包容性增长。在既有的市场条件及制度安排下，房地产市场作为一个利益博弈的场所，各种利益主体的利益关系处于失衡状态，这也成为房地产市场难以持续健康发展的症结所在。

从房地产产品流和资金流（图 7-1）的节点上可以看出，住房市场的参与者包括土地市场、住房销售市场、资本市场和二手房市场（含租赁）的供需主体。房地产经纪作为房地产品交易中的中介机构，主要作用体现在帮助交易双方降低信息成本，而对房地产交易价格没有决定权。从当前租赁市场情况来看，房地产经纪行业进入门槛较低，能够形成良好的竞争机制。而对于房地产经纪行业的干预主要在于规范经纪服务行为，尚未达到与关注住房民生以及稳定房地产金融系统相同的高度。实际上，当前国内住房销售萎缩以及住房消费者由于房价过高无力进入市场的态势所造成的房地产市场这种僵局基本上是房地产开发商、地方政府、商业银行以及住房消费者利益博弈的一种结果（易宪容，2009），房地产企业不愿调整价格让住房需求释放出来，而是希望通过政府态度的改变让消费者进入市场消化过剩住房供给。围绕着地方政府、开发商、购房者和金融机构等住房市场参与人，王军和聂规划（2008）、范俏燕（2009）、杨玉静和樊新安（2009）、黄武军和许维胜等（2009）、曹刚锋（2010）、陈迅和张晶等（2011）分别构建不同类型博弈模型对住房市场参与者微观行为进行研究，认为住房市场微观主体正是通过与相关利益各方相互博弈进行策略选择。同时，由于中央政府作为宏观调控的主导者和主要的政策制定者，将中央政府一并考虑作为住房市场的主要参与者以更清晰地分析政策因素与住房市场微观主体行为之间的关系。因此，本章对住房市场行为主体界定为地方政府、金融机构（主要指商业银行）、开发商和购房者，并将中央政府作为住房市场参与者之一。特别指出，将地方政府与金融机构统一称为中央政府代理方，将开发商与购房者统一称为资金需求方是为了表达上的必要，在小节中同时出现不同的表达方式并不存在矛盾。

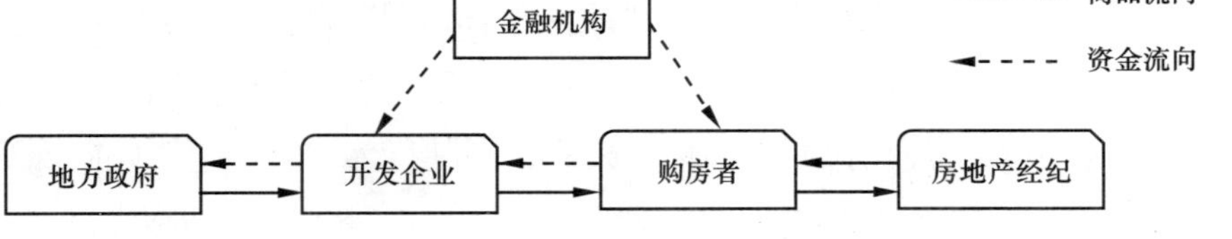

图 7-1　住房市场参与者关联图

7.2 住房市场微观主体的利益关系

7.2.1 中央政府与代理方的利益关系

住房市场宏观调控政策能否顺利执行是影响最终政府干预效果的重要环节，中央政府作为调控政策的制定方与地方政府在政策执行过程中构成了委托代理关系。中央政府的主要职责在于保持国民经济发展稳定并促进社会的公平公正，房地产业与国民经济密切相关，房地产业关联性强以及内需驱动对于经济增长的贡献不可小觑，房地产泡沫的堆积和破灭对经济系统的破坏力是毁灭性的。因此，中央政府在宏观调控的过程中，力争做到“保民生、促增长、防风险”等多目标的协调与优化。从住房市场调控时机上来看，住房价格增长幅度、住房投资占固定资产投资比例以及保障性住房的建设规模是中央政府关注的主要问题源流指标。而由于利益驱动，在住房市场调控过程中政策的贯彻执行方并不一定获取足够的激励与中央政府一直保持一致，住房市场调控效果不理想是中央与地方政府之间反复博弈的体现（杨柏国，2010）。中央政府与代理方既是相互统一又是相互对立的，统一性体现在各方都希望拥有一个健康的房地产市场环境以及稳定的经济基本面。对立面体现在中央政府主要从整个宏观层面或者说全局出发，目标是社会经济的可持续发展，提高社会的整体福利，地方政府更为关注中短期的经济增长与财政收益。

自 1994 年分税制改革以来，关于中央与地方政府在财权和事权之间的博弈就一直是学术界讨论的热点，房地产税收制度改革也在争论中再次被提上议事日程。公共选择理论把“理性经济人”假定引入到政府经济行为分析，认为政府在决策过程中追求自身总收益的最大化。在财政分权后改革时代，地方政府是一个相对独立的利益主体，在中央政府激励不足的情况下，地方政府有可能采取机会主义行动，使中央政府的目标大打折扣。“地方政府公司”理论（戴慕珍，1992）把中国地方政府视为追逐利益的公司，政府官员就是“政治企业家”。在房地产领域追求地方财政收入最大化的中国地方政府，因其行为“公司化”倾向而导致其公共政策可能受到特殊利益集团“捐税”行为所左右（杨帆、卢周来，2010）。

我国现行土地制度还为地方政府公司化行为提供了可行性，长期以来，我国土地制度实行城乡二元结构，政府在城市土地一级市场中处于垄断地位，因此，地方政府在住房市场中一直扮演着重要角色并在协调住房市场参与者利益关系方面具有不可替代性。由于住房一级市场产权分配权利、义务和责任的法律功能缺位，使地方政府配置土地的权利掌握在少数部门或个体手中，容易产生寻租。寻租使得竞争性的市场秩序被不规范的寻租秩序所替代。

住房市场调控体系的不完善为地方政府提供了与中央政府进行博弈的施展空间，政策一般都是方向性的、原则性的，各地方政府在解读过程中通过倾向性的曲解规则，变为适应当地经济条件的具体操作规则以最大化当地利益；地方政府还可通过影响土地交易以及弱化对住房市场的日常监管增加预算外收入，在当前官员考评与激励机制下，这些都有利于地方政绩的提高。中央政府出台的“问责制”只能作为约束地方政府行为的临时措施，治标不治本，并且到目前为止还没有公开报道地方政府首脑被问责事件，在地方政府与中央政府博弈过程中为何会产生当前局面需要作进一步研究。

中央政府的代理方还包括国有或国有控股商业银行等，金融机构作为完全公司化运作的组织，具有更明显的追求自身利益最大化的特征。从我国当前的住房金融制度体系看，住房建设与住房消费融资渠道单一，国外以发行债券为主，而我国以投放信贷为主，金融机构需要增强风险控制能力。中国银行业是少数具有定价权的行业，如果银行是追求自身利益最大化的，那么银行在金融政策调控过程中对于履行与中央政府之间的非正式合约的态度可能产生或明或暗的抵制。中央政府如何在住房市场宏观调控执行阶段协调各方的利益关系，应充分考虑对代理方的激励条件。本章在建模过程中将银行与地方政府统称为代理方，会根据需要分别论述。

7.2.2　地方政府与开发商的利益关系

在住房市场宏观调控的不同阶段，地方政府与开发商之间的博弈特征也呈现不同的表现形式。特别是在 1998 年城镇住房制度改革在全国推行以后，从已有的研究成果看，在进一步深化住房制度改革初期，学界所关注的主要是地方政府与开发商捆绑作为利益联盟的形式以及由此造成的后果；而随着住房调控体系的不断完善，学界更加倾向于对两者非合作博弈特征的研究。本章在分析地方政府与开发商利益关系中以后者为线索，进一步剖析二者博弈特征的转变条件以及双方的行为倾向。对合作与非合作两种分析角度合理性的判断需要建立在不同的前提之下，特别是前提假设与现实情况吻合的程度相异。并非在任何环境下都具备双方合作的基础，合作博弈的角度通常是把双方博弈建立在住房市场机制发挥作用较弱时期，在此种情况下，住房调控体系的建设尚处于初级阶段，既不能实现市场有效调节，又无法依赖有效的制度约束，地方政府为追求最优目标函数值而降低对自身的职责要求，与开发商共同谋利。开发商可以通过将成本转移到消费者而高价获取土地，地方政府则为了追求最大化的财政收入而放弃制止“地王”现象的发生。而非合作博弈的假设通常是建立在住房市场机制比较完善时期，房地产开发商失去了与政府合作的动力，特别是制度约束对各方行为的影响不断增强时，地方政府的合作基础首先产生动摇，开发商的表现也会更为谨慎。地方政府将考虑“地王”现象所带来的不利因素，开发商也不敢贸然高价拿地以规避住房价格短期波动与中长期趋势所带来的市场风险和资金流动压力。中央对地方政府“一把手”实行的问责制治标不治本，但却在很大程度上瓦解了房地产商与地方政府继续“合作”的基础，双方谨慎的态度导致了不再有默契而在土地出让行为中展开了激烈的博弈（淮建军，2008）。在地方政府与开发商从合作博弈到非合作博弈的角色转变中，为了追求各自利益的最大化，其对住房市场调控效果的负面影响仍旧存在，在非合作博弈过程中地方政府与开发商对土地与房地产品的定价权不利于各方利益关系的协调。随着住房市场调控政策的变迁，本章将研究重点放在双方的非合作博弈方面。

房地产开发商与地方政府最大的利益交叉点在土地交易环节，同时，对于住房制度改革而言，相关土地制度和财税制度也是关注的重点。在土地交易过程中，土地出让方式的选择将会影响双方的收益高低。“招、拍、挂”制度颁布的初衷是防止协议出让土地产生的寻租行为，但是，由于该制度可能助推房价上涨而饱受争议，因此，不以价格最高作为衡量中标企业的唯一标准已经在北京、上海等大部分城市悄然执行。地方政府在与中央政府的博弈中会考虑让出部分收益以应对上级要求，但同时仍旧不会放弃与开发商的博弈中实现利益的最大化，开发商的行动将使地方政府权衡与二者博弈的策略选择。

而在住房市场常规监管等行为中，除非双方已结成了利益同盟，否则无视开发商的“囤地”行为并不能满足地方追求利益的最大化，如果执行惩罚或者收回闲置土地再次出让将增加地方政府的财政收入。地方政府还可采取城市规划等多种手段限制开发商的行为，如对建筑密度和容积率的限制，以保护居住环境，防止房地产开发商过渡转移所带来的外部效应。有学者在分析地方政府与开发商博弈行为中认为，如果地方政府对开发商行为进行严格监管将导致开发商采取上诉策略以揭示地方政府曾经发生过的寻租行为，本书认为这种模型的构建缺少理论基础和现实依据，是不可信的。

7.2.3　金融机构与资金需求方的利益关系

金融政策干预住房市场的首要目的在于防范系统性风险并合理地为资金需求方提供资金信贷服务。商业银行作为中央政府的代理方，负有维护总体经济稳定以及防范自身房地产市场金融风险的职责；另一方面，作为房地产市场超额利润的受益者，有动机与房地产开发商和建筑企业组成“利益联盟”。住房市场繁荣将为联盟中这个特殊利益主体带来丰厚的回报，商业银行有动力变相为房地产开发企业提供资金支持以缓解企业资金流动性压力。一般来讲，按揭贷款风险较低，特别是在我国，较高的首付比例更加降低了贷款者的违约风险，给消费者提供中长期个人按揭贷款同样是商业银行的主要盈利业务。

住房金融政策还处于不断完善的过程中，但是由于银行坏账率高居不下，中央政府越来越重视拓宽住房融资渠道与银行住房信贷市场化改革，银行的处境已经开始不那么轻松了。银行既要降低公司经营风险，减少坏账准备，也要充分考虑中央政府意图，规避系统性风险。然而在住房信贷中违法违规现象相当突出，开发商搞假按揭骗取银行资金，开发商、律师事务所、相关银行相互勾结，合谋骗贷。对于贷款条件的限制，其核实过程由信贷人员负责，具体放贷情况也由银行自行决定（武少俊，2007）。随着商业银行住房贷款累计的增加，商业银行不良贷款额也节节升高，究其原因，除了银行本身管理体制原因之外，在房地产开发企业向商业银行申请贷款时，信息不对称而产生的两者之间的不完全信息博弈是银行在房地产开发贷款中风险越来越高的根本原因（王妍，2010）。信息不对称将导致在借贷过程中逆向选择和道德风险的产生，特别是银行贷款业务事前控制不到位，银行无法知道借款人的实际情况，而只能以概率来估计，由此产生逆向选择，资金供需双方的信息不对称将严重影响金融政策的执行效果。

在利率和住房信贷市场化改革进一步深化过程中，对银行行为产生约束的同时也为银行提供了获取超额利润的机会。譬如存款准备金率的提高也可能带来双重效应，利率市场化改革对于贷款利率上限的规定更加灵活，流动性不足促使银行选择惜贷措施并提高贷款利率以追求更高的利润，银行的议价能力反而大幅提高。银行想通过高利率吓退高风险项目，却使开发商因利率高而选择了高风险，也就是项目中逆向选择现象。由于信息的不对称，低风险的开发商因利率高而退出，导致市场上只有风险高的开发商。逆向选择使得银行在降低自身经营风险过程中无法完全依赖市场机制，提高利率将导致市场配置信贷资源效率降低，同时降低银行收益。如果贷款利率维持在较低水平则中央政府预期的金融政策目标的实现会受到消极影响，面对两难境地银行需要重新考虑如何执行更优的利率策略。

7.2.4 开发商与购房者的利益关系

住房民生是住房制度演化过程中所要解决的主要矛盾，对于中低收入者而言，居住问题需要依赖政府住房保障与市场两种途径解决，即由于不可抗力导致无法通过市场途径获取住房的政府应给予帮助，而对于能够通过市场途径获得特别是仍旧会带来生活压力的保障边缘群体，应通过住房市场制度约束充分保护其正当权益，平衡相关各方利益关系。开发商与购房者的利益冲突主要发生在讨价还价过程中，在住房交易环节开发商将想方设法获得最大生产剩余。开发商很可能采用“捂盘惜售”等手段制造房荒的假象，在销售市场和资金市场树立房地产价格将不断上涨的形象以增加社会预期砝码。开发商项目前期阶段会对住房市场进行全面了解，不过也无法掌握住房需求的全部信息。但是与消费者相比，开发商拥有足够多的住房市场信息优势，会采用各种手段抬高住房价格。如果投资回收期延长，开发商还会采取多种手段获取资金以防止资金链断裂，增加资金流动性，降低企业财务风险，甚至不惜采用寻租手段以低价获得土地使用权而取得充足的资金或者降低贷款成本，开发商可以长期持有物业并维持高价正缘于此。与此同时，开发商还可以通过住房产品质量信息不对称在销售过程中存在欺诈消费者行为，变相获取高额利润。

购房者可以粗略地分为自住型需求与非自住型需求，高质量、低成本是购房者首要考虑的基本要素。通常情况下，对于刚性需求来说，住房消费支出占家庭可支配收入比重较高，购房选择比较谨慎。因此，住房消费是一种比较接近理性的购买行为，消费者除了将住宅属性组合与住宅品质作为考虑的重要因素，还会争取在某一时期内满足消费者剩余的最大化（Ridker、Henning，1967)。而非自住型需求则主要考虑住房资产未来的升值空间大小，当然，住房品质可能会影响到住房未来的升值幅度。住房消费者对住房市场预期的判断将作为选择策略的重要参考依据之一，如果预期市场下行则继续选择等待，但是，如果开发商降价，消费者的预期不足以弥补当前降价带来的效用，则有选择进入的可能；如果预期将会上行则选择进入，但是如果开发商选择涨价则可能会改变消费者对未来的预期而选择继续等待。此时，开发商也不得不将消费者的预期因素作为定价所考虑的因素之一，如果开发商与地方政府和金融机构的博弈中没有必胜的把握，则不得不重新制定定价策略，以保证充足的资金流动性，降低企业经营风险。

综上所述，住房市场各参与者之间的利益关系非常复杂，如果将所有住房市场参与者行为看作复杂系统，那么为了更加清晰地分析住房市场宏观调控政策的有效性，本书将其分为四个子系统，包括地方政府与开发商、购房者与开发商、金融机构与借款者和中央政府与代理方之间的相互博弈，其中借款者主要包括开发商和消费者，代理方主要包括地方政府与金融机构，详细的博弈关系如图 7-2 所示，并探讨住房市场参与主体各方纳什均衡解，在各子系统模型分析的基础上，以系统观理念结合所有模型进一步解读住房市场参与主体行为方式与最优的行为选择。

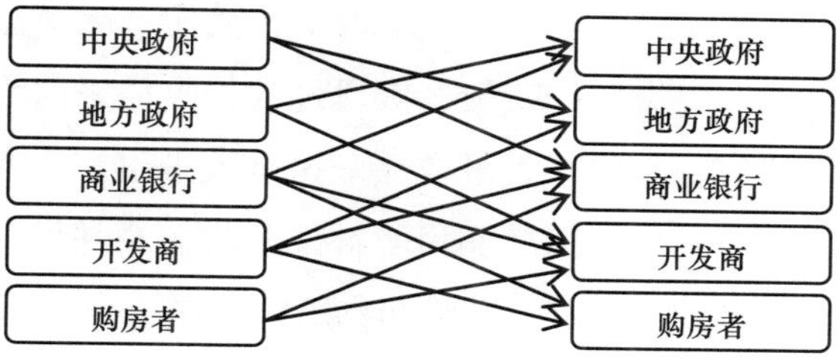

图 7-2　住房市场参与者博弈关系

7.3 住房市场参与者博弈模型构建与解析

7.3.1 市场监管委托 – 代理双方博弈子系统建模

1. 前提假设与模型描述

中央政府与地方政府是市场监管委托代理关系的典型代表，但模型中依然采用委托方与代理方进行描述并用 GN、AG 下标标记以示区别。

假设 1：委托人与代理人均追求自身效用最大化，委托人的效用函数为社会总体福利，代理人的效用函数为自身收益，委托人与代理人的总体效用为常数。

假设 2：委托代理双方是风险中性的，代理人的期望效用为委托人惩罚措施的概率线性函数。

从委托代理双方的博弈关系中可知，地方政府的执行力度决定了总体效用在中央政府与地方政府之间的分配比例。委托方的策略集合为（监督，不监督），代理人的策略集合为（积极执行，不积极执行）。地方政府完全执行宏观调控的情况下设中央政府的收益为 U_{GN}，地方政府的收益为 0；地方政府完全不执行宏观调控政策的情况下地方政府的收益为 U_{AG}，中央政府的效用为 0；根据假设 1，令 $U_{GN}=U_{AG}=A$，代理方积极执行的力度系数为 k ，其中 $k\geqslant 0.5$ ，则当代理方积极执行的效用为 $(1-k)A$ ，代理方不积极执行时获得的效用为 kA 。同理，当代理方积极执行和不积极执行时委托方获得的效用分别为 kA 和 $(1-k)A$ 。设定代理人选择执行的概率为 p_{AN}，代理人的效用函数为 E_{AN}；设委托人选择监督的概率为 p_{GN}，监督成本为 C_{GN}；委托人能够发现代理人违规的概率为 p_{gn}，惩罚措施为 W ，委托人的效用函数为 E_{GN}。

当代理人完全执行了政策时委托人选择监督，则付出监督成本。如果代理人并没有完全执行政策，则代理人的收益来自于住房市场，但同时也面临着被惩罚的可能。当代理人没有完全执行政策时委托人监督并发现代理人违规，社会福利有部分损失，但惩罚可弥补部分收益，并付出监督成本，如果委托人监督但没有发现代理人违规，则将面临最大损失。

2. 建模及求解

根据上面描述委托代理双方博弈的策略矩阵如图 7–3 所示。从支付矩阵中可以看出，当 $p_{gn}W-C_{GN}<0$ 时，（不监督，不积极执行）是该博弈模型的一个纳什均衡，即委托方发现代理方违规的能力以及所制定的惩罚措施不足以弥补监督所付出的成本，那么，委托方选择不监督，代理方则不会积极执行政策。当 $p_{gn}W-C_{GN}>0$，且 $(1-k)A<kA-p_{gn}W$ 时，即 $C_{GN}<p_{gn}W<(2k-1)A$，（监督，不积极执行）是博弈的纳什均衡，不积极执行策略是代理方的占优策略，不积极执行可以带来更多的收益，使代理方有足够的动力面对被惩罚的风险。若要代理方守规则，委托方必须加大惩罚力度，使得 $p_{gn}W<(2k-1)A$ 不能成立。但是，一味加大惩罚力度，可能造成代理方使用造假等手段加大委托方的发现难度，即 p_{gn} 降低，因此，有效的方式之一就是对积极执行的代理方实施奖励，采取激励措施的博弈策略矩阵，如图 7–4 所示。

委托方 \ 代理方	积极执行		不积极执行	
监督	$kA-C_{GN}$	$(1-k)A$	$(1-k)A-C_{GN}+p_{gn}W$	$kA-p_{gn}W$
不监督	kA	$(1-k)A$	$(1-k)A$	kA

图 7–3　委托代理博弈支付矩阵

委托方 \ 代理方	积极执行		不积极执行	
监督	$kA-C_{GN}-R$	$(1-k)A+R$	$(1-k)A-C_{GN}+p_{gn}W$	$kA-p_{gn}W$
不监督	kA	$(1-k)A$	$(1-k)A$	kA

图 7–4　采取激励措施的委托代理博弈支付矩阵

矩阵中，R 代表委托方的激励措施，从上面的分析中可知，只有所制定的惩罚措施能够弥补监督所付出的成本时，委托方才会采取监督措施。所以，首先假定 $p_{gn}W-C_{GN}>0$，同时激励措施应满足激励约束条件，即

$$(1-k)A+R\geqslant kA-p_{gn}W$$

得

$$R\geqslant(2k-1)A-p_{gn}W$$

此时，博弈模型不存在纯策略纳什均衡解，需考虑混合策略纳什均衡。给定委托方监督的概率为 p_{GN}，则代理方积极执行的期望收益为

$$E_{\mathrm{AG}}^{1}=p_{\mathrm{GN}}[(1-k)A+R]+(1-p_{\mathrm{GN}})(1-k)A$$

代理方不积极执行的期望收益为

$$E_{\mathrm{AG}}^{0}=p_{\mathrm{GN}}(kA-p_{\mathrm{gn}}W)+(1-p_{\mathrm{GN}})kA$$

若代理方积极执行与不积极执行无差异，则 $E_{\mathrm{AG}}^{1}=E_{\mathrm{AG}}^{0}$，即

$$p_{\mathrm{GN}}[(1-k)A+R]+(1-p_{\mathrm{GN}})(1-k)A=p_{\mathrm{GN}}(kA-p_{\mathrm{gn}}W)+(1-p_{\mathrm{GN}})kA$$

得

$$p_{\mathrm{GN}}^{*}=(2k-1)A/(R+p_{\mathrm{gn}}W)$$

给定代理方积极执行的概率 p_{AG}，委托方监督时期望收益为

$$E_{\mathrm{GN}}^{1}=p_{\mathrm{AG}}(kA-C_{\mathrm{GN}}-R)+(1-p_{\mathrm{AG}})[(1-k)A-C_{\mathrm{GN}}+p_{\mathrm{gn}}W]$$

委托方不监督时期望收益为

$$E_{\mathrm{GN}}^{0}=p_{\mathrm{AG}}kA+(1-p_{\mathrm{AG}})(1-k)A$$

若委托方监督与不监督无差异，则 $E_{\mathrm{GN}}^{1}=E_{\mathrm{GN}}^{0}$，即

$$p_{\mathrm{AG}}(kA-C_{\mathrm{GN}}-R)+(1-p_{\mathrm{AG}})[(1-k)A-C_{\mathrm{GN}}+p_{\mathrm{gn}}W]=p_{AG}kA+(1-p_{AG})(1-k)A$$

得

$$p_{\mathrm{AG}}^{*}=(p_{\mathrm{gn}}W-C_{\mathrm{GN}})/(p_{\mathrm{gn}}W+R)$$

则考虑激励措施的混合策略纳什均衡解为

$$(p_{\mathrm{GN}}^{*},p_{\mathrm{AG}}^{*})=[(2k-1)A/(R+p_{\mathrm{gn}}W),(p_{\mathrm{gn}}W-C_{\mathrm{GN}})/(p_{\mathrm{gn}}W+R)]$$

7.3.2 土地市场供需双方博弈子系统建模

1. 前提假设与模型描述

地方政府与开发商的博弈主要体现在土地交易过程中，为了与其他模型相呼应且更具有一般性意义，本章将地方政府与开发商描述为土地市场供给方和需求方，在下文模型中，用 LS、LD 下标表示。与通常情况不同的是，土地市场供给

方行为直接受到委托方的约束，因此，将政策因素引入到博弈模型中来。在土地出让行为中暂不考虑寻租等违法犯罪情况，而主要分析地方政府对房地产政策的执行状况。

假设 1：土地供需双方均追求自身利益最大化。

假设 2：土地需求方对未来住房市场的预期为（$\underline{\theta}^e_{LD}$，$\overline{\theta}^e_{LD}$）两种类型，$\underline{\theta}^e_{LD}$ 代表悲观，$\overline{\theta}^e_{LD}$ 代表乐观。

假设 3：土地供需双方存在信息不对称，土地需求方不知道土地供给方执行宏观调控政策的情况，供给方也并不知道需求方对未来住房市场的预期类型。

在关于地方政府利益关系的分析中已经讨论了中央政府重压之下地方政府行为可能有多种表现，比譬如对土地供应结构的调整以及对土地出让价格的策略干预。关于土地供应结构调整后对商品房市场的影响很难得到确切的结论，譬如增加经济适用房的用地比例能否减轻住房市场的需求压力，还是由于纯商品房用地比例相应降低而减少了商品房的供给数量进而带来住房价格上行压力。因此，在土地供给方博弈行为分析中，总是存在动机上的争议，关于土地出让价格的信息更能够清晰地判断土地供给方的企图。由于土地供给方的垄断地位，其对土地出让价格能够进行操控，尤其是以招投标方式的交易制度使得地方政府存在更大的操控空间，对土地交易方式的选择本身就可以影响到最终土地交易价格。在模型中，土地供给方的策略集合更能反映出其在住房市场参与行为中所持有的态度。而土地成本是住房价格的重要组成部分，土地获取成本对住房价格的影响虽不具有决定性，但无疑会起到直接作用。

由于土地需求方对住房市场的预期有两种类型，因此需要构建不完全信息的博弈模型。设土地供给方的策略集合为（期望低价，期望高价），土地需求方的策略集合为（进入，不进入）。设土地供给方的收益为 π_{LS}，供给方的收益取决于土地需求方是否选择进入，当且仅当土地需求方进入土地供给方才是有利可图的。设土地需求方的收益为 π_{LD}，土地需求方的收益除了取决于对市场走势的判断外，还受到土地供给方对土地期望价格的影响。当土地需求方为时 $\overline{\theta}^e_{LD}$，对土地估价为 $\overline{V}_{LD}$，当土地需求方为 $\underline{\theta}^e_{LD}$ 时，对土地估价为 $\underline{V}_{LD}$，$\overline{V}_{LD} > \underline{V}_{LD}$。土地供给方的估价为 V_{LS}，令土地成交价格为 V，假定当土地供给方执行期望低价策略时成交价格总是满足$\underline{V}(\cdot) < V_{\text{LS}}$，相反则满足$\bar{V}(\cdot) > V_{\text{LS}}$。对于估价，需要做如下说明，土地本身没有价值，所以对土地估价本身就是一种资本化的方式，因此，与供给方可能不同的是需求方对土地的估价一定是建立在未来住房市场预期收益的基础上，所以，本书可以做出更强的假设，令$\bar{V}_{\text{LD}} > \bar{V}(\cdot)$，这将意味着当土地需求方预期乐观时一定会选择进入策略。在前文的分析中，可知供给方策略的选择会受到土地市场以外因素的影响，因此设m_{LS}为调节土地供给方收益的变量。土地需求方如果在$\underline{\theta}^{e}_{\text{LD}}$类型下仍选择进入则可能面临市场风险$r_{\text{LD}}$，进而影响预期收益。

2. 建模及求解

根据上面描述，构建土地供需双方不完全信息静态博弈模型如图 7-5 所示。

	期望低价		期望高价	
进入	$\bar{V}_{\text{LD}}-\underline{V}(\cdot)$	$\underline{V}(\cdot)-V_{\text{LS}}+m_{\text{LS}}$	$\bar{V}_{\text{LD}}-\bar{V}(\cdot)$	$\bar{V}(\cdot)-V_{\text{LS}}-m_{\text{LS}}$
不进入	0	m_{LS}	0	$-m_{\text{LS}}$

土地需求方预期乐观时支付矩阵

	期望低价		期望高价	
进入	$\underline{V}_{\text{LD}}-\underline{V}(\cdot)-r_{\text{LD}}$	$\underline{V}(\cdot)-V_{\text{LS}}+m_{\text{LS}}$	$\underline{V}_{\text{LD}}-\bar{V}(\cdot)-r_{\text{LD}}$	$\bar{V}(\cdot)-V_{\text{LS}}-m_{\text{LS}}$
不进入	0	m_{LS}	0	$-m_{\text{LS}}$

土地需求方预期悲观时支付矩阵

图 7-5　不完全信息下土地供需博弈支付矩阵

假定土地供给方认为土地需求方为乐观预期的先验概率为p_1，令x为土地供给方期望低价的概率，y为土地需求方预期悲观时进入的概率（当预期乐观时一定进入），则土地供给方采取期望低价策略的预期收益为

$$E^{0}_{\text{LS}} = (p_1 + y - p_1 y)(\underline{V}(\cdot) - V_{\text{LS}}) + m_{\text{LS}}$$

土地供给方采取期望高价策略的预期收益为

$$E^{1}_{\text{LS}} = (p_1 + y - p_1 y)(\bar{V}(\cdot) - V_{\text{LS}}) - m_{\text{LS}}$$

因此，当 $y \leqslant \dfrac{2m_{\mathrm{LS}} - p_1[\bar{V}(\cdot) - \underline{V}(\cdot)]}{(1-p_1)[\bar{V}(\cdot) - \underline{V}(\cdot)]}$ 时，期望低价为土地供给方的最优策略，否则，期望高价为最优策略。

当土地需求方为预期乐观类型时，不论 x 取值如何，进入策略的预期收益始终大于 0，是需求方的一个绝对占优策略。当土地需求方为预期悲观类型时，其期望收益为

$$E(\underline{\theta}_{\mathrm{LD}}^{e}) = x(\bar{V}(\cdot) - \underline{V}(\cdot)) + (\underline{V}_{\mathrm{LD}} - \bar{V}(\cdot) - r_{\mathrm{LD}})$$

因此，当且仅当 $x \geqslant \dfrac{\bar{V}(\cdot) - \underline{V}_{\mathrm{LD}} + r_{\mathrm{LD}}}{\bar{V}(\cdot) - \underline{V}(\cdot)}$ 时，选择进入是土地需求方的最优策略，否则，不进入为最优策略。

7.3.3　资本市场供需双方博弈子系统建模

1. 前提假设与模型描述

本节将商业银行与借款者仍旧采用资金供给方与需求方的标记，分别为 MS 、MD ，但在描述过程中不做区分。

假设 1：资金需求分为投机性需求和非投机性需求两类。

假设 2：资金供给方为风险中性。

首先，引入传统的信贷配给模型①来说明住房市场资金流向以及相应的收益状况。先假设两类需求的成本均为 B ，且完全依靠银行融资，银行利率为 r，银行要求借款人提供相当于融资总额比例为 c 的担保品，且 $c<1+r$ ，两类需求 i （ i =1，2）运作成功后可得收益为 R_{MD}^{i} ，若未能成功则收益为 0，其中成功的概率为 p_i ，且有 $p_1 > p_2$ ，$R_{\mathrm{MD}}^{1}\ p_1\ =\ R_{\mathrm{MD}}^{2}$ 　。这样，银行每融资 1 元的期望收益为

$$E(R_{\mathrm{MS}}^{i}) = p_i(1+r) + (1-p_i)c \tag{7-1}$$

对于借款人而言，需求方 i 的期望回报为

$$E(R_{\mathrm{MD}}^{i}) = p_i[R_{\mathrm{MD}}^{i} - B\cdot(1+r)] - (1-p_i)c\cdot B \tag{7-2}$$

① 该模型主要参考陈钊编著的教材《信息与激励经济学》中的相关内容。

由于 $p_1 > p_2$， $R_{\mathrm{MD}}^1 p_1 = R_{\mathrm{MD}}^2 p_2$，从式（7-2）可知投机性需求总是给借款人带来较高的投资回报。令 r^* 为非投机性需求回报等于 0 的贷款利率，则

$$r^* = [R_{\mathrm{MD}}^1 p_1 - c \cdot B \cdot (1 - p_1)] / p_1 B - 1 \tag{7-3}$$

如图 7-6 所示。

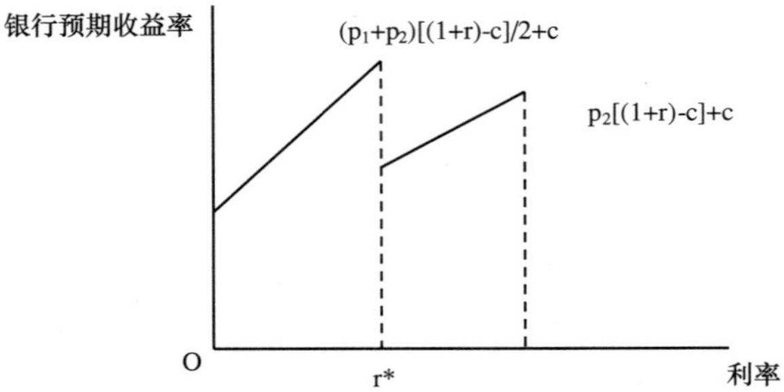

图 7-6 银行收益率函数

当利率小于 r^* 时，投机性需求和非投机性需求方都申请贷款，当利率超过 r^* 时，非投机性需求退出市场，资金供给方收益率降低。在中央政府宏观调控的重压之下，银行不得不更谨慎地考虑信贷风险。从信贷市场表现上来看，提高收益不仅未能吓退那些高风险项目，却使开发商因利率高而选择了高风险项目（曹刚锋，2010）。如果银行能够很好地执行国家的政策，就有可能减少房地产开发商的利润，进而影响银行自身的经济利益。不积极执行国家的政策，可能影响国家经济形势，从而影响银行自身的经济安全和长远利益。在房地产市场调控中，为了有效抑制投机性需求，减少坏账，中央政府更倾向于银行实施较高的利率政策。因此，如果银行能够进行有效甄别并实施较高利率政策则是对中央政府宏观调控的正向回应。那么，如果银行没能够进行有效甄别，则将面临财务风险与效益损失；如果银行实行低利率政策则没有对中央政府调控做出积极反应，银行将因此获得更多的收益。因此，若要通过有浮动的贷款利率政策分离高风险和低风险项目，必须加大对借款人的审查力度，假设审查发现的概率 p_{ms} 与投入的单位资金审查成本 k 成正比。于是，银行将面临两种不确定性：对于高风险项目提高利率后是否会影响收益，如果投机需求方的收益为正，则仍旧选择贷款，银行收益率提高，如果收益为负，则选择退出，银行收益率降低；提高审查力度所产生的成本能否得到

补偿，如果提高利率后收益增加，则有动力增加审查力度，否则将维持固定利率的现状。

2. 建模及求解

根据模型描述，在信贷配给模型的基础上进一步讨论中央政府重压之下银行与资金需求方的策略选择。

令银行利率最高上浮空间为，则对于高风险项目执行利率为 $r+p_{ms}$，或者说对投机需求方执行浮动利率，对非投机需求方维持原利率。同样认定 $R_{MD}^1 p_1 = R_{MD}^2 p_2$，可以分别得到两类借款人的期望利润：

$$E(R_{MD}^1) = p_1[R_{MD}^1 - B\cdot(1+r)] - (1-p_i)c\cdot B \tag{7-4}$$

$$E(R_{MD}^2) = p_2[R_{MD}^2 - B\cdot(1+r+p_{ms}\Delta r)] - (1-p_2)c\cdot B \tag{7-5}$$

当且仅当 $p_{ms}\Delta r < (p_1 - p_2)(1+r+c)/p_2$时，高风险项目可以带来更高的投资回报。令$r_1^*$，$r_2^*$分别为两类项目投资回报为 0 的贷款利率，则可知

$$r_1^* = [R_{MD}^1 p_1 - c\cdot B\cdot(1-p_1)]/p_1 B - 1 \tag{7-6}$$

$$r_2^* = [R_{MD}^2 p_2 - c\cdot B\cdot(1-p_2)]/p_2 B - (1+p_{ms}\Delta r) \tag{7-7}$$

当 $r> r_1^*$ 时，非投机性需求退出市场；当 $r> r_2^*$ 时，投机性需求退出市场。

对于非投机性需求来讲，银行每融资 1 元的预期收益为

$$E(R_{MS}^1) = p_1(1+r) + (1-p_1)c - k_1 = p_1(1+r-c) + c - k_1 \tag{7-8}$$

对于投机性需求来讲，银行每融资 1 元的预期收益为

$$E(R_{MS}^2) = p_2(1+r+p_{ms}\Delta r) + (1-p_2)c - k_2 = p_2(1+r-c) + c + p_2 p_{ms}\Delta r - k_2 \tag{7-9}$$

其中$k_1 < k_2$，若利率政策满足两类需求申请贷款的前提条件，则银行的预期收益率为

$$E(R_{MS}) = (p_1 + p_2)(1+r-c)/2 + c + [p_2 p_{ms}\Delta r - (k_1 + k_2)]/2 \tag{7-10}$$

由图 7-6 和式（7-10）可知，当 $p_2\, p_{ms}\ \Delta r = k_1 + k_2$ 时，执行固定利率政策或者浮动利率政策银行收益率无差异。当 $k_1 + k_2 < p_2 p_{ms}\ \Delta r <(p_1 - p_2)(1+r-c)$ 时，执行浮动的利率政策的收益率将优于执行固定利率的收益率。将 $p_{ms}\ \Delta r = (k_1 + k_2)/p_2$ 代入式（7-9）可知，执行浮动利率政策后，高风险项目的收益将减少

$B(k_1+k_2)$，恰好为银行进行审查的所有成本。本节讨论了关于浮动利率的最优区间，但是没有得出基础利率的取值，按照常理可能在满足 $r_2^* < r_1^*$ 时，将 r_1^* 作为临界值考虑是最优的，因为在对低风险项目执行无限接近 r_1^* 利率时，对高风险项目执行的利率为（$r_2^* + p_{ms}\Delta r$）。

7.3.4 住房市场供需双方博弈子系统建模

1. 前提假设与模型描述

将开发商与购房者描述为住房市场的供给方和需求方，在下文模型中分别用 HS、HD 下标表示。由于购房者的动机并非完全一致，因此，在住房消费行为中可能表现出不同的特征。关于交易双方讨价还价的博弈模型有很多不同的类别。通过应用调整后的“一次销售模型”来解释在对未来市场预期不确定情况下，住房需求方与住房供给方在什么样的情况下可以成交，有哪些住房需求可以得到满足，如何来解释住房市场供需双方博弈对政府干预有效性的影响。

假设 1：住房市场只有一个供给方和多个住房需求方。

假设 2：住房供给方具有定价权，住房需求方没有议价能力，住房供给方只两次出价，次数分别用 $t=0$，1 表示。

假设 3：从市场预期角度来讲住房需求方存在两种类型，一是市场预期较为乐观，另一类是市场预期较为悲观，分别记为 $\overline{\theta}_{\mathrm{HD}}^{e}$，$\underline{\theta}_{\mathrm{HD}}^{e}$。当市场预期较为乐观时，愿以概率 $\overline{p}_{\mathrm{HD}}$ 接受较高价格 $\overline{v}_{\mathrm{HD}}$；当市场预期较为悲观时，愿以概率 $\underline{p}_{\mathrm{HD}}$ 接受较低价格 $\underline{v}_{\mathrm{HD}}$。为了更好地解释政府干预问题不妨做更强的假设，调控政策是影响市场预期类型的唯一因素，则在后面的模型解读中省去了很多不必要的麻烦。

令供给方的利润或者效用为 U_{HS}，需求方的消费者剩余或效用为 U_{HD}。根据假设 2，住房供给方将有两次出价，分别记为 m_{HS}^{0}，m_{HS}^{1}。在第一次出价中，当住房需求方接受供给方出价时则交易达成，博弈结束；当住房需求方不接受价格而选择观望时，供给方根据经验判断制定第二次出价策略，设 $\overline{\mu}(m_{\mathrm{HS}}^{0})$ 为若第一次出价被拒绝，供给方认为需求方能够接受 $v_{\mathrm{HD}}=\overline{v}_{\mathrm{HD}}$ 的后验概率，定义 $\underline{\mu}(m_{\mathrm{HS}}^{0})=1-\overline{\mu}(m_{\mathrm{HS}}^{0})$。若需求方接受出价则双方达成交易，显然，当且仅当需求可接受

的价格至少是 m_{HS}^1 时，交易可达成。但不管是交易达成还是需求方仍旧观望，本轮博弈结束。

2. 建模及求解

通常情况下，动态博弈可以选择逆向递推方法进行求解，因此首先讨论第二期（t =1）的博弈结构和最优策略。在 t =1 时刻，住房需求方拒绝供给方第一次出价后，供给方会生成一个认为需求方可以接受最高价格的后验概率，即 $\bar{\mu}(m_{\text{HS}}^0)$，选择一个可比较的参数 $\alpha = \underline{v}_{\text{HD}} / \bar{v}_{\text{HD}}$，则可得到一组供给方的最优策略集合：

$$m_{\text{HS}}^1 = \begin{cases} \underline{v}_{\text{HD}}, & \text{如果} \bar{\mu}(m_{\text{HS}}^0) < \alpha \\ \bar{v}_{\text{HD}}, & \text{如果} \bar{\mu}(m_{\text{HS}}^0) > \alpha \\ \underline{v}_{\text{HD}} \text{和} \bar{v}_{\text{HD}} \text{之间的任意一个取值}, & \text{如果} \bar{\mu}(m_{\text{HS}}^0) = \alpha \end{cases}$$

由于是最后一次博弈，若暂不考虑成本，则当价格为 $\bar{v}_{\text{HD}}$ 时，需求方将接受价格，供给方可以获得的利润为 $\bar{v}_{\text{HD}}$。当价格为 $\bar{v}_{\text{HD}}$ 时，需求方接受的概率为 $\bar{\mu}(m_{\text{HS}}^0)$，供给方的利润为 $\bar{\mu}(m_{\text{HS}}^0)\ \bar{v}_{\text{HD}}$。可见，对于悲观者，在 t =1 时刻不会产生消费者剩余，而对于乐观者，只有在供给方后验概率有误的情况下才可能获得消费者剩余。

接下来进一步讨论 t =0 时刻住房需求方会如何做出选择。如果第一次出价为 $\bar{v}_{\text{HD}}$，则所有类型的需求方最优选择是接受价格，因为在对 t =1 的博弈分析中已经知道接下来不会得到更加有利的价格。若假定 $\bar{v}_{\text{HD}} > \bar{v}_{\text{HD}}$，则悲观者会选择观望。乐观者则要考虑如果进入第二期博弈供给方会加价还是降价以最大化自身的效用。在供需双方第一期博弈后供给方会得出一个后验概率，其数值的大小意味着供给方对市场预期的信念，假设考虑两种情形：如果 $\bar{\mu}(m_{\text{HS}}^0) > \alpha$，则意味着需求方拒绝使供给方产生乐观信念；如果 $\bar{\mu}(m_{\text{HS}}^0) < \alpha$，则意味着需求方拒绝使供给方产生悲观信念。此处，供给方对市场预期的信念完全来源于对需求方行为的观察，

而没有考虑其他外部因素的影响，对于住房本身增值因素则需要更新参数的取值，在后面模型的解释中，会进一步讨论短期内打击开发商恶意扰乱市场秩序的必要性。对于前一种情形，产生乐观信念的供给方在 t=1 时刻的出价为 $\overline{v}_{\mathrm{HD}}$，则乐观类型的需求方最好在 t=0 时刻接受价格。而悲观类型的需求方选择观望，根据贝叶斯法则，$\overline{\mu}(m_{\mathrm{HS}}^{0})$ =0，与 $\overline{\mu}(m_{\mathrm{HS}}^{0}) > \alpha$ 相矛盾，因此，通过需求方拒绝而产生的乐观信念是不可信的。

对于第二种情形，产生悲观信念的供给方在 t=1 时刻出价为 $\overline{v}_{HD}$，因此需求方在满足如下条件时才接受 $\overline{v}_{\mathrm{HD}}$：

$$\overline{v}_{\mathrm{HD}} - \overline{v}_{\mathrm{HD}} \geqslant \delta\,(\overline{v}_{\mathrm{HD}} - \overline{v}_{\mathrm{HD}})$$

得

$$\overline{v}_{\mathrm{HD}} \leqslant (1-\delta)\,\overline{v}_{\mathrm{HD}} + \delta\,\overline{v}_{\mathrm{HD}}$$

其中，δ 为贴现因子，并记 $\tilde{v}_{\mathrm{HD}} =(1-\delta)\,\overline{v}_{\mathrm{HD}} + \delta\,\overline{v}_{\mathrm{HD}}$，则如果 $\overline{v}_{\mathrm{HD}} > \tilde{v}_{\mathrm{HD}}$，拒绝 $\overline{v}_{\mathrm{HD}}$ 是需求方的最优选择。由贝叶斯法则可知 $\overline{\mu}(m_{\mathrm{HS}}^{0}) = \overline{p}_{\mathrm{HD}}$，后验概率与先验概率是一致的。对于住房需求方来说供给方后验概率是未知数，通过两期的博弈分析推断当住房供需双方博弈均衡时，供给方的后验概率与需求方的先验概率应是一致的，所以，需求方在 t =0 时的最优策略包括以下两种情况：

当 $\overline{p}_{\mathrm{HD}} < \alpha$ 时，若供给方在 t =0 时刻出价为 $\overline{v}_{\mathrm{HD}} = \overline{v}_{\mathrm{HD}}$，则需求方接受出价，供给方获得效用 $U_{\mathrm{HS}} = \overline{v}_{\mathrm{HD}}$。若供给方在 t =0 时刻出价为 $\overline{v}_{\mathrm{HD}} = \tilde{v}_{\mathrm{HD}}$，则悲观的需求方选择观望，乐观需求方当且仅当 $\overline{v}_{\mathrm{HD}} < \tilde{v}_{\mathrm{HD}}$ 时选择接受出价，供给方获得的效用为 $U_{\mathrm{HS}} = \overline{p}_{\mathrm{HD}}\,\tilde{v}_{\mathrm{HD}} + \delta\,\underline{p}_{\mathrm{HD}}\,\overline{v}_{\mathrm{HD}}$，并且当 $\overline{v}_{\mathrm{HD}} \leqslant \overline{p}_{\mathrm{HD}}\,\tilde{v}_{\mathrm{HD}} + \delta\,\underline{p}_{\mathrm{HD}}\,\overline{v}_{\mathrm{HD}}$ 时，不同类型需求方将面临价格歧视，或者说乐观的需求方将没有足够的耐心而愿意支付更高的价格获得住房。

当 $\overline{p}_{\mathrm{HD}} > \alpha$ 时，在上文讨论了 $\overline{\mu}(m_{\mathrm{HS}}^{0}) > \alpha$ 的情形是不可信的，但若 $\overline{v}_{\mathrm{HD}} \in (\tilde{v}_{\mathrm{HD}}, \overline{v}_{\mathrm{HD}}]$，在均衡解中乐观者不可以概率 1 接受 $\overline{v}_{\mathrm{HD}}$，而是选择随机化其策略，由于很难进行经济解释，因此在本条件下只保留部分均衡解，即乐观需求方选择接受供给方出价。

综上所述，本节得到了不完全信息下住房市场供需双方两期博弈的部分完美贝叶斯均衡解。在 t=0 时刻，若 $\underline{v}_{\mathrm{HD}}=\overline{v}_{\mathrm{HD}}$，需求方接受出价。若 $\underline{v}_{HD}=\tilde{v}_{\mathrm{HD}}$，悲观需求方选择观望，对于乐观需求方来说，当 $\overline{p}_{\mathrm{HD}}<\alpha$ 并且 $\overline{v}_{\mathrm{HD}}\leqslant\overline{p}_{\mathrm{HD}}\tilde{v}_{\mathrm{HD}}+\delta\underline{p}_{\mathrm{HD}}\overline{v}_{\mathrm{HD}}$ 时选择接受出价，随后在 t=1 时刻悲观需求方将接受价格 $\overline{v}_{\mathrm{HD}}$，悲观需求方与乐观需求方将面临价格歧视。若 $\underline{v}_{\mathrm{HD}}=\overline{v}_{\mathrm{HD}}$，当 $\overline{\mu}(m_{\mathrm{HS}}^{0})=\overline{p}_{\mathrm{HD}}>\alpha$ 时，得出了供给方乐观信念不可信的推断，但对于乐观需求方仍选择随机接受该价格的策略，对均衡解的测度不再做讨论。

7.3.5　子系统博弈关联效应与均衡结果分析

1. 各子系统博弈模型解释

命题 1：当中央政府采取的激励措施为 $R=(2k-1)A-p_{\mathrm{gn}}W$，是中央政府在住房市场宏观调控中对代理方采取的最有效策略。

由中央政府与代理方的博弈分析中可知，加入激励参数的双方混合策略博弈均衡解为

$$(p_{\mathrm{GN}}^{*},p_{\mathrm{AG}}^{*})=[(2k-1)A/(R+p_{\mathrm{gn}}W),(p_{\mathrm{gn}}W-C_{\mathrm{GN}})/(p_{\mathrm{gn}}W+R)]$$

当 $p_{\mathrm{GN}}^{*}>(2k-1)A/(R+p_{\mathrm{gn}}W)$ 时，积极执行为代理方的最优策略；当 $p_{\mathrm{AG}}^{*}>(p_{\mathrm{gn}}W-C_{\mathrm{GN}})/(p_{\mathrm{gn}}W+R)$ 时，不监督为委托方的最优策略。在委托代理双方达到均衡条件时，若 $R>(2k-1)A-p_{\mathrm{gn}}W$，则中央政府将采取降低监督策略的概率，但与此同时，代理方也将降低积极执行政策的概率。虽然采取激励策略，但中央政府的宏观调控很难达到理想的效果。若 $R=(2k-1)A-p_{\mathrm{gn}}W$，则中央政府将以概率 1 采取监督策略，而代理方则以概率 $(p_{\mathrm{gn}}W-C_{\mathrm{GN}})/(2k-1)A$ 执行宏观调控政策。由于混合策略均衡解是 R 的减函数，当 R 增加时，代理方执行政策的概率降低，所以，当 R 取最小值时，代理方执行政策的概率为最大值。中央政府激励措施所满足的激励相容条件为 $R\geqslant(2k-1)A-p_{\mathrm{gn}}W$，因此 $(2k-1)A-p_{\mathrm{gn}}W$ 是 R 的最小值。从而可知命题 1 成立。

命题 2：给定中央政府的激励策略，则地方政府是否积极执行策略取决于其对开发商市场预期类型的先验概率判断。

当中央政府采取 $R=(2k-1)A-p_{gn}W$ 的激励措施时，地方政府选择积极执行与不积极执行策略无差异，收益均为 $kA-p_{gn}W$。由土地供需博弈模型贝叶斯均衡解可知，当 $y^*=\dfrac{2m_{LS}-p_1[\bar{V}(\cdot)-\underline{V}(\cdot)]}{(1-p_1)[\bar{V}(\cdot)-\underline{V}(\cdot)]}$ 时，地方政府选择期望低价策略与期望高价策略无差异。注意，此时地方政府“期望”策略本身隐含着对中央政府宏观调控政策的执行意识。对等式进行整理，得

$$y^*=1+\frac{2m_{LS}-[\bar{V}(\cdot)-\underline{V}(\cdot)]}{(1-p_1)[\bar{V}(\cdot)-\underline{V}(\cdot)]}$$

显而易见，y 为 p_1 的增函数，即当 p_1 降低时，y 随之降低。又因为若 $y<y^*$，则地方政府执行期望低价策略，因此命题 2 成立。

命题 3：商业银行是否积极执行中央调控，通过浮动利率政策调节信贷配给，取决于投机性需求项目成功的概率。

由经典的信贷配给模型可知，由于逆向选择问题依靠固定利率政策无法排除高风险项目，因此，银行无法维持高利率以响应针对于住房市场的金融政策。由资金供需博弈模型可知，当 $p_2 p_{ms}\Delta r=k_1+k_2$ 时，即 $p_{ms}\Delta r=(k_1+k_2)/p_2$，银行执行固定利率政策与执行浮动利率政策对银行预期收益率的影响是无差异的，令满足此条件时，$p_2=p_2^*$，$(p_{ms}\Delta r)^*=(k_1+k_2)/p_2^*$。由此可以看出银行执行的利率浮动空间与投机性需求项目成功的概率成反比。当投机项目成功的概率较大时，即 $p_2>p_2^*$，$p_{ms}\Delta r<(p_{ms}\Delta r)^*$，利率上浮的空间减小。因此，只要均衡状态下略微提高浮动利率，则银行即可获取更多收益，但上浮的区间应满足 $(k_1+k_2)/p_2<p_{ms}\Delta r<[(p_1-p_2)(1+r-c)]/p_2$，后面不等式表明投机性需求项目的期望收益高于非投机性需求项目的期望收益，投机才有足够的动力。假如银行在审查中划定投机与非投机需求的标准，若认定为投机性需求项目则采用利率上浮空间为某一固定均值，则当 $p_2>p_2^*$ 时，由式（7–10）可知银

行将取得更高的预期收益率。但同时也可以发现，在不满足借贷双方均衡的情况下，浮动利率市场同样是存在效率损失的，超过均衡条件的浮动利率值可能会导致一部分处于 r_2^* 临界值的需求方退出市场，因此，设计信贷甄别机制或许为有效解决问题的途径之一。

命题 4：开发商对未来住房市场预期决定其采取的策略行动。

在土地供需双方博弈中，本书对开发商行为提出了强的假设前提，即在开发商对未来住房市场预期乐观时则一定选择进入策略，该命题不违背此假设条件。而在开发商对住房市场预期悲观时，模型得到了一个均衡解，即：当且仅当 $x \geqslant \dfrac{\bar{V}(\cdot)-V_{\mathrm{LD}}+r_{\mathrm{LD}}}{\bar{V}(\cdot)-\underline{V}(\cdot)}$ 时，开发商选择进入，否则选择不进入。由此可知，地方政府期望低价策略概率 x 由 $r_{\mathrm{LD}}-V_{\mathrm{LD}}$ 的差值决定，而 r_{LD} 和 V_{LD} 的取值大小正是开发商依据自身对住房市场走势的判断而分别对风险补偿与土地价格做出的估计。

在资金供需双方博弈模型中，本书已得出命题 3，而从开发商的角度解读信贷配给均衡则首先要回到最初的参数设定 p_2，住房市场宏观调控已成为对市场影响的最大不确定性因素。如果开发商根据政策走势的判断对项目的成功概率做出估计是可信的，则可以将原模型前提描述为投机性开发商认为项目能够成功的概率为 p_2。当宏观调控对住房市场投机行为抑制作用不明显即 p_2 较高时，由命题 3 可知，开发商将面临较低的资金成本，而在房地产市场非理性繁荣环境下仍旧可为开发商带来丰厚的收益，因此开发商将在投机行为中受益。反之如果开发商认为宏观调控因素能够抑制投机性需求，则对项目成功概率的判断降低，开发商也将面临更高的资金成本而最终选择退出。

命题 5：购房者对未来住房市场的预期决定其选择购买还是观望。

将购房者划分为投机性需求与非投机性需求是本书在建模过程中非常关键的一个设计视角。在资金供需模型中对开发商行为的解读同样适用于对购房者，在此不赘述。下面将从住房供需模型中为该命题寻找证据。

根据住房市场供需博弈完美贝叶斯均衡解，当开发商第一次出价为 $\bar{v}_{\mathrm{HD}}$，即悲观预期的购房者接受的价格时，所有类型的需求方选择接受策略，因为需求方将不会在第二次出价中获得更多的消费剩余。如果开发商第一出价高于 $\bar{v}_{HD}$，则购买者的不同住房市场预期类型决定了选择购买还是选择观望。虽然乐观类型的需求方需要满足 $\bar{v}_{HD} \leqslant \bar{p}_{HD}\ \tilde{v}_{HD} + \delta\ \underline{p}_{HD}\ \bar{v}_{HD}$ 的约束条件，但是从不等式中可以看出，决定因素 $\bar{p}_{HD}$、$\underline{p}_{HD}$、$\bar{v}_{HD}$ 都与不同类型的需求方对市场预期的估计密切相关。

主观信念不同会诱发投机行为，市场中的一些投机者明知某些资产价格高于实际价值，但他们确信将来会有更多的人愿意以更高的价格购买（Hirshliefer，1975； Feiger，1976）。Harrison 和 Kreps（1978）的研究也表明与投资者必须长期持有某项资产相比，如果投机者拥有随时出售该项资产的权利和可能性时，那么投机者就愿意支付更高的价格，在这一过程中显示出了投机的特性。当住房需求方有两类购房动机，分别为投机性需求和非投机性需求时，投机性需求方与非投机性需求方相比总是带有较强的风险偏好，以至于在同样的市场预期下愿意选择更高的支付价格。因此，相对二者而言，也就变相地将不同的购房动机群体划分到两种不同的需求方预期类型中去，这意味着即便不考虑预期类型，投机需求支付更高价格的动机实际上已经赋予了住房需求者支付类型的基本事实。如此沿着关于市场预期类型所产生的博弈结构和结论的逻辑，可以认为非投机性需求方总是获得更少的成交机会。

如果宏观调控未能给购房者带来一致的市场预期，那么总会有消费者以更高的价格购买而不选择观望，通宵排队选号现象将不可避免，房价将一直保持高位，开发商“捂盘”等违规行为将更进一步助推这一事实的发生。

2. 住房市场博弈行为对宏观调控有效性的解释

通过构建住房市场博弈模型以及对均衡解的分析本书提出了有关住房市场政府干预的五个命题，从中不难看出在住房市场四个主要参与主体中，开发商与消费者的市场预期对各参与主体的行为选择起着决定性的作用。而这与本章最开始探讨研究方法过程中所提到的“理性预期学派以博弈论为工具发展了一种有微观基础的宏观经济理论”相一致。理性预期学派认为消费者和企业使许多信息对其有用，他们不仅是宏观经济政策的调节对象，而且也以自己的理性预期的经济行为积极影响宏观经济政策的制定，他们对宏观政策的反应，决定着这些政策的效果。

换言之，宏观政策的成功与否不仅决定于政策的制定者一方，还在于作为市场主体的企业和消费者的行为，企业和消费者的行为是宏观政策的制定者必须充分了解并在制定政策时予以充分考虑的。

由于政策效果的事前不可观测与事后执行当中的逆转，房地产调控政策成为不可置信的承诺，在社会公众理性预期的基础上，政策承诺的不可信导致调控政策失效，预期与政策承诺的不可置信性对房地产价格有着长期的正向动态影响，且随着时间的推移其影响逐渐增加（王来福，2008）。由此可认为房地产市场波动的直接动因是预期效应，预期效应注定房地产业是暴利行业，导致大部分人无力购房。预期效应的单向放大不断超过调控的效果，结果表现为房价的继续上涨（林建永等，2008）。

在中央政府宏观调控背景下，只有保持政府政策的动态一致性才能让住房市场参与主体取得稳定的预期。一个政策不仅在制定时应该是最优的，而且在制定之后执行阶段也应该是最优的，只有这样的政策才是动态一致的，才能获得社会公众的信任。如果政府公布的政策只在制定阶段是最优的而在执行阶段不是最优的，政府就没有积极性真正落实这项政策，理性的社会公众则可以预期到政府的这一行为，同时造成宏观经济政策的失效。蔡冰菲（2009）、卢周来（2010）、张云波（2012）等多位学者的研究表明，我国地方政府在房地产政策执行中行政不作为是政府干预未能达到理想效果的主要原因之一。另外，如果政策在制定时就不是最优的，则问题会更加严重（Kydland；Prescott，1977）。

本书第 3 章回顾了我国住房市场宏观调控政策的变迁过程，总结了住房市场宏观调控政策体系内部存在的主要矛盾，可以得出我国住房市场宏观调控政策不具有延续性或者动态一致性，如此社会对住房市场调控政策的预期必然产生很大的分歧，从而对住房市场未来走势预期摇摆不定。由于我国正处于城市化进程与经济发展快车阶段，各方对住房市场长期前景普遍看好，政策不确定性对于不同风险偏好类型的市场参与者会产生差异化的短期效应。在实际情况中，一些消费者认为房价会下调而选择观望，而另一些消费者果断购买正是这种差异化的现实表现。业内的专家学者也对住房市场预期产生分歧，其缘由不仅在于对供需结构、房价收入比例、经济基本面等因素的考虑，还包括对住房调控政策本身的肯定或质疑。因此，住房市场调控在缺乏理性预期学派所提出的微观理论基础的前提下，未能充分协调住房各方之间的利益关系，调控路径本身缺少足够的科学依据，影响了住房市场调控预期目标的实现。

综上所述，本章分析了中央政府与代理方、地方政府与土地需求方、商业银行与资金需求方以及开发商与购房者之间的相互博弈，认为中央政府采取合理的激励惩罚机制是政策能够得到有效执行的基本前提；地方政府为了满足自身利益的最大化而寻找与中央政府和开发商博弈的均衡点，主要取决于中央政府监督的概率以及对开发商的市场预期类型的先验概率判断；商业银行比地方政府有更多的灵活性，中央政府很难展开监督工作，如果把执行浮动利率制度作为执行政策的体现，那么，商业银行是否通过浮动利率政策调节信贷配给，取决于投机性需求项目成功的概率；购房者的需求动机关系到其从银行获取资金的成本，在成本已知的情况下购房者对未来住房市场的预期决定其选择购买还是观望；开发商在房地产开发与经营过程中的策略选择则直接受到地方政府、商业银行以及购房者的影响，但最主要的还是来自于其自身对住房市场未来的判断。总之，只有政策能够产生合理预期才能使住房市场参与者的行为更加理性，政策才能在协调住房市场参与各方的利益关系中发挥更大的作用。

7.4　不同区域住房市场政府干预有效性原因的进一步解释

7.4.1　不同区域住房价格预期差异市场调研分析

不同区域消费者与开发商对住房子市场的预期是否一致需要通过实地调研进行考察，在本书之前，已经有学者对部分城市进行了调研并得出了不同城市消费者对未来住房市场预期不一致的结论。如张凌（2007）对杭州、武汉和无锡三个城市有购房意愿的人群进行了随机抽样调查，调查旨在了解各城市购房者对该城市房价走势的预期。在发放的 400 份问卷中，杭州收回有效问卷 367 份，武汉回收有效问卷 394 份，无锡收回有效问卷 371 份。在关于住房市场价格预期的题项中设置了未来一年或三年内房价“上涨很多”和“上涨一点”的选项，结果表明武汉认为未来一年和未来三年“上涨很多”的比例最高。而杭州对未来看涨的比例，尤其是对未来三年看涨的比例要明显少于武汉和无锡，但是杭州购房者对未来看涨的比例仍然远远超过看跌的比例。

由于调研工作需要耗费大量的精力和财力，在短时间内很难完成，只能选取个别城市进行调研分析以初步满足本书的研究需要。在本书写作期间，作者曾作为主要负责人参与了教育部资助课题《我国城市住房制度改革及效果评价研究》，负责了部分章节撰写与问卷设计工作，该课题选取北京、上海、成都、哈尔滨和郑州等五个城市进行了相关的调研分析，调研的主要目的是收集关于住房市场制度改革与调控政策效果评价的信息，调研基本情况如表 7–1 所示。问卷的发放对象分为三类，包括普通市民、政府部门和房地产企业，各个城市问卷调研的负责人均是课题组成员。通过对五个城市问卷基本情况的考察发现成都市有效问卷占回收问卷比例过低，可能在调研环节存在问题或者问卷填写质量没能控制好，所以将成都市剔除出去，在余下的四个城市中，北京、上海属于 C1 类城市，哈尔滨、郑州属于 C3 类城市。

表 7–1　　不同区域政策预期调研基本情况

城市	实发问卷	回收问卷	有效问卷	调研对象	负责人
北京	289	289	289	普通市民	郭紫昕
上海	312	312	312	普通市民	杨安琪
成都	300	300	100	普通市民	谢波
哈尔滨	244	244	220	普通市民	辛静
郑州	196	196	196	普通市民	冯玉冰
北京	2	2	1	政府部门	郭紫昕
上海	43	43	43	政府部门	杨安琪
成都	50	50	10	政府部门	谢波
哈尔滨	114	114	84	政府部门	辛静
郑州	74	74	74	政府部门	冯玉冰
北京	28	28	28	房地产企业	郭紫昕
上海	59	59	59	房地产企业	杨安琪
成都	50	50	20	房地产企业	谢波
哈尔滨	125	125	111	房地产企业	辛静
郑州	70	70	70	房地产企业	冯玉冰

注：调研基本情况由各个城市负责人进行统计并反馈给课题组。

在问卷能够反映政策调控效果和心理预期的差距题目中，北京和上海普通市民中，共有 58 人表示差距很大，164 人表示差距比较大；政府部门共有 2 人表示差距很大，11 人表示差距比较大；房地产企业共有 8 人表示差距很大，19 人表示差距比较大；差距很大的占比约 9.3%，差距比较大的占比约 26.5%。而哈尔滨和郑州普通市民中，共有 23 人表示差距很大，68 人表示差距比较大；政府部门共有 8 人表示差距很大，25 人表示差距比较大；房地产企业共有 8 人表示差距很大，13 人表示差距比较大；差距很大的占比约 5.2%，差距比较大的占比约 14%。各界人士均对住房市场调控效果现实表现与心理预期存在差距，在不同城市，这种差距又有明显不同，从而可以初步判断在过去的几年间不同类别城市住房市场参与者对政策调控和市场走势预期是存在区域异质性的。

7.4.2 微观行为区域异质性对住房市场政府干预有效性的解释

在 7.3 节中本书应用博弈理论和方法对住房市场参与者微观行为进行了研究，认为住房市场参与主体对政策影响程度的预期主导了自身的行为，而市场参与者策略的选择最终会关系到住房市场政府干预的有效性，特别是开发商和消费者的预期将会起到决定性的作用。而异质预期研究领域的理论认为，由于受信息、初始认知和学习的作用，在预期形成过程中，经济主体的预期并非是理性的、单一的同质预期，预期存在异质性（Branch，2004；Branch & Evans，2011），尤其受到经济结构转变等外生事件冲击后，预期往往处于均衡之外，形成异质预期。此外，为了降低信息搜集、加工成本，经济主体也会在无成本的简单预期与付高成本的理性预期之间权衡，或使用某种形式的外推法，或运用适应性学习方法，根据新信息的获取而不断调整预期（程均丽，2010）。而本书依托作者参与的教育部课题，通过市场调研也初步得到不同类别城市对政策效力预期存在差异化的结论。当然，在有限的条件下市场调研无法向异质预期理论所描述的那样可以追踪到每个人的心理预期形成过程。

调研结果表明，类似于北京、上海这样的 C1 类城市住房市场参与者对政策预期持悲观态度的比率较高，或者说对未来政策效力持悲观态度的先验概率值较大，所以，在该类城市中，土地市场和住房市场应该表现更为活跃，住房市场主体参与交易行为更加频繁，政府对住房市场总体干预有效性相对较差。而对于哈尔滨、郑州这样的 C3 类城市来讲，住房市场参与者更加信赖房地产调控政策能够抑制住房价格涨幅过快问题，甚至对政策干预能够使住房价格下行抱有更大的希望，所以在该类城市中会有更大比例的市场参与者会暂时选择观望，政府对住房市场总体干预效果应相对较明显。总之，住房市场微观行为的差异会导致不同类别城市政府干预效果的区域异质性，进而会影响到全国政策总体干预的效果。

7.5　本章小结

本章首先对住房市场参与者和参与主体进行了界定，然后深入探讨了市场参与者之间的利益关系，在此基础上构建了考虑政策预期的住房市场参与者相互博弈模型。结果表明，参与主体的政策预期能够主导自身的行为选择，政策缺乏动态一致性将导致非理性行为，会影响到住房市场宏观调控效果，随后通过市场调研得出住房市场参与主体预期存在区域异质性的结论，从而进一步解释了住房市场政府干预效果区域异质性的原因。

第 8 章　研究结论与展望

8.1　主要研究结论

本书首先探讨了中国住房市场调控政策变迁的过程，并将住房市场按区域分为四种类别，在此基础上，对中国住房市场政府干预效果区域异质性进行了系统的评价，并得到以下主要结论。

（1）通过对我国住房市场宏观调控政策变迁动力的研究，发现政策变迁动力模式存在外部性和不稳定性，并可能会受到主观因素的干扰，会造成住房市场调控目标不明确、调控手段依据不充分等一系列问题，进而影响住房市场政府干预的效果。因此，有必要深入优化住房市场调控政策形成过程。

（2）本书对我国住房市场政府总体干预效果区域异质性进行了实证研究，结果表明，总体上政府对不同类别城市住房价格的干预效果并不理想，不过，第二次与第三次政策干预事件对住房价格的影响存在区域差异，这与不同类别城市对信贷获取的反应敏感程度以及市场对外开放程度有关，不同城市经济发展水平与人口状况也会构成住房市场政府干预效果区域异质性的干扰因素。

（3）从货币政策干预住房市场效果区域异质性实证研究情况看，货币供应量、信贷总额和利率对不同类别城市的影响均显著并存在区域异质性，且这三个货币政策不同代表变量对不同类别城市影响的分化情况也不相同。住房价格的货币政策规则、经济发展水平、市场开放度、微观金融资源分布状况、房地产市场规模以及产业集中程度等都可能是造成住房市场货币政策干预效果区域异质性的原因。

（4）从土地政策干预住房市场效果区域异质性实证研究情况看，在短期内只有 C1 类城市地方政府住房用地推出计划比较明显地考虑了当前住房市场的交易状况，并且通过住房供应量变量能够较好地传递到住房价格，即地方政府住房用地供给行为显著地抑制了住房价格的波动；而 C2 和 C3 类城市土地政策的效果不显著，这与不同类别城市土地市场成熟程度、执行中央政府促进房地产市场健康发展政策的压力大小以及对政绩激励、民意压力的考虑等因素有关；由于 C4 类城市相关数据缺失严重，因此未能纳入研究范围。

（5）本书还从微观行为层面对我国住房市场政府干预效果区域异质性进行了研究，认为住房市场参与主体的政策预期能够主导自身的行为选择，政策缺乏动态一致性将导致非理性行为，依托教育部课题对北京、上海（C1 类城市）和郑州、哈尔滨（C3 类城市）进行了市场调研，统计结果表明，住房市场参与主体政策预期在不同区域是存在差异的，从而进一步解释了住房市场政府干预效果区域异质性的原因。

8.2　主要政策建议

通过对住房市场政府干预效果区域异质性这一主题的研究，本书认为，实施区域差别化的住房市场宏观调控政策是必要的，下面本书将在住房供给与住房需求、住房市场调控主要政策工具、政策执行与住房市场参与者行为及住房保障与住宅建造技术等方面提出有利于住房市场健康发展的政策建议，并着眼于住房市场宏观调控长期目标与短期目标、经济目标与民生目标的实现。

1. 根据不同区域状况调整住房供给结构符合我国基本国情

中国是个拥挤的国度，人口基数庞大，由于地理条件与经济社会发展状况等因素，我国东部和南部地区人口密度相对更高，同时，粮食危机得到前所未有的关注，建设用地资源相对紧缺，在上海、北京等人口高度密集地区住房用地供需缺口更大。在这样的国情背景下，能否满足适足居住权的基本要求对政府是极大的考验。因此，通过限制大户型住宅开发比重有其合理性和可行性，不同区域有必要根据自身状况与住房市场发展水平通过土地政策调节住房供给结构，降低单套住房总价，在土地供给同等规模下满足更多住房需求，从长期缓解住房供需矛盾。与此同时，在住房供给层面还要想方设法盘活城市存量土地，建立城市更新的长效机制，综合考虑城市发展战略和人口导入状况、居民改善住房的迫切性等因素有节奏地增加住房用地供给总量。

2. 缩小不同区域之间发展差距是稳定住房市场的根本保证

区域均衡发展主要是指人均公共资源应逐渐向欠发达地区倾斜，通过对与民生密切相关的基础设施合理化配置引导人口流动，降低对大城市、发达地区的资源依赖，减轻高房价地区或城市的需求和供给压力。区域发展不平衡是不同区域住房价格变化轨迹存在明显差异的根本原因，区域发展存在差距既是客观规律，也受政策因素的影响。我国尚处于市场经济转型时期，集中优势资源让一部分基础条件较好的地区先发展起来有其必要性，但是随着区域之间发展矛盾更加尖锐，公共资源分配受到质疑。国家东北部和西部战略已经实施，但是，决定人口流入的相对落后地区基础设施建设仍然进展缓慢，如道路、教育、医疗等方面。正如国家总理李克强指出，我国各地情况差别较大、发展不平衡，推进新型城镇化要因地制宜、分类实施、试点先行。要加快基础设施建设，重点向中西部倾斜，提升人口承载能力，促进约 1 亿人在中西部就近城镇化，逐步减少大规模人口“候鸟式”迁徙。从根本上解决住房供需矛盾要抓住新型城镇化的难得机遇，相关部门要统筹规划、以地方为主综合推进。

3. 货币政策不必盯住住房价格但须控制不同地区和产业信贷结构

资产价格波动应该给予关注，但本书在第 5 章的研究中也指出，由于货币政策对不同区域的住房价格影响存在异质性，货币政策盯住住房价格并不一定能够取得很好的干预效果，还可能因此对货币政策的最终目标产生负面影响。因此，货币政策的主要目标应是控制通胀以及满足经济发展对货币的基本需求。同时，要分清楚货币供应所造成的房地产价格上涨与货币供应量直接干预住房市场之间的关系，首先要考虑在国家总体经济调控中对货币政策的使用是否恰当，满足正常需求的货币供应量的增加也可能导致住房价格或部分区域住房价格大幅上涨。总之，使用金融政策工具干预住房市场应以信贷政策为主，用来调节货币在不同产业部门与不同区域之间的流动分配，这不仅能够减轻宏观调控多元目标之间的冲突，还能有效控制房地产市场风险向金融系统风险传染的路径，降低房地产过渡投资和房地产市场剧烈波动给金融系统造成的破坏程度。

4. 优化房地产税收体系促进土地与房屋资源集约利用

优化房地产税收体系大致可包含两个方面的内容：一是设计针对存量住房

的税收体系；二是进一步完善在住房流转阶段的税收体系。在第一项建议中已经描述了我国人多地少、部分地区供需矛盾尖锐的基本国情，在住房的多种属性中最基本的是生活必需品，对土地资源的利用应该是集约和高效的，这就意味着当存在大量空置住房时势必造成土地资源的浪费。当前我国已经开始着手房地产税改革，税改的基本宗旨是通过对存量房进行征税，提升住房资源的集约利用程度。同时对存量房征税还存在外部性，即缩小了住房交易的盈利空间，能够部分抑制投资投机性需求。流转环节的税制则可以作为辅助功能对住房市场进行短期微调。优化房地产税收体系是一项复杂工程，不仅要反思中央与地方税收分配制度，还要厘清土地与房产在税务内部之间的关系；不仅要掌握住房空置的真实情况，还要考虑住房租赁市场需求；不仅要使税收具有合法与合理性，还要考虑不同区域主动空置与被动空置征税范围的区别。通过深化房地产税收改革，因地制宜地抑制土地与住房“广泛投资性”需求（私人与政府），提高土地和房屋资源的利用效率。目前的“营改增”税制将有利于房地产税收体系的完善。

5. 给予地方政府更多自主权但要有相应激励措施作保证

由于房地产市场分化越来越严重，政策对不同区域住房市场的作用差异程度也会越来越大，因此，国家制定指导思想与地方政府出台政策方案相结合应作为住房市场的宏观调控模式。不同城市根据本身土地承载力和经济发展等状况，可以对房地产业有不同的产业定位；根据住房市场不同的发展阶段可以设定不同的调控目标；根据存在不同的土地供需结构、资金供需结构以及住房供需结构等问题可以设定不同的调控对象和采用不同的调控手段。不过，正如在本书前面章节结论所认为，若要充分调动地方政府充分落实中央指导意见的积极性，中央政府也需要采取适当的激励措施，至少要在以下两个方面做出努力。一是地方财政困境，土地财政是干扰土地政策能否顺利执行的关键，土地政策在实施过程中是否真正的充分考虑了住房市场的供需情况，地方政府所扮演的角色不是政策的执行者，而是在政策博弈中实现经济利益最大化的“投资者”；二是地方政府绩效考核，要经济效益与社会效益并重、奖励与惩罚并重，在政府治理探索阶段不刻意排除会提高基层公务员队伍的流动性。

6. 引导不同区域住房市场合理预期并增强住房市场有效性

政策预期，更准确的讲是住房市场参与者对政策制定者干预住房市场态度的认知，是影响住房市场有效性强弱的隐藏因素，也是影响住房市场政府干预有效性的重要原因之一。有时候，问题并不是出在政策本身，而是政策的实施方案存在不足，特别是对政策工具的使用已经模糊了调控目标的初衷。若想引导住房市场合理预期，最重要的是要保证长期目标和短期目标的一致性、直接目标和间接目标的一致性、总体目标和局部目标的一致性。短期目标是为长期目标服务的，直接目标和间接目标是相互促进的，总体目标是由局部目标构成的。中央政府三令五申要构建房地产市场宏观调控长效机制就是要引导住房市场的合理预期，而首先要明确的就是政策制定者如何看待“住房”。住房要有保障，更要有市场。保障的是有遮风避雨的私密空间并尽可能舒适，同时，更多的住房需求要通过市场来解决并由市场来决定是否进行投资，适度的投资性置业是住房市场健康发展的催化剂。政策的重点应该放在调节供需，优化房地产资源集约利用，而不是为楼市“造势”。经济的长期增长要靠拉动内需和技术创新，不能为呈一时之快而过度透支，房地产业不应充当“稻草”的角色，同时也并没有确凿的证据表明减轻住房压力所释放出来的消费需求比住房需求对经济增长的贡献低。增强住房市场有效性还要着重强调增强信息透明度，把规范住房市场秩序放在重中之重。

7. 深入研究“两租”配建模式，因地制宜地满足“广泛保障型”住房需求

本书作者最早在《中国房地产白皮书（2011—2012）》中提出了公租房与廉租房配建的模式，当时是为了研究保障性住房融资难题所做的初步设想，现在依然觉得“两租配建”模式具有一定的优越性和可行性。“广泛保障型需求”是指除了极少一部分群体需要政府提供廉租房以外，还有部分中低收入阶层与职业生涯刚刚起步的准精英阶层以及少部分流动人口的住房问题需要通过公租房等方式来解决。该模式的优越性体现在公租房存在一定的盈利空间，可以对廉租房进行补贴；能够兼顾不同群体选择合适的建设区位；消除对于租房存在不稳定因素的忧患；有利于构建保障性住房的分配与退出机制；住房保障和市场可以灵活对接。不同区域的人口规模、人口结构等存在差异，需要有针对性的制定保障范围，科学确定保障房建设规模。

8. 进一步放开金融领域，盘活存量资金满足房地产业发展需要

房地产投资信托基金业务直到今日也未取得实质性进展，关键问题在于我国相关金融法律法规还不健全，REITs 的运行模式也很难选择。目前，大陆地区已经成功开展 REITs 业务的只有越秀集团旗下的部分物业并且是在香港上市，在中国发展房地产投资信托尚有很大潜力。加快住房金融制度改革和金融工具创新，降低居民购房成本。REITs 和 MBS 等业务的开展不仅能够为房地产企业提供良好的资金支持、缓解银行流动性、提高资金的利用效率，为投资人提供优质的投资渠道，还能提高资金利用效率，逐步增强应对房地产系统性风险能力。此外，放开金融领域还包括对外资的利用以及利率市场化改革，这将有利于房地产企业拓宽融资渠道，降低融资成本。

9. 鼓励住宅产业技术创新，实现社会效益与个人效用最大化

构建住房市场宏观调控长效机制需要多项配套政策的支持，不仅涉及到财税体制改革、金融市场体制改革、相关法制建设等方面，还包括在建筑设计与建造技术层面上的政策导向。住房市场健康发展的最根本目的是为消费者提供舒适的居住空间，在一定的约束条件下，技术创新是建设节能省地型环保型住宅的力量源泉，能够更好的帮助消费者实现居住效用的最大化。在国家政策层面上要促进住宅科技发展，大力支持科技成果转化；改变以房地产投资促经济增长的惯性思维，将注意力转移到技术创新上来；更科学地制定行业标准，激发房地产企业技术创新的活力。通过技术创新弥补土地资源稀缺性的不足，为更多人提供舒适的居住空间。

8.3　不足之处与研究展望

8.3.1　本书的不足之处

本书的研究有利于更加清晰地认识政策对住房市场作用的一般规律，能够对宏观调控政策执行情况进行有效的反馈，对优化政策工具组合、有效地开展房地产相关活动以及探讨住房市场调控长效机制具有一定的理论指导意义和实际应用价值。当然，本书仍然存在一些不足之处，有待在后续研究中进一步改进。

（1）我国目前不同区域住房市场和宏观经济统计数据的质量和时间长度制约了部分实证研究结果的准确性。本书在实证研究中根据研究目的和相应的机理分析分别采用了全国和区域层面的季度、月度和年度数据，但是每一部分实证研究样本数据都不完整。如在季度层面上，一些对住房价格影响的主要指标如人口结构等目前还无法纳入到模型中来，人均可支配收入在很多城市最早只统计到了 2007 年；对货币政策研究所采用的月度数据也存在不得不采用替代指标的情况；土地政策实证研究部分，根据一般经验应用面板误差修正模型对数据年份的要求应在 30 年以上，而本书只有 10 年的数据，显然有些不足。

（2）本研究缺乏对住房价格不同区域之间空间作用的考虑。通常情况下采用空间计量方法对区域之间住房价格相互影响的测度主要在相邻区域展开，不过，对住房的投资性需求使这种地理上的空间界限变得更加模糊，如果能够在分析中考虑住房价格的空间影响则会得到更准确的结论。然而在各个城市地理信息方面，Shap 格式数据在国家地理信息系统中只能获取很少一部分，无法满足研究需求，这对本书无疑是一个缺憾。

（3）由于时间和精力有限，在本书的研究中对住房市场政府干预效果区域异质性背后的原因分析明显不足。甚至可以说本书只在关于住房市场区域特征主题的研究中迈出了第一步，若想诊断不同区域住房子市场问题存在的根源，追寻住房市场区域规律性，还需要对不同区域住房市场进行深入的调研分析，获取更加直观的第一手信息，构建合适的数学模型进行模拟或实证，才能得到更加合理、可靠的结论。

8.3.2 研究展望

除了对上述不足进一步完善外，还有以下一些值得探索的研究方向。

（1）住房市场全面深化改革十几年来，住房建设总量已经颇具规模，不同区域住房市场的发展节奏和发展速度都不尽相同，住房存量市场主要包括二手房交易市场和住房租赁市场等也会体现出不同的特征。政府干预对存量住房市场的影响如何也需要进行系统的研究，特别是随着我国城市化率逐步提高，与新建住宅相比存量房将作为房地产市场主角，我国整个住房市场调控机制也要转变思路，研究政府对存量住房市场干预效果的区域异质性将为此提供有力依据。

（2）加强对住房市场调控机制设计的研究。理顺中央政府、地方政府与住房市场之间的关系并非易事，如何通过机制设计充分发挥政府对住房市场的调节作用是理顺三者之间关系的重要路径。从现有的成果和住房市场宏观调控实践来看，这方面的研究还比较欠缺。在认清当前住房市场种种现象的前提下，运用新制度经济学、信息经济学以及最优化等理论和方法，可以在如何提高住房资源分配效率方面不断地进行探索。

附录 A　房地产调控政策汇总表

时间	政策文件与相关措施
1998 年 7 月 3 日	国务院下发《关于进一步深化城镇住房制度改革加快住房建设的通知》，标志着住房市场化改革正式启动
1999 年 7 月 29 日	财政部、国家税务总局发出《关于调整房地产市场若干税收政策的通知》。规定对个人购买并居住超过一年的普通住宅，销售时免征营业税；个人购买自用普通住宅暂减半征收契税；对居民个人拥有的普通住宅，在其转让时暂免征收土地增值税
1999 年 12 月 2 日	财政部、国家税务总局、建设部发出《关于个人出售住房所得征收个人所得税有关问题的通知》
2000 年	统一房屋中介收费标准，商品房买卖合同印发新示范文本，规范房产测量
2001 年 1 月 1 日	从 2001 年 1 月 1 日起，对政府定价出租的住房免征房产税、营业税，对个人按市场价格出租的居民住房减征营业税、房产税、个人所得税，使个人出租房屋税收负担由原来的 17.5%~30% 降低为 7.3%~14.75%
2001 年 4 月 19 日	颁布《财政部、国家税务总局关于对消化空置商品房有关税费政策的通知》，其中规定对于 1998 年 6 月 30 日以前尚未出售的商品住房，至 2002 年 12 月 31 日之前免征营业税、契税
2001 年 12 月 20 日	《关于外商投资房地产开发经营企业所得税管理问题的通知》
2002 年 5 月 9 日	国土部签发 11 号文件《招标拍卖挂牌出让国有土地使用权规定》，叫停了多年的土地协议出让方式
2003 年 2 月 18 日	《关于清理各类园区用地，加强土地供应调控的紧急通知》严格控制土地供应总量，特别是住宅和写字楼用地的供应量，优化土地供应布局和结构，防止楼市动荡带来风险。停止别墅类用地的土地供应。过量供应的地方，要认真进行清理。普通住宅价格上涨过快的地方，可以适当增加当地居民购买并居住的普通住宅的土地供应
2003 年 6 月 13 日	央行发布《关于进一步加强房地产信贷业务管理的通知》（121 文件），对于个人购买高档住房、两套以上（含两套）的按揭，央行要求各商业银行调高首付比例和利率水平
2003 年 7 月 18 日	国务院办公厅发出《关于暂停审批各类开发区的紧急通知》
2003 年 7 月 30 日	国务院办公厅发出《关于清理整顿各类开发区加强建设用地管理的通知》
2003 年 8 月 31 日	《国务院关于促进房地产市场持续健康发展的通知》（国发 [2003]18 号）出台，明确房地产是“国民经济支柱产业”
2003 年 11 月 3 日	国务院发出《关于加大工作力度，进一步治理整顿土地市场秩序的紧急通知》

续表

时间	政策文件与相关措施
2003 年	除以上措施外，还包括召开全国进一步管理整顿土地市场秩序的电视电话会议，组成督查组对全国 31 省市土地市场进行督察等
2004 年 1 月 31 日	《关于停止经营性项目国有土地使用权协议出让的补充规定》
2004 年 3 月 16 日	《国土资源部关于下达 <2004 年全国土地利用计划 > 的通知》
2004 年 3 月 31 日	国土资源部和监察部联合下发了《关于继续开展经营性土地使用权招标拍卖挂牌出让情况执法监察工作的通知》，要求各地要在 2004 年 8 月 31 日前将历史遗留问题处理完毕，否则国家人地管理部门有权收回土地
2004 年 4 月 29 日	《关于深入开展土地市场治理整顿严格土地管理的紧急通知》
2004 年 5 月 1 日	《国土资源听证规定》
2004 年 5 月 13 日	《经济适用住房管理办法》出台。将经济适用住房面积严格控制在中小套型，中套面积在 80 平方米左右，小套面积在 60 平方米左右
2004 年 5 月 23 日	《深入开展土地市场治理整顿工作实施方案》
2004 年 7 月 19 日	《物业服务收费明码标价规定》
2004 年 9 月 2 日	《商业银行房地产贷款风险管理指引》，规定建筑商不得为开发商垫资建楼，开发商开发项目自有资金不低于项目总投资的 35%，购房者的月供房款不得超过收入的 50%
2004 年 9 月 22 日	《中华人民共和国土地管理法》修正案
2004 年 10 月 28 日	《国务院关于深化改革严格土地管理的决定》
2004 年 10 月 29 日	九年来第一次加息，存贷款基准利率均上调 0.27 个百分点
2004 年 11 月 1 日	《土地利用年度计划管理办法》修订版
2004 年 11 月 1 日	《建设用地预审管理办法》
2004 年 12 月 1 日	《土地利用年度计划管理办法》
2005 年 3 月 17 日	人民银行决定，从 2005 年 3 月 17 日起，调整商业银行自营性个人住房贷款政策：将现行的住房贷款优惠利率回归到同期贷款利率水平，实行下限管理，下限利率水平为相应期限档次贷款基准利率的 0.9 倍，商业银行法人可根据具体情况自主确定利率水平和内部定价规则。以 5 年期以上个人住房贷款为例，其利率下限为贷款基准利率 6.12% 的 0.9 倍（即 5.51%），比原优惠利率 5.31% 高 0.20 个百分点
2005 年 3 月 20 日	财政部副部长肖捷在出席“中国发展高层论坛”时明确表示，我国目前在房地产保有和交易环节税费偏轻，今后一段时期将重点推进房地产税改革
2005 年 3 月 26 日	老“国八条”。国务院出台八点意见稳定房价。一是高度重视稳定住房价格；二是将稳定房价提高到政治高度，建立政府负责制；三是大力调整住房供应结构，调整用地供应结构，增加普通商品房和经济住房土地供应，并督促建设；四是严格控制被动性住房需求，主要是控制拆迁数量；五是正确引导居民合理消费需求；六是全面监测房地产市场运行；七是积极贯彻调控住房供求的各项政策措施；八是认真组织对稳定住房价格工作的督促检查

续表

时间	政策文件与相关措施
2005 年 4 月 30 日	新“国八条”。建设部等七部委《关于做好稳定住房价格工作的意见》，要求各地区、各部门要把解决房地产投资规模过大、价格上涨幅度过快等问题，作为当前加强宏观调控的一项重要任务
2005 年 5 月 27 日	《国家税务总局、财政部、建设部关于加强房地产税收管理的通知》，进一步加强房地产税收征管，促进房地产市场的健康发展。规定 2005 年 6 月 1 日后，个人将购买不足 2 年的住房对外销售的，应全额征收营业税
2005 年 9 月 21 日	银监会《加强信托投资公司部分业务风险提示的通知》（212 号文件），收紧房地产信托
2005 年 10 月 11 日	国家税务总局发布《关于实施房地产税收一体化管理若干具体问题的通知》，文件正式明确个人买卖二手房，须缴纳个人税
2006 年 4 月 27 日	央行全面上调各档次贷款利率 0.27 个百分点，其中 5 年期以上的银行房贷基准利率由 6.12% 上调到 6.39%
2006 年 5 月 24 日	“国六条”出台。国务院总理温家宝主持召开国务院常务会议。会上提出了促进房地产业健康发展的六项措施：一、切实调整住房供应结构。二、进一步发挥税收、信贷、土地政策的调节作用。三、合理控制城市房屋拆迁规模和进度，减缓被动性住房需求过快增长。四、进一步整顿和规范房地产市场秩序。五、加快城镇廉租住房制度建设，规范发展经济适用住房，积极发展住房二级市场和租赁市场，有步骤地解决低收入家庭的住房困难。六、完善房地产统计和信息披露制度，增强房地产市场信息透明度，全面、及时、准确地发布市场供求信息，坚持正确的舆论导向
2006 年 5 月 29 日	国务院办公厅出台《关于调整住房供应结构稳定住房价格的意见》（国办发（2006）37 号），人称 9 部委“十五条”，对“国六条”进一步细化，而且在套型面积、小户型所占比率、新房首付款等方面作出了量化规定，提出 90 平方米、双 70% 的标准
2006 年 5 月 31 日	国税总局下发《关于加强住房营业税征收管理有关问题的通知》（国税发 74 号文件），对“国六条”中二手房营业税新政策的具体执行问题予以明确。要求各级地方税务部门要严格执行调整后的个人住房营业税税收政策。2006 年 6 月 1 日后，个人将购买不足 5 年的住房对外销售全额征收营业税。个人将购买超过 5 年（含 5 年）的普通住房对外销售，应持有关材料向地方税务部门申请办理免征营业税的手续
2006 年 6 月 1 日	《关于当前进一步从严土地管理的紧急通知》
2006 年 6 月 30 日	《国务院办公厅转发建设部等部门关于调整住房供应结构稳定住房价格意见的通知》，整顿房地产市场，规范交易秩序。注：此条来自中国人民政府网站，内容就是国办发（2006）37 号
2006 年 7 月 6 日	建设部联合国家发展和改革委员会、国家工商行政管理总局下发 166 号文件《关于进一步整顿规范房地产交易秩序的通知》，要求房地产开发企业取得预售许可证后，应当在 10 日内开始销售商品房。同时加强房地产广告发布管理，未取得商品房预售许可证的房地产项目，不得发布商品房预售广告

续表

时间	政策文件与相关措施
2006 年 7 月 11 日	建设部联合其他 5 部委下发 171 号文件《关于规范房地产市场外资准入和管理的意见》，打击房地产投资
2006 年 7 月 26 日	国税总局发布《关于住房转让所得征收个人所得税有关问题的通知》（108 号文），宣布从 8 月 1 日起，各地税局将在全国范围内统一强制性征收二手房转让个人所得税。进一步打击房地产投资
2006 年 8 月 1 日	土地新政出台和《协议出让国有土地使用权规范》正式施行
2006 年 8 月 19 日	央行调整金融机构人民币存贷款基准利率 0.27 个百分点
2006 年 8 月 30 日	建设部出台《城镇廉租房工作规范管理实施办法》逐步落实住房保障政策
2007 年 1 月 5 日	央行宣布从 1 月 15 日起上调存款准备金率 0.5 个百分点（本年第 1 次，共 10 次）
2007 年 1 月 16 日	国税总局下发《房地产开发企业土地增值税清算管理有关问题的通知》清算土地增值税
2007 年 1 月	建设部规范房地产经纪行业，资金监管、网上签约、标准买卖合同三大详尽配合的文件一起出台，引导二手房交易进入良性、正规的轨道
2007 年 2 月 16 日	央行宣布从 2 月 25 日起上调存款准备金率 0.5 个百分点（第 2 次）
2007 年 3 月 16 日	通过《物权法》10 月 1 日起执行
2007 年 3 月 18 日	央行 2007 年再次加息，上调存贷款基准利率 0.27 个百分点（本年第 1 次加息，共 6 次）
2007 年 4 月 5 日	央行宣布从 4 月 16 日起上调存款准备金率 0.5 个百分点（第 3 次）
2007 年 4 月 29 日	央行宣布从 5 月 15 日起上调存款准备金率 0.5 个百分点（第 4 次）
2007 年 5 月 18 日	央行宣布从 6 月 5 日起上调存款准备金率 0.5 个百分点（第 5 次）
2007 年 5 月 19 日	央行再次加息，上调 0.27 个百分点，一年期贷款利率上调 0.18 个百分点。个人住房公积金贷款上调 0.09 个百分点（第 2 次加息）
2007 年 6 月	加强外资管理——进一步扼制房地产市场外资过热
2007 年 7 月 20 日	央行第 3 次加息，此次针对活期存款利率上调，由 0.72% 上调至 0.81%，为 2002 年 2 月以来首次上调活期存款利率
2007 年 7 月 30 日	央行宣布从 8 月 15 日起上调存款准备金率 0.5 个百分点（第 6 次）
2007 年 8 月 7 日	《国务院关于解决城市低收入家庭住房困难的若干意见》（国发〔2007〕24 号）。回归保障、健全廉租住房制度
2007 年 8 月 22 日	央行上调金融机构存贷款基准利率 0.27 个百分点（第 4 次加息）
2007 年 9 月 6 日	央行宣布从 9 月 25 日起上调存款准备金率 0.5 个百分点（第 7 次）
2007 年 9 月 15 日	央行再次加息，存贷款基准利率上调 0.27 个百分点，一年期存款利率达到 3.87%，一年期贷款利率达到 7.29%。个人公积金贷款相应上调 0.18 个百分点（第 5 次加息）
2007 年 9 月 27 日	央行规定第二套住房贷款首付不得低于 40%，贷款利率不得低于同期同档次基准利率的 1.1 倍。通知同时要求，商业用房购房贷款首付款比例不得低于 50%，期限不得超过 10 年，贷款利率不得低于中国人民银行公布的同期同档次利率的 1.1 倍。对以“商住两用房”名义申请贷款的，首付款比例不得低于 45%

续表

时间	政策文件与相关措施
2007 年 10 月 8 日	国土资源部下发《关于进一步加强土地供应调控的通知》，明确提出，各地要合理控制单宗土地供应规模，缩短入地开发周期，每宗地的开发建设时间原则上不得超过 3 年；同时还明确要优先安排用于解决城市低收入家庭住房困难的住房用地，廉租住房、经济适用房和中低价位、中小套型普通商品住房用地，其年度供应总量不得低于住房供应总量的 70%
2007 年 10 月 13 日	央行宣布从 10 月 25 日起上调存款准备金率 0.5 个百分点（第 8 次）
2007 年 10 月	物业税“空转”试点扩至十省市
2007 年 11 月 10 日	央行宣布从 11 月 26 日起上调存款准备金率 0.5 个百分点（第 9 次）
2007 年 12 月 1 日	外商投资房地产业限制范围有所扩大
2007 年 12 月 3 日	国土资源部、财政部、中国人民银行联合颁布《土地储备管理办法》
2007 年 12 月 8 日	央行宣布从 12 月 25 日起上调存款类金融机构人民币存款准备金率 1 个百分点。此次调整后，普通存款类金融机构将执行 14.5% 的存款准备金率标准（第 10 次）
2007 年 12 月 21 日	央行第六次加息，从 2007 年 12 月 21 日起，调整金融机构人民币存贷款基准利率，一年期存款基准利率由现行的 3.87% 提高到 4.14%，上调 0.27 个百分点；一年期贷款基准利率由现行的 7.29% 提高到 7.47%，上调 0.18 个百分点；其他各档次存、贷款基准利率相应调整。个人住房公积金贷款利率保持不变
2008 年 1 月 7 日	国务院办公厅下发《国务院关于促进节约集约用地的通知》指出，优先开发废弃闲置土地、严格执行闲置土地处置政策、优化住宅用地结构等同样“意在房价”
2008 年 3 月	建设部 70/90 政策适用范围扩大到经济适用房
2008 年 3 月 25 日	上调存款类金融机构人民币存款准备金率 0.5 个百分点，达到 15.5%
2008 年 4 月 20 日	上调存款类金融机构人民币存款准备金率 0.5 个百分点
2008 年 5 月 20 日	上调存款类金融机构人民币存款准备金率 0.5 个百分点
2008 年 5 月 30 日	国家多项调控近期开始施行，土地阀门再度把紧
2008 年 6 月 10 日	财政部和税务总局批复，企业为个人购房需交个税
2008 年 7 月 14 日	国土部表示小产权房不给宅基地证
2008 年 8 月 11 日	国务院新规：商品房销售应明示能耗指标，并附上住房保修书和住房产品说明书
2008 年 8 月 14 日	部委联合印发《2008 年廉租住房工作计划》
2008 年 8 月 25 日	央行、银监会联合发文要求严格建设项目贷款管理
2008 年 9 月 15 日	央行宣布从 9 月 16 日起，下调一年期人民币贷款基准利率 0.27 个百分点。个人住房公积金贷款利率也相应下调，其中五年以下（含五年）贷款利率下调 0.18 个百分点；五年以上贷款利率下调 0.09 个百分点。 与此同时，央行还宣布从 9 月 25 日起下调中小金融机构人民币存款准备金率 1 个百分点，汶川地震重灾区地方法定金融机构存款准备金率下调 2 个百分点

续表

时间	政策文件与相关措施
2008 年 10 月 8 日	西方央行联社降息的同时，中国人民银行决定从 10 月 15 日起下调存款类金融机构人民币存款准备金率 0.5 个百分点，这是央行近 9 年来首次下调所有存款类金融机构人民币存款准备金率；从 2008 年 10 月 9 日起下调一年期人民币存贷款基准利率各 0.27 个百分点，其他期限档次存贷款基准利率作相应调整
2008 年 10 月 12 日	十七届三中全会系列新政支持房地产。加快保障房建设。自 2008 年 11 月 1 日起，对个人首次购买 90 平方米及以下普通住房，契税税率下调 1%，对个人销售或购买住房暂免征收印花税，对个人销售住房暂免征收入地增值税。首次购买住房和改善性普通住房提供贷款利率 7 折优惠，最低首付下调为 20%
2008 年 10 月 29 日	央行从 10 月 30 开始下调一年期存贷款基准利率 0.27 个百分点。住房公积金利率保持不变
2008 年 11 月 26 日	中国人民银行宣布，将再次下调金融机构一年期人民币存贷款基准利率和金融机构存款准备金率。从 2008 年 11 月 27 日起，下调金融机构一年期人民币存贷款基准利率各 1.08 个百分点，其他期限档次存贷款基准利率作相应调整。同时，下调中央银行再贷款、再贴现等利率。同时还宣布，从 2008 年 12 月 5 日起，下调工商银行、农业银行、中国银行、建设银行、交通银行、邮政储蓄银行等大型存款类金融机构人民币存款准备金率 1 个百分点，下调中小型存款类金融机构人民币存款准备金率 2 个百分点
2008 年 12 月 17 日	国务院办公厅下发了《关于促进房地产市场健康发展的若干意见》
2008 年 12 月 23 日	中国人民银行公告，从 2008 年 12 月 23 日起，我国下调一年期人民币存贷款基准利率各 0.27 个百分点，其他期限档次存贷款基准利率作相应调整。同时，下调中央银行再贷款、再贴现利率。从 2008 年 12 月 25 日起，我国还将下调金融机构人民币存款准备金率 0.5 个百分点
2009 年 1 月 3 日	四大国有银行宣布只要 08 年 10 月 27 日前执行基准利率 0.85 倍优惠、无不良信用记录的优质客户，原则上可以申请七折优惠利率
2009 年 2 月 27 日	国土部发布《国务院第二次全国土地调查领导小组办公室关于建立第二次全国土地调查工作动态通报制度的通知》，明确将落实最严格的耕地保护制度和节约用地制度
2009 年 4 月 24 日	治理房地产开发领域违规变更规划
2009 年 5 月 11 日	国土部发布《国土资源部关于调整工业用地出让最低价标准实施政策的通知》
2009 年 5 月 12 日	为加强房地产开发企业的土地增值税收管理，规范土地增值税清算工作，国家税务总局制定《土地增值税清算管理规程》
2009 年 5 月 13 日	国土资源部发布《国土资源部关于切实落实保障安居工程用地的通知》
2009 年 5 月 25 日	发改委提出今年将由财政部、税务总局、发改委、建设部负责研究开征物业税

续表

时间	政策文件与相关措施
2009 年 5 月 27 日	国务院发布《关于调整固定资产投资项目资本金比例的通知》中明确，保障性住房和普通商品房项目的最低资本金比例为 20%，其他房地产开发项目的最低资本金比例为 30%
2009 年 6 月	国土资源部强调小产权房实质是违法建筑
2009 年 12 月 9 日	国务院总理温家宝主持召开国务院常务会议，研究完善促进消费的若干政策措施。其中最引人瞩目的当属住房消费政策的最新变化，营业税由两年恢复到五年
2009 年 12 月 14 日	国务院颁布"国四条"，明确提出加强房地产市场调控，抑制投资投机性住房。会议同时明确表态"遏制房价过快上涨"
2009 年 12 月 17 日	提高土地出让金首付比例，将拿地首付款比例提高 5 成，开发商拿地后分期缴纳全部土地出让价款的期限原则上不超过 1 年
2009 年 12 月 22 日	财政部调整住房转让营业税政策，自 2010 年 1 月 1 日起，个人将购买不足 5 年的非普通住房对外销售的，全额征收营业税；不足 5 年的普通住房对外销售的，按照其销售收入减去购买房屋价款后的差额征收营业税。个人将购买超过 5 年（含 5 年）的普通住房对外销售的，免征营业税
2010 年 1 月 10 日	国十一条，规定购买二套房的家庭，贷款首付比例不得低于 40%
2010 年 1 月 21 日	《国土资源部关于改进报国务院批准城市建设用地申报与实施工作的通知》提出，申报住宅用地的，经济适用住房、廉租住房和中低价位、中小套型普通商品住房用地占住宅用地的比例不得低于 70%
2010 年 3 月 10 日	国土资源部出台《关于加强房地产用地供应和监管有关问题的通知》，内容包括了开发商竞买保证金最少两成、1 月内付清地价 50% 等 19 条土地调控政策
2010 年 3 月 12 日	国土资源部称，将于 3 月至 7 月在全国开展对房地产用地突出问题的专项检查，本次调查重点针对擅自改变房地产用地用途、违规供应土地建设别墅以及囤地炒地等问题
2010 年 3 月 18 日	国资委确认和公布的以"房地产开发与经营"为主业的中央企业有 16 家，其他 78 家将退出
2010 年 3 月 22 日	国土资源部会议提出，在今年住房和保障性住房用地供应计划没有编制公布前，各地不得出让住房用地；将在房价上涨过快的城市开展土地出让"招拍挂"制度完善试点；各地要明确并适当增加土地供应总量；房价上涨过快、过高的城市，要严控向大套型住房建设供地
2010 年 3 月 23 日	国资委要求 78 户不以房地产为主业的中央企业要加快进行调整重组，在 15 个工作日内制订有序退出方案
2010 年 4 月 2 日	财政部下发通知称，对两个或两个以上个人共同购买 90 平方米及以下普通住房，其中一人或多人已有购房记录的，该套房产的共同购买人均不适用首次购买普通住房的契税优惠政策

续表

时间	政策文件与相关措施
2010 年 4 月 7 日	发改委发布 2010 年经济社会发展工作重点提出，要进一步加强房地产市场调控，增加普通商品住房的有效供给，支持普通自住和改善性住房消费，大力整顿房地产市场秩序
2010 年 4 月 14 日	国务院常务会议指出，将保持货币信贷适度增长，坚决抑制住住房价格过快上涨，并将加快研究制定合理引导个人住房消费的税收政策
2010 年 4 月 15 日	国土资源部公布 2010 年住房供地计划，今年拟计划供应住房用地总量同比增长逾 130%，其中中小套型商品房将占四成多，超过去年全国实际住房用地总量
2010 年 4 月 17 日	发布《国务院关于坚决遏制部分城市房价过快上涨的通知》（新国十条），二套房首付不低于五成，贷款利率不得低于基准利率的 1.1 倍；购买首套但 90 平以上的首付不得低于 30%；在房价过高、上涨过快、供应紧张的地区，暂停第三套及以上房贷；对不能提供 1 年以上当地纳税证明或社会保险缴纳证明的非本地居民暂停发放购买住房贷款
2010 年 5 月 19 日	国税总局发布《关于土地增值税清算有关问题的通知》，明确土地增值税清算过程中若干计税问题
2010 年 6 月 4 日	住房城乡建设部等三部委通知称，商业性个人住房贷款中居民家庭住房套数，应以拟购房家庭（含借款人、配偶及未成年子女）成员名下实际拥有的成套住房数量进行认定
2010 年 6 月 13 日	公租房新政陆续出台，单套建筑面积控制在 60 平方米以下；合同期限一般为 3 至 5 年，可申请续租；只能用于自住，不得出借、转租或闲置等
2010 年 9 月 27 日	中国国土资源部称，将严格土地竞买人资格审查，土地闲置一年以上竞买人及其控股股东将被禁止拿地
2010 年 9 月 29 日	“新国五条”，国家有关部委分别出台措施，来加大对楼市调控的力度。“五项措施”具体措施包括信贷、税收、市场监管等。重点内容包括：各商业银行暂停发放居民家庭购买第三套及以上住房贷款；对不能提供一年以上当地纳税证明或社会保险缴纳证明的非本地居民暂停发放购房贷款。对贷款购买商品住房，首付款比例调整到 30% 及以上；对贷款购买第二套住房的家庭，严格执行首付款比例不低于 50%、贷款利率不低于基准利率 1.1 倍的规定
2010 年 9 月 29 日	财政部、国税总局和住建部联合发布通知，定于 2010 年 10 月 1 日起取消二套房契税优惠，及出售家庭唯一住房一年内又新购房的个税减免
2010 年 10 月 20 日	中国人民银行决定，自 2010 年 10 月 20 日起上调金融机构人民币存贷款基准利率。金融机构一年期存款基准利率上调 0.25 个百分点，由现行的 2.25%提高到 2.50%；一年期贷款基准利率上调 0.25 个百分点，由现行的 5.31%提高到 5.56%；其他各档次存贷款基准利率据此相应调整

续表

时间	政策文件与相关措施
2010年11月1日	多家银行11月1日起全面取消房贷7折利率，银行给予房贷客户的利率优惠下限调整为同档期基准利率的85%
2010年11月3日	《关于规范住房公积金个人住房贷款政策有关问题的通知》，强调第二套公积金个人住房贷款利率上调10%，首付款比例不得低于50%，严禁使用住房公积金个人住房贷款进行投机性购房，并停止向购买第三套及以上住房的缴存职工家庭发放住房公积金个人住房贷款
2010年11月15日	要求境外个人在境内只能购买一套用于自住的住房
2010年12月16日	住建部发布《商品房屋租赁管理办法》
2010年12月19日	国土部要求抑制地价过快上涨，“新地王”须2日上报
2010年12月26日	中国人民银行决定，自2010年12月26日起金融机构一年期存贷款基准利率分别上调0.25个百分点。个人住房公积金贷款利率全面上调0.25个百分点
2011年1月14日	中国人民银行决定，从2011年1月20日起，上调存款类金融机构人民币存款准备金率0.5个百分点
2011年1月26日	国务院总理温家宝1月26日主持召开国务院常务会议（八条内容），研究部署进一步做好房地产市场调控工作。其中包括加强税收征管、提高二套房贷首付等差别化信贷政策成为重点。把二套房首付比例提至60%，贷款利率提至基准利率的1.1倍
2011年1月27日	财政部公布了《关于调整个人住房转让营业税政策的通知》，规定个人将购买不足5年的住房对外销售的，将全部征收营业税
2011年1月28日	上海和重庆正式实施房产税，深圳宣布成为第三个房产税试点城市
2011年2月8日	中国人民银行决定，自2011年2月9日起上调金融机构人民币存贷款基准利率0.25个百分点
2011年2月9日	住房和城乡建设部发布《关于调整住房公积金存款利率的通知》，要求从2011年2月9日起，上调个人住房公积金贷款利率。五年期以上个人住房公积金贷款利率上调0.20个百分点。五年期以下（含五年）个人住房公积金贷款利率上调0.25个百分点
2011年2月18日	中国人民银行宣布，将于24日起上调存款类金融机构人民币存款准备金率0.5个百分点
2011年3月18日	中国人民银行决定从2011年3月25日起上调存款类金融机构人民币存款准备金率0.5个百分点
2011年4月1日	住建部、国家发改委、人社部联合出台了《房地产经纪管理办法》。其中，对中介的赚取差价、分割出租等违法违规行为，可以处以没收违法所得、罚款以至停业整顿等行政处罚
2011年4月6日	中国人民银行决定上调金融机构人民币存贷款基准利率，其中，一年期存款基准利率上调0.25个百分点，由3%提高到3.25%；一年期贷款基准利率上调0.25个百分点，由6.06%提高到6.31%；其他各档次存贷款基准利率及个人住房公积金贷款利率相应调整

续表

时间	政策文件与相关措施
2011 年 4 月 17 日	中国人民银行决定从 2011 年 4 月 21 日起，上调存款类金融机构人民币存款准备金率 0.5 个百分点
2011 年 5 月 12 日	中国人民银行决定从 2011 年 5 月 18 日起，上调存款类金融机构人民币存款准备金率 0.5 个百分点
2011 年 6 月 14 日	中国人民银行决定从 2011 年 6 月 20 日起，上调存款类金融机构人民币存款准备金率 0.5 个百分点
2011 年 7 月 7 日	中国人民银行决定上调金融机构人民币存贷款基准利率。其中，一年期存款基准利率上调 0.25 个百分点，由 3.25% 提高到 3.50%；一年期贷款基准利率上调 0.25 个百分点，由 6.31% 提高到 6.56%；其他各档次存贷款基准利率及个人住房公积金贷款利率相应调整
2011 年 11 月 30 日	中国人民银行决定从 2011 年 12 月 5 日起下调存款类金融机构人民币存款准备金率 0.5 个百分点
2012 年 1 月 6 日	住建部 1 月 6 日发布新闻稿称，住建部部长姜伟新日前要求，保证保障性安居工程的竣工率是住建部 2012 年的重点工作，同时继续加快个人住房信息系统建设，保证在 2012 年 6 月末前实现 40 个主要城市的联网。该 40 个城市包括省会城市，计划单列城市，及一批大型的地级市
2012 年 2 月 18 日	中国人民银行决定，从 2012 年 2 月 24 日起，下调存款类金融机构人民币存款准备金率 0.5 个百分点
2012 年 3 月 2 日	工、农、中、建四大行在内部召开了研究全面落实差别化房贷政策的座谈会，四大行共同提出，将切实满足居民家庭首次购买自住普通商品住房的贷款需求，合理权衡定价，在基准利率的基础上根据风险原则合理定价首套房贷款利率，但首套房首付比例仍然执行 30% 的标准。此外，还将提高住房贷款审批效率
2012 年 5 月 12 日	中国人民银行决定从 2012 年 5 月 18 日起下调存款类金融机构人民币存款准备金率 0.5 个百分点
2012 年 6 月 1 日	《闲置土地处置办法》自 2012 年 7 月 1 日起施行
2012 年 6 月 7 日	中国人民银行决定自 2012 年 6 月 8 日起下调金融机构人民币存贷款基准利率，其中，一年期存款基准利率下调 0.25 个百分点，由 3.5% 下调到 3.25%；一年期贷款基准利率下调 0.25 个百分点，由 6.56% 下调到 6.31%；其他各档次存贷款基准利率及个人住房公积金存贷款利率作相应调整。同时，调整金融机构存贷款利率浮动区间：将存款利率浮动区间的上限调整为基准利率的 1.1 倍；将贷款利率浮动区间的下限调整为基准利率的 0.8 倍

续表

时间	政策文件与相关措施
2012 年 6 月 8 日	《关于调整住房公积金存贷款利率的通知》，从 2012 年 6 月 8 日起，下调个人住房公积金存款利率。当年归集的个人住房公积金存款利率下调 0.10 个百分点，由 0.50% 下调至 0.40%；上年结转的个人住房公积金存款利率下调 0.25 个百分点，由 3.10% 下调至 2.85%。下调个人住房公积金贷款利率。五年期以上个人住房公积金贷款利率下调 0.20 个百分点，由 4.90% 下调至 4.70%；五年期以下（含五年）个人住房公积金贷款利率下调 0.25 个百分点，由 4.45% 下调至 4.20%
2012 年 6 月 20 日	《关于鼓励民间资本参与保障性安居工程建设有关问题的通知》。关于印发《中央补助廉租住房保障专项资金管理办法》的通知
2012 年 7 月 5 日	中国人民银行决定，自 2012 年 7 月 6 日起下调金融机构人民币存贷款基准利率。金融机构一年期存款基准利率下调 0.25 个百分点，一年期贷款基准利率下调 0.31 个百分点；其他各档次存贷款基准利率及个人住房公积金存贷款利率相应调整。自同日起，将金融机构贷款利率浮动区间的下限调整为基准利率的 0.7 倍。个人住房贷款利率浮动区间不作调整，金融机构要继续严格执行差别化的各项住房信贷政策，继续抑制投机投资性购房
2012 年 11 月 5 日	《国土资源部 财政部 中国人民银行 中国银行业监督管理委员会关于加强土地储备与融资管理的通知》
2012 年 12 月 26 日	财政部《关于做好 2013 年城镇保障性安居工程财政资金筹措等相关工作的通知》
2013 年 2 月 20 日	“国五条”。主要内容包括：完善稳定房价工作责任制；坚决抑制投机投资性购房；增加普通商品住房及用地供应；加快保障性安居工程规划建设；加强市场监管
2013 年 4 月 3 日	《住房城乡建设部关于做好 2013 年城镇保障性安居工程工作的通知》
2013 年 5 月 25 日	国务院批转发改委《关于 2013 年深化经济体制改革重点工作的意见》，提出扩大个人住房房产税改革试点范围
2013 年 6 月 20 日	《国家税务总局关于进一步做好土地增值税征管工作的通知》
2013 年 11 月	十八届三中全会公报中提到要建立公平开放透明的市场规则，完善主要由市场决定价格的机制，建立城乡统一的建设用地市场等。上海、广州、深圳、北京等城市相继推出新一轮调控政策，主要内容均为收紧限购政策及加大土地供应。随后，二、三线城市加入楼市调控大军，“汉七条”等相继出台

附录 B　货币政策汇总表

时间	政策文件与相关措施
2003 年 6 月 13 日	央行发布《关于进一步加强房地产信贷业务管理的通知》（121 文件），对于个人购买高档住房、两套以上（含两套）的按揭，央行要求各商业银行调高首付比例和利率水平
2004 年 9 月 2 日	《商业银行房地产贷款风险管理指引》，规定建筑商不得为开发商垫资建楼，开发商开发项目自有资金不低于项目总投资的 35%，购房者的月供房款不得超过收入的 50%
2004 年 10 月 29 日	九年来第一次加息，存贷款基准利率均上调 0.27 个百分点
2005 年 3 月 17 日	人民银行决定，从 2005 年 3 月 17 日起，调整商业银行自营性个人住房贷款政策：将现行的住房贷款优惠利率回归到同期贷款利率水平，实行下限管理，下限利率水平为相应期限档次贷款基准利率的 0.9 倍，商业银行法人可根据具体情况自主确定利率水平和内部定价规则。以 5 年期以上个人住房贷款为例，其利率下限为贷款基准利率 6.12% 的 0.9 倍（即 5.51%），比原优惠利率 5.31% 高 0.20 个百分点
2006 年　4 月 27 日	央行全面上调各档次贷款利率 0.27 个百分点，其中 5 年期以上的银行房贷基准利率由 6.12% 上调到 6.39%
2006 年 8 月 19 日	央行调整金融机构人民币存贷款基准利率 0.27 个百分点
2007 年 1 月 5 日	央行宣布从 1 月 15 日起上调存款准备金率 0.5 个百分点（本年第 1 次，共 10 次）
2007 年 2 月 16 日	央行宣布从 2 月 25 日起上调存款准备金率 0.5 个百分点（第 2 次）
2007 年 3 月 18 日	央行 2007 年再次加息，上调存贷款基准利率 0.27 个百分点（本年第 1 次加息，共 6 次）
2007 年 4 月 5 日	央行宣布从 4 月 16 日起上调存款准备金率 0.5 个百分点（第 3 次）
2007 年 4 月 29 日	央行宣布从 5 月 15 日起上调存款准备金率 0.5 个百分点（第 4 次）
2007 年 5 月 18 日	央行宣布从 6 月 5 日起上调存款准备金率 0.5 个百分点（第 5 次）
2007 年 5 月 19 日	央行再次加息，上调 0.27 个百分点，一年期贷款利率上调 0.18 个百分点。个人住房公积金贷款上调 0.09 个百分点（第 2 次加息）
2007 年 7 月 20 日	央行第 3 次加息，此次针对活期存款利率上调，由 0.72% 上调至 0.81%，为 2002 年 2 月以来首次上调活期存款利率
2007 年 7 月 30 日	央行宣布从 8 月 15 日起上调存款准备金率 0.5 个百分点（第 6 次）
2007 年 8 月 22 日	央行上调金融机构存贷款基准利率 0.27 个百分点（第 4 次加息）
2007 年 9 月 6 日	央行宣布从 9 月 25 日起上调存款准备金率 0.5 个百分点（第 7 次）
2007 年 9 月 15 日	央行再次加息，存贷款基准利率上调 0.27 个百分点，一年期存款利率达到 3.87%，一年期贷款利率达到 7.29%。个人公积金贷款相应上调 0.18 个百分点（第 5 次加息）

续表

时间	政策文件与相关措施
2007 年 9 月 27 日	央行规定第二套住房贷款首付不得低于 40%，贷款利率不得低于同期同档次基准利率的 1.1 倍。通知同时要求，商业用房购房贷款首付款比例不得低于 50%，期限不得超过 10 年，贷款利率不得低于中国人民银行公布的同期同档次利率的 1.1 倍。对以“商住两用房”名义申请贷款的，首付款比例不得低于 45%
2007 年 10 月 13 日	央行宣布从 10 月 25 日起上调存款准备金率 0.5 个百分点（第 8 次）
2007 年 11 月 10 日	央行宣布从 11 月 26 日起上调存款准备金率 0.5 个百分点（第 9 次）
2007 年 12 月 8 日	央行宣布从 12 月 25 日起上调存款类金融机构人民币存款准备金率 1 个百分点。此次调整后，普通存款类金融机构将执行 14.5% 的存款准备金率标准（第 10 次）
2007 年 12 月 21 日	央行第六次加息，从 2007 年 12 月 21 日起调整金融机构人民币存贷款基准利率，一年期存款基准利率由现行的 3.87% 提高到 4.14%，上调 0.27 个百分点；一年期贷款基准利率由现行的 7.29% 提高到 7.47%，上调 0.18 个百分点；其他各档次存、贷款基准利率相应调整。个人住房公积金贷款利率保持不变
2008 年 3 月 25 日	上调存款类金融机构人民币存款准备金率 0.5 个百分点，达到 15.5%
2008 年 4 月 20 日	上调存款类金融机构人民币存款准备金率 0.5 个百分点
2008 年 5 月 20 日	上调存款类金融机构人民币存款准备金率 0.5 个百分点
2008 年 9 月 15 日	央行宣布从 9 月 16 日起，下调一年期人民币贷款基准利率 0.27 个百分点。个人住房公积金贷款利率也相应下调，其中五年以下（含五年）贷款利率下调 0.18 个百分点；五年以上贷款利率下调 0.09 个百分点。 与此同时，央行还宣布从 9 月 25 日起下调中小金融机构人民币存款准备金率 1 个百分点，汶川地震重灾区地方法定金融机构存款准备金率下调 2 个百分点
2008 年 10 月 8 日	西方央行联社降息的同时，中国人民银行决定从 10 月 15 日起下调存款类金融机构人民币存款准备金率 0.5 个百分点，这是央行近 9 年来首次下调所有存款类金融机构人民币存款准备金率；从 2008 年 10 月 9 日起下调一年期人民币存贷款基准利率各 0.27 个百分点，其他期限档次存贷款基准利率作相应调整
2008 年 10 月 12 日	十七届三中全会系列新政支持房地产。自 2008 年 11 月 1 日起，对首次购买住房和改善性普通住房提供贷款利率 7 折优惠，最低首付下调为 20%
2008 年 10 月 29 日	央行从 10 月 30 开始下调一年期存贷款基准利率 0.27 个百分点。住房公积金利率保持不变
2008 年 11 月 26 日	中国人民银行宣布，将再次下调金融机构一年期人民币存贷款基准利率和金融机构存款准备金率。从 2008 年 11 月 27 日起，下调金融机构一年期人民币存贷款基准利率各 1.08 个百分点，其他期限档次存贷款基准利率作相应调整。同时，下调中央银行再贷款、再贴现等利率。同时还宣布，从 2008 年 12 月 5 日起，下调工商银行、农业银行、中国银行、建设银行、交通银行、邮政储蓄银行等大型存款类金融机构人民币存款准备金率 1 个百分点，下调中、小型存款类金融机构人民币存款准备金率 2 个百分点

续表

时间	政策文件与相关措施
2008 年 12 月 23 日	中国人民银行公告，从 2008 年 12 月 23 日起，我国下调一年期人民币存贷款基准利率各 0.27 个百分点，其他期限档次存贷款基准利率作相应调整。同时，下调中央银行再贷款、再贴现利率。从 2008 年 12 月 25 日起，我国还将下调金融机构人民币存款准备金率 0.5 个百分点
2009 年 1 月 3 日	四大国有银行宣布只要 2008 年 10 月 27 日前执行基准利率 0.85 倍优惠、无不良信用记录的优质客户，原则上可以申请七折优惠利率
2010 年 1 月 10 日	国十一条，规定购买二套房的家庭，贷款首付比例不得低于 40%
2010 年 4 月 17 日	发布《国务院关于坚决遏制部分城市房价过快上涨的通知》（新国十条），二套房首付不低于五成，贷款利率不得低于基准利率的 1.1 倍；购买首套但 90 平以上的首付不得低于 30%；在房价过高、上涨过快、供应紧张的地区，暂停第三套及以上房贷；对不能提供 1 年以上当地纳税证明或社会保险缴纳证明的非本地居民暂停发放购买住房贷款
2010 年 9 月 29 日	新国五条，国家有关部委分别出台措施，来加大对楼市调控的力度。“五项措施”具体措施包括信贷、税收、市场监管等。重点内容包括：各商业银行暂停发放居民家庭购买第三套及以上住房贷款；对不能提供一年以上当地纳税证明或社会保险缴纳证明的非本地居民暂停发放购房贷款。对贷款购买商品住房，首付款比例调整到 30% 及以上；对贷款购买第二套住房的家庭，严格执行首付款比例不低于 50%、贷款利率不低于基准利率 1.1 倍的规定
2010 年 10 月 20 日	中国人民银行决定，自 2010 年 10 月 20 日起上调金融机构人民币存贷款基准利率。金融机构一年期存款基准利率上调 0.25 个百分点，由现行的 2.25%提高到 2.50%；一年期贷款基准利率上调 0.25 个百分点，由现行的 5.31%提高到 5.56%；其他各档次存贷款基准利率据此相应调整
2010 年 11 月 1 日	多家银行 11 月 1 日起全面取消房贷 7 折利率，银行给予房贷客户的利率优惠下限调整为同档期基准利率的 85%
2010 年 11 月 3 日	《关于规范住房公积金个人住房贷款政策有关问题的通知》，强调第二套公积金个人住房贷款利率上调 10%，首付款比例不得低于 50%，严禁使用住房公积金个人住房贷款进行投机性购房，并停止向购买第三套及以上住房的缴存职工家庭发放住房公积金个人住房贷款
2010 年 12 月 26 日	中国人民银行决定，自 2010 年 12 月 26 日起金融机构一年期存贷款基准利率分别上调 0.25 个百分点。个人住房公积金贷款利率全面上调 0.25 个百分点
2011 年 1 月 14 日	中国人民银行决定，从 2011 年 1 月 20 日起，上调存款类金融机构人民币存款准备金率 0.5 个百分点
2011 年 1 月 26 日	国务院总理温家宝 1 月 26 日主持召开国务院常务会议（八条内容），研究部署进一步做好房地产市场调控工作。其中包括加强税收征管、提高二套房贷首付等差别化信贷政策成为重点。把二套房首付比例提至 60%，贷款利率提至基准利率的 1.1 倍

续表

时间	政策文件与相关措施
2011 年 2 月 8 日	中国人民银行决定，自 2011 年 2 月 9 日起上调金融机构人民币存贷款基准利率 0.25 个百分点
2011 年 2 月 9 日	住房和城乡建设部发布《关于调整住房公积金存款利率的通知》，要求从 2011 年 2 月 9 日起，上调个人住房公积金贷款利率。五年期以上个人住房公积金贷款利率上调 0.20 个百分点。五年期以下（含五年）个人住房公积金贷款利率上调 0.25 个百分点
2011 年 2 月 18 日	中国人民银行宣布，将于 24 日起上调存款类金融机构人民币存款准备金率 0.5 个百分点
2011 年 3 月 18 日	中国人民银行决定从 2011 年 3 月 25 日起上调存款类金融机构人民币存款准备金率 0.5 个百分点
2011 年 4 月 6 日	中国人民银行决定上调金融机构人民币存贷款基准利率，其中，一年期存款基准利率上调 0.25 个百分点，由 3% 提高到 3.25%；一年期贷款基准利率上调 0.25 个百分点，由 6.06% 提高到 6.31%；其他各档次存贷款基准利率及个人住房公积金贷款利率相应调整
2011 年 4 月 17 日	中国人民银行决定从 2011 年 4 月 21 日起，上调存款类金融机构人民币存款准备金率 0.5 个百分点
2011 年 5 月 12 日	中国人民银行决定从 2011 年 5 月 18 日起，上调存款类金融机构人民币存款准备金率 0.5 个百分点
2011 年 6 月 14 日	中国人民银行决定从 2011 年 6 月 20 日起，上调存款类金融机构人民币存款准备金率 0.5 个百分点
2011 年 7 月 7 日	中国人民银行决定上调金融机构人民币存贷款基准利率。其中，一年期存款基准利率上调 0.25 个百分点，由 3.25% 提高到 3.50%；一年期贷款基准利率上调 0.25 个百分点，由 6.31% 提高到 6.56%；其他各档次存贷款基准利率及个人住房公积金贷款利率相应调整
2011 年 11 月 30 日	中国人民银行决定从 2011 年 12 月 5 日起下调存款类金融机构人民币存款准备金率 0.5 个百分点
2012 年 2 月 18 日	中国人民银行决定，从 2012 年 2 月 24 日起，下调存款类金融机构人民币存款准备金率 0.5 个百分点
2012 年 3 月 2 日	工、农、中、建四大行在内部召开了研究全面落实差别化房贷政策的座谈会，四大行共同提出，将切实满足居民家庭首次购买自住普通商品住房的贷款需求，合理权衡定价，在基准利率的基础上根据风险原则合理定价首套房贷款利率，但首套房首付比例仍然执行 30% 的标准。此外，还将提高住房贷款审批效率
2012 年 5 月 12 日	中国人民银行决定从 2012 年 5 月 18 日起下调存款类金融机构人民币存款准备金率 0.5 个百分点

续表

时间	政策文件与相关措施
2012 年 6 月 7 日	中国人民银行决定自 2012 年 6 月 8 日起下调金融机构人民币存贷款基准利率，其中，一年期存款基准利率下调 0.25 个百分点，由 3.5% 下调到 3.25%；一年期贷款基准利率下调 0.25 个百分点，由 6.56% 下调到 6.31%；其他各档次存贷款基准利率及个人住房公积金存贷款利率作相应调整。同时，调整金融机构存贷款利率浮动区间：将存款利率浮动区间的上限调整为基准利率的 1.1 倍；将贷款利率浮动区间的下限调整为基准利率的 0.8 倍
2012 年 6 月 8 日	《关于调整住房公积金存贷款利率的通知》，从 2012 年 6 月 8 日起，下调个人住房公积金存款利率。当年归集的个人住房公积金存款利率下调 0.10 个百分点，由 0.50% 下调至 0 40%；上年结转的个人住房公积金存款利率下调 0.25 个百分点，由 3.10% 下调至 2.85%。下调个人住房公积金贷款利率。五年期以上个人住房公积金贷款利率下调 0.20 个百分点，由 4.90% 下调至 4.70%；五年期以下（含五年）个人住房公积金贷款利率下调 0.25 个百分点，由 4.45% 下调至 4.20%
2012 年 7 月 5 日	中国人民银行决定，自 2012 年 7 月 6 日起下调金融机构人民币存贷款基准利率。金融机构一年期存款基准利率下调 0.25 个百分点，一年期贷款基准利率下调 0.31 个百分点；其他各档次存贷款基准利率及个人住房公积金存贷款利率相应调整。自同日起，将金融机构贷款利率浮动区间的下限调整为基准利率的 0.7 倍。个人住房贷款利率浮动区间不作调整，金融机构要继续严格执行差别化的各项住房信贷政策，继续抑制投机投资性购房

附录 C　土地政策汇总表

时间	政策文件与相关措施
2002 年 5 月 9 日	国土资源部签发 11 号文件《招标拍卖挂牌出让国有土地使用权规定》，叫停了已沿用多年的土地协议出让方式
2003 年 2 月 18 日	《关于清理各类园区用地，加强土地供应调控的紧急通知》严格控制土地供应总量，特别是住宅和写字楼用地的供应量，优化土地供应布局和结构，防止楼市动荡带来风险。停止别墅类用地的土地供应。过量供应的地方，要认真进行清理。普通住宅价格上涨过快的地方，可以适当增加当地居民购买并居住的普通住宅的土地供应
2003 年 7 月 18 日	国务院办公厅发出《关于暂停审批各类开发区的紧急通知》
2003 年 7 月 30 日	国务院办公厅发出《关于清理整顿各类开发区加强建设用地管理的通知》
2003 年 11 月 3 日	国务院发出《关于加大工作力度，进一步治理整顿土地市场秩序的紧急通知》
2003 年	除以上措施外，还包括召开全国进一步管理整顿土地市场秩序的电视电话会议，组成督查组对全国 31 省市土地市场进行督察等
2004 年 1 月 31 日	《关于停止经营性项目国有土地使用权协议出让的补充规定》
2004 年 3 月 16 日	《国土资源部关于下达 <2004 年全国土地利用计划 > 的通知》
2004 年 3 月 31 日	国土资源部和监察部联合下发了《关于继续开展经营性土地使用权招标拍卖挂牌出让情况执法监察工作的通知》，要求各地要在 04 年 8 月 31 日前将历史遗留问题处理完毕，否则国家入地管理部门有权收回土地
2004 年 4 月 29 日	《关于深入开展土地市场治理整顿严格土地管理的紧急通知》
2004 年 5 月 1 日	《国土资源听证规定》
2004 年 5 月 23 日	《深入开展土地市场治理整顿工作实施方案》
2004 年 9 月 22 日	《中华人民共和国土地管理法》修正案
2004 年 10 月 28 日	《国务院关于深化改革严格土地管理的决定》
2004 年 11 月 1 日	《土地利用年度计划管理办法》修订版
2004 年 11 月 1 日	《建设用地预审管理办法》
2004 年 12 月 1 日	《土地利用年度计划管理办法》
2005 年 3 月 26 日	国务院印发了《国务院办公厅关于切实稳定住房价格的通知》，其中提到要大力调整住房供应结构，增加普通商品房和经济住房土地供应，并督促建设
2005 年 5 月 9 日	《关于做好稳定住房价格工作的意见》，强调通过土地调控措施来保证中低价位、中小套型住房的有效供应

续表

时间	政策文件与相关措施
z2006 年 5 月 17 日	《关于调整住房供应结构稳定住房价格的意见》(“国六条”)中提出进一步发挥税收、信贷、土地政策的调节作用……科学确定房地产开发土地供应规模，加强土地使用监管，制止囤地行为。29 日国务院办公厅出台《关于调整住房供应结构稳定住房价格的意见》多“国六条”进一步细化，规定居住用地供应量七层用于中低价位中小套型
2006 年 6 月 1 日	《关于当前进一步从严土地管理的紧急通知》
2006 年 8 月 1 日	土地新政出台和《协议出让国有土地使用权规范》正式施行
2007 年 10 月 8 日	国土资源部下发《关于进一步加强土地供应调控的通知》，明确提出，各地要合理控制单宗土地供应规模，缩短入地开发周期，每宗地的开发建设时间原则上不得超过 3 年，同时还明确要优先安排用于解决城市低收入家庭住房困难的住房用地，廉租住房、经济适用房和中低价位、中小套型普通商品住房用地，其年度供应总量不得低于住房供应总量的 70%
2007 年 12 月 3 日	国土资源部、财政部、中国人民银行联合颁布《土地储备管理办法》
2008 年 1 月 7 日	国务院办公厅下发《国务院关于促进节约集约用地的通知》指出，优先开发废弃闲置土地、严格执行闲置土地处置政策、优化住宅用地结构等同样“意在房价”
2008 年 5 月 30 日	国家多项调控近期开始施行，土地阀门再度把紧
2009 年 2 月 27 日	国土部发布《国务院第二次全国土地调查领导小组办公室关于建立第二次全国土地调查工作动态通报制度的通知》，明确将落实最严格的耕地保护制度和节约用地制度
2009 年 5 月 11 日	国土部发布《国土资源部关于调整工业用地出让最低价标准实施政策的通知》
2009 年 5 月 13 日	国土资源部发布《国土资源部关于切实落实保障安居工程用地的通知》
2009 年 12 月 17 日	提高土地出让金首付比例，将拿地首付款比例提高 5 成，开发商拿地后分期缴纳全部土地出让价款的期限原则上不超过 1 年
2010 年 1 月 21 日	《国土资源部关于改进报国务院批准城市建设用地申报与实施工作的通知》提出，申报住宅用地的，经济适用住房、廉租住房和中低价位、中小套型普通商品住房用地占住宅用地的比例不得低于 70%
2010 年 3 月 10 日	国土资源部出台《关于加强房地产用地供应和监管有关问题的通知》，内容包括了开发商竞买保证金最少两成、1 月内付清地价 50% 等 19 条土地调控政策
2010 年 3 月 12 日	国土资源部称，将于 3 月至 7 月在全国开展对房地产用地突出问题的专项检查，本次调查重点针对擅自改变房地产用地用途、违规供应土地建设别墅以及囤地炒地等问题
2010 年 3 月 22 日	国土资源部会议提出，在今年住房和保障性住房用地供应计划没有编制公布前，各地不得出让住房用地；将在房价上涨过快的城市开展土地出让招拍挂制度完善试点；各地要明确并适当增加土地供应总量；房价上涨过快、过高的城市，要严控向大套型住房建设供地
2010 年 4 月 15 日	国土资源部公布 2010 年住房供地计划，今年拟计划供应住房用地总量同比增长逾 130%，其中中小套型商品房将占四成多，超过去年全国实际住房用地总量

续表

时间	政策文件与相关措施
2010 年 9 月 27 日	中国国土资源部称，将严格土地竞买人资格审查，土地闲置一年以上竞买人及其控股股东将被禁止拿地
2010 年 12 月 19 日	国土部要求抑制地价过快上涨，新地王须 2 日上报
2012 年 6 月 1 日	《闲置土地处置办法》自 2012 年 7 月 1 日起施行
2012 年 11 月 5 日	《国土资源部 财政部 中国人民银行 中国银行业监督管理委员会关于加强土地储备与融资管理的通知》
2013 年 2 月 20 日	“国五条”。主要内容包括：完善稳定房价工作责任制；坚决抑制投机投资性购房；增加普通商品住房及用地供应；加快保障性安居工程规划建设；加强市场监管

附录 D　政策总体评价实证原始数据

表 D–1　　　　　政策总体评价全国层面季度数据

季度	建筑安装投资指数	深证成分指数	上证综合指数	基础货币余额同比	超额准备金率
2003/03	102.20	3070.10	1507.43	6.90	5.12%
2003/06	—	3329.77	1527.90	6.70	3.88%
2003/09	104.70	3188.57	1421.97	16.80	3.52%
2003/12	107.10	3305.00	1414.17	16.70	5.38%
2004/03	111.90	3898.97	1669.13	—	4.28%
2004/06	109.20	3488.93	1516.90	19.20	3.75%
2004/09	106.70	3304.37	1375.00	14.40	3.64 %
2004/12	105.20	3170.00	1309.27	12.60	5.25 %
2005/03	102.00	3197.38	1226.35	14.10	4.17%
2005/06	102.00	2906.19	1100.28	11.80	3.72 %
2005/09	102.00	2913.70	1133.81	14.30	3.96%
2005/12	101.80	2734.25	1117.71	9.30	4.17%
2006/03	99.60	3370.13	1285.13	8.60	3.00%
2006/06	101.10	4147.29	1584.58	10.00	3.10 %
2006/09	102.30	4150.84	1674.60	8.90	2.52 %
2006/12	102.40	5645.37	2204.25	20.90	4.80%
2007/03	102.40	8073.95	2950.46	23.10	2.87%
2007/06	104.60	12118.85	3923.87	31.00	3.00%
2007/09	105.30	17312.09	5080.72	33.00	2.80%
2007/12	108.30	17623.17	5362.73	30.50	3.50 %
2008/03	112.40	14994.57	4068.20	35.90	2.00 %
2008/06	116.70	11641.30	3287.53	40.00	1.95 %
2008/09	116.20	8344.60	2488.97	33.40	2.07%
2008/12	106.30	6327.77	1806.93	27.50	5.11 %
2009/03	97.80	7868.47	2148.93	19.20	2.28%
2009/06	94.10	10399.00	2689.97	7.40	1.55 %
2009/09	94.70	11820.87	2953.10	13.70	2.06%
2009/12	98.40	13161.33	3156.11	14.10	3.13%
2010/03	102.50	12356.10	3050.11	20.70	1.96%

注：深圳成分指数与上证综合指数为月度转换数据；数据来源为同花顺 iFinD。

续表

季度	建筑安装投资指数	深证成分指数	上证综合指数	基础货币余额同比	超额准备金率
2010/06	104.80	10251.20	2620.40	24.50	1.82%
2010/09	104.70	11197.53	2644.00	20.90	1.70%
2010/12	107.80	12720.70	2869.03	28.70	2.00%
2011/03	109.10	12486.67	2874.63	29.00	1.50 %
2011/06	109.40	12029.67	2805.68	32.70	0.80%
2011/09	110.20	11226.73	2542.76	32.80	1.40%
2011/12	107.90	9697.70	2333.69	23.20	2.30%
2012/03	103.20	9589.63	2327.96	17.70	2.20%
2012/06	102.40	9940.70	2331.33	12.10	2.10%
2012/09	100.39	8649.80	2079.12	11.20	2.10%
2012/12	100.53	8496.53	2106.04	12.30	3.30%
2013/03	100.21	9399.63	2329.20	11.90	2.00%
2013/06	99.82	8547.97	2152.57	13.00	2.10%
2013/09	100.10	8160.83	2088.97	11.50	2.10%
2013/12	101.13	8369.60	2159.37	7.40	2.30%
2014/03	101.50	7376.03	2040.90	8.30	1.80%

表 D-2　政策总体评价城市层面季度数据

季度	城市	人均可支配收入	土地成交均价	土地成交面积	GDP	住房价格指数	城市	人均可支配收入	土地成交均价	土地成交面积	GDP	住房价格指数
2005/09	北京	13167	7126	375527	4907	106	上海	14136	189	8906022	6112	107
2005/12	北京	17653	2636	1337587	6886	107	上海	18645	383	8043152	9144	102
2006/03	北京	5365	19914	27663	1682	107	上海	5870	601	4102098	2297	99
2006/06	北京	10161	5690	1591152	3538	109	上海	10704	99	3295911	4782	97
2006/09	北京	15009	2160	1711350	5513	110	上海	15641	1108	3892733	7359	99
2006/12	北京	19978	5907	1696910	7720	109	上海	20668	1892	5058321	10297	100
2007/03	北京	5901	4376	644347	1883	109	上海	6796	1210	2905898	2631	100
2007/06	北京	11243	4918	895351	4064	110	上海	12278	1580	2116660	5562	101
2007/09	北京	16553	6889	1146735	6420	112	上海	17831	2670	2337615	8591	104
2007/12	北京	21989	8334	2356038	9006	115	上海	23623	3896	6290672	12001	109
2008/03	北京	6490	7990	3075106	2148	114	上海	7651	7223	2444912	3041	110
2008/06	北京	12546	6715	751069	4973	112	上海	13912	3655	65441	6531	109
2008/09	北京	18575	7269	281973	7586	109	上海	20257	2883	1167650	9930	105
2008/12	北京	24725	6536	2055927	10488	103	上海	26675	4987	609771	13698	99
2009/03	北京	7064	3347	191163	2512	99	上海	8113	7184	344164	3150	98
2009/06	北京	13567	8527	2056650	5308	99	上海	14965	5044	1170942	6612	99
2009/09	北京	20041	10448	2341845	8161	101	上海	21871	14954	2575916	10215	101
2009/12	北京	26738	16876	1659584	11866	106	上海	28838	13657	1785278	14901	106
2010/03	北京	7669	25238	1514662	3117	111	上海	8925	12150	2865891	3811	110
2010/06	北京	14750	9676	1130693	6373	114	上海	16360	8585	1023995	7980	110
2010/09	北京	21837	12422	925219	9754	112	上海	23975	9178	4061050	12110	106

注：由于数据量巨大，在原始数据不变的情况下给出格式变换后数据；
人均可支配收入与GDP均为累计值，应用时要计算出当期值，下同；
数据来源为同花顺 iFinD。

续表

季度	城市	人均可支配收入	土地成交均价	土地成交面积	GDP	住房价格指数	城市	人均可支配收入	土地成交均价	土地成交面积	GDP	住房价格指数
2010/12	北京	29073	11114	4110025	13778	109	上海	31838	8794	1821783	16872	103
2011/03	北京	8436	9751	373239	3509	106	上海	10028	9162	2586705	4328	102
2011/06	北京	16236	6692	1254562	7418	102	上海	18382	6563	1115126	9164	102
2011/09	北京	24164	13380	1529726	11404	102	上海	27166	5740	4353828	13726	103
2011/12	北京	32903	9701	1525036	16000	101	上海	36230	7064	1639363	19196	102
2012/03	北京	9427	10380	459685	3762	100	上海	11301	5850	683116	4594	100
2012/06	北京	18154	24165	114072	8349	99	上海	20689	4190	794551	9552	99
2012/09	北京	26948	15071	1548250	12678	99	上海	30206	8535	1451842	14374	98
2012/12	北京	36469	13585	633953	17801	101	上海	40188	10732	3099234	20101	99
2013/03	北京	10175	14435	2511286	4101	106	上海		11188	829045	4938	104
2005/09	石家庄				1357	104	太原					108
2005/12	石家庄		1876	175222	1787	105	太原					104
2006/03	石家庄				418	106	太原	2948	1574	56867		102
2006/06	石家庄				931	105	太原	5604			470	104
2006/09	石家庄		2479	272148	1479	103	太原		1262	158712	723	105
2006/12	石家庄	11495			2064	104	太原	11741			1013	104
2007/03	石家庄		662	90607	478	105	太原	3503	1745	918972	268	104
2007/06	石家庄		4375	87561	1067	108	太原	6592	1065	19853	583	104
2007/09	石家庄				1721	108	太原	9778	1566	1408784	898	105
2007/12	石家庄	13205	3296	520043	2269	110	太原	13745	4482	304135	1255	105
2008/03	石家庄	3747			559	110	太原	3787	812	91722	325	105
2008/06	石家庄	7404	279	7522	1272	108	太原	7390	1904	348065	707	106
2008/09	石家庄	11119			2053	104	太原	11110	3196	335165	1089	106
2008/12	石家庄	15062	5139	750645	2724	101	太原	15230	4075	294991	1468	105

续表

季度	城市	人均可支配收入	土地成交均价	土地成交面积	GDP	住房价格指数	城市	人均可支配收入	土地成交均价	土地成交面积	GDP	住房价格指数
2009/03	石家庄	4077	5238	362751	607	96	太原	4124	1948	683646	310	102
2009/06	石家庄	8225	2550	76468	1365	94	太原	7676	1481	801422	684	100
2009/09	石家庄	12323	6578	409282	2202	95	太原	11480	1341	874325	1071	100
2009/12	石家庄	16607			3001	99	太原	15607	2104	891498	1545	101
2010/03	石家庄	4360	3902	735709	624	105	太原	4371	972	1195885	380	103
2010/06	石家庄	8986			1471	110	太原	8290	2563	173236	821	104
2010/09	石家庄	13534	5237	627495	2392	110	太原	12422	5013	324756	1260	104
2010/12	石家庄	18290	6230	375583	3401	108	太原	17258	4635	345131	1778	103
2011/03	石家庄	4931	7088	102704	717	112	太原	5179	2156	410402	435	102
2011/06	石家庄	10053	4153	324614	1812	107	太原	9642	726	286176	940	101
2011/09	石家庄	15002	3728	641197	2910	107	太原	14275	5304	289167	1463	101
2011/12	石家庄	20534	5596	429725	4083	104	太原	20149	3654	429384	2080	101
2012/03	石家庄	5644	5557	292031	823	101	太原	5429	2697	191217	480	101
2012/06	石家庄	11400	6021	364761	2041	100	太原	10620	2108	70495	1045	100
2012/09	石家庄	16972	6249	1083931	3252	100	太原	15851	2739	133478	1610	100
2012/12	石家庄	23038	6793	284870	4500	101	太原	22587	2753	569599	2311	100
2013/03	石家庄		5869	1320775	898	103	太原	5901	3291	1263258	527	102
2005/09	呼和浩特					113	沈阳	7446	559	2703917	1586	107
2005/12	呼和浩特					114	沈阳	10098	1323	691350	2084	106
2006/03	呼和浩特	3517				112	沈阳	2850	588	1377000	447	107
2006/06	呼和浩特	6699	1267	1156390		111	沈阳	5596	764	1842855	1190	107
2006/09	呼和浩特		1137	683239		108	沈阳	8416	1537	784569	1768	106
2006/12	呼和浩特	14055	790	1805862	900	106	沈阳	11651	1643	703927	2520	107
2007/03	呼和浩特		1448	1388168	206	104	沈阳	3242	1841	1061748	539	106

续表

季度	城市	人均可支配收入	土地成交均价	土地成交面积	GDP	住房价格指数	城市	人均可支配收入	土地成交均价	土地成交面积	GDP	住房价格指数
2007/06	呼和浩特	7910	1637	702573	496	104	沈阳	6826	1866	3440565	1441	105
2007/09	呼和浩特	12024	1403	1045273	726	104	沈阳	10844	5658	2364711	2196	105
2007/12	呼和浩特	17000	1604	377033	1101	105	沈阳	14607	3149	1940793	3160	108
2008/03	呼和浩特		2068	881911	246	101	沈阳	4100	2984	2048565	657	109
2008/06	呼和浩特	9276	1306	1331689	580	101	沈阳	8402	4378	793988	1829	106
2008/09	呼和浩特	14409	1064	204524	928	102	沈阳	12838	2336	1002772	2811	103
2008/12	呼和浩特	20267	2368	469635	1316	101	沈阳	17295	1992	465567	3781	101
2009/03	呼和浩特	5871			287	100	沈阳	4554	1494	337371	922	101
2009/06	呼和浩特	10572	1559	1383049	658	99	沈阳	9059	3134	873570	2054	102
2009/09	呼和浩特	16145	1591	605314	1065	100	沈阳	14003	1544	2273341	3149	101
2009/12	呼和浩特	22397	1514	331877	1644	102	沈阳	18560	1857	10765226	4269	102
2010/03	呼和浩特	6566	1283	1594913	336	107	沈阳	5207	2001	3594041	1066	103
2010/06	呼和浩特	11789	506	212446	744	109	沈阳	10051	2888	1043469	2401	106
2010/09	呼和浩特	18053	1872	301438	1208	109	沈阳	15486	2289	1643642	3643	107
2010/12	呼和浩特	25174	395	99230	1866	108	沈阳	20541	5651	2083822	5017	108
2011/03	呼和浩特	7437	2916	1725934	384	107	沈阳	5754	4714	2678826	1263	108
2011/06	呼和浩特	13364	1575	871886	918	105	沈阳	11470	2853	3091057	2863	107
2011/09	呼和浩特	20561	275	457751	1491	104	沈阳	17656	2750	4390885	4321	106
2011/12	呼和浩特	28877	3054	822106	2177	103	沈阳	23320	2651	3916478	5916	103
2012/03	呼和浩特	8598	1243	211200	410	102	沈阳	6474	3185	1630030	1430	102
2012/06	呼和浩特	15228	2019	467689	1018	100	沈阳	13068	3090	3962266	3210	100
2012/09	呼和浩特	23351	2855	785228	1661	99	沈阳	20061	2962	2528091	4806	99
2012/12	呼和浩特	32646	2475	432774	2459	99	沈阳	26430	3570	4481110	6603	99
2013/03	呼和浩特	9329	4232	904678	460	101	沈阳	7134	3082	2481127	1582	103

续表

季度	城市	人均可支配收入	土地成交均价	土地成交面积	GDP	住房价格指数	城市	人均可支配收入	土地成交均价	土地成交面积	GDP	住房价格指数
2005/09	长春		717	990163		104	大连	8930			1604	108
2005/12	长春		832	2095722		102	大连	11994			2120	112
2006/03	长春		1254	276984		102	大连	3409			460	115
2006/06	长春		1796	170199		101	大连	6519			1131	112
2006/09	长春		860	442739		101	大连	9799	4120	121400	1860	109
2006/12	长春					102	大连	13350	3939	1331228	2542	108
2007/03	长春	3233	526	47183	373	103	大连	3947	2516	1869474	554	107
2007/06	长春	6298	763	1123120	849	105	大连	7475	2972	292800	1450	107
2007/09	长春	9592	5568	342660	1421	108	大连	11128	5502	205400	2256	107
2007/12	长春	12811	552	599677	2089	110	大连	15109	6139	152430	3079	108
2008/03	长春	3641	784	531222	446	111	大连	4545	2391	2062367	686	107
2008/06	长春	7354	1399	539708	1042	109	大连	8768	3917	247608	1795	106
2008/09	长春	11202	1277	62436	1705	105	大连	13058	4337	671606	2796	104
2008/12	长春	15003	1421	455593	2562	103	大连	17500	6489	970577	3803	103
2009/03	长春	3803	2690	248990	472	101	大连	5018	3134	488814	754	100
2009/06	长春	7834	1861	222314	1194	100	大连	9549	3080	1655601	1969	100
2009/09	长春	11955	2485	1024951	1994	101	大连	14191	2238	2587095	3086	102
2009/12	长春	16072	3042	1992772	2849	102	大连	19014	2898	2541716	4350	104
2010/03	长春	4400	2324	579123	579	105	大连	5500	4568	4626120	1077	107
2010/06	长春	8802	2362	1507240	1408	107	大连	10562	3962	3549955	2511	110
2010/09	长春	13314	2688	2946042	2296	105	大连	15773	6342	3870562	3669	108
2010/12	长春	17922	3735	3319195	3329	104	大连	21293	3601	14629051	5158	107
2011/03	长春	5060	2987	1772872	702	107	大连	6413	5943	2620844	1290	107
2011/06	长春	10044	2547	2804505	1673	103	大连	12212	1798	3996004	3046	106

续表

季度	城市	人均可支配收入	土地成交均价	土地成交面积	GDP	住房价格指数	城市	人均可支配收入	土地成交均价	土地成交面积	GDP	住房价格指数
2011/09	长春	15109	2665	1744689	2763	103	大连	18125	3565	3685757	4449	105
2011/12	长春	20487	2950	1056081	4003	102	大连	24276	2541	3296300	6151	103
2012/03	长春	5724	5018	597282	799	101	大连	7156	2276	1429632	1472	102
2012/06	长春	11123	3138	573196	1906	100	大连	13934	3568	701206	3401	100
2012/09	长春	16979	3162	992825	3055	99	大连	20647	6410	1351488	5022	100
2012/12	长春	22970	3061	2314961	4457	100	大连	27539	4480	4669768	7003	101
2013/03	长春	6667	4016	1414360	870	101	大连		3431	1196210	1620	103
2005/09	哈尔滨	7402			1326	104	南京	11372	1481	1767179	1753	108
2005/12	哈尔滨	10065	20100	22886	1830	105	南京	14997	935	1478735	2452	105
2006/03	哈尔滨	2740	5730	24222	341	103	南京	5241	1381	797987	606	105
2006/06	哈尔滨	5372	383	273174	895	103	南京	9226	2320	949955	1278	104
2006/09	哈尔滨	8282	1700	48833	1480	103	南京	13282	2279	788307	2010	104
2006/12	哈尔滨	11231			2094	103	南京	17538	2192	2018092	2823	105
2007/03	哈尔滨	3132	597	108919	390	105	南京	6072	1825	3660692	710	106
2007/06	哈尔滨	6177	761	1248487	1049	106	南京	10863	3891	708703	1494	107
2007/09	哈尔滨	9381			1698	105	南京	15555	6495	999360	2362	107
2007/12	哈尔滨	12772			2391	111	南京	20317	6034	2559804	3340	107
2008/03	哈尔滨	3306	902	130607	461	109	南京	6993	3506	1057303	825	107
2008/06	哈尔滨	7065	2091	459253	1253	107	南京	12448	3961	655796	1769	105
2008/09	哈尔滨	10749	2050	531835	2020	106	南京	17751	4708	621465	2782	102
2008/12	哈尔滨	14589	1752	548753	2815	103	南京	23123	3913	270444	3815	97
2009/03	哈尔滨	3773	1076	778642	501	102	南京	7725	1315	450940	883	97
2009/06	哈尔滨	7879	1242	1139830	1373	102	南京	13691	2506	431236	1911	97
2009/09	哈尔滨	11856	1780	1482754	2214	103	南京	19567	6382	1171215	3070	102

续表

季度	城市	人均可支配收入	土地成交均价	土地成交面积	GDP	住房价格指数	城市	人均可支配收入	土地成交均价	土地成交面积	GDP	住房价格指数
2009/12	哈尔滨	15887	2417	1426518	3176	104	南京	25504	5103	1806027	4230	108
2010/03	哈尔滨	4261	2208	3118202	572	106	南京	8347	7435	886643	1060	111
2010/06	哈尔滨	8591	1707	1554462	1562	107	南京	15090	5230	645268	2443	111
2010/09	哈尔滨	12989	2568	1395399	2557	107	南京	21667	19112	1203716	3714	106
2010/12	哈尔滨	17557	2305	4511642	3665	106	南京	28312	12929	1436482	5131	102
2011/03	哈尔滨	4664	1595	6039965	655	107	南京	9497	8182	1202482	1289	103
2011/06	哈尔滨	9564	2612	1975107	1690	105	南京	16963	7873	1029870	2967	100
2011/09	哈尔滨	14689	2527	2342122	2780	103	南京	24425	3176	531617	4539	101
2011/12	哈尔滨	20031	2369	1448924	4242	101	南京	32200	6208	1692459	6146	100
2012/03	哈尔滨	5127	990	1204189	722	100	南京	10948	4627	1013542	1471	98
2012/06	哈尔滨	10238	1339	196875	1841	100	南京	19388	9258	746268	3398	97
2012/09	哈尔滨	16378	2069	869599	3009	100	南京	27942	4200	639583	5209	98
2012/12	哈尔滨	22499	2543	557796	4550	100	南京	36322	8805	2105126	7202	100
2013/03	哈尔滨	5866	4391	559001	795	103	南京	11966	13581	937366	1640	104
2005/09	宁波	13317		141611	1734	105	合肥	7252			463	106
2005/12	宁波	17408	7372	277548	2449	103	合肥	9684			854	104
2006/03	宁波	6453		376684	593	103	合肥				189	102
2006/06	宁波	10718	3871	553564	1297	102	合肥	5603	5310	73627	460	102
2006/09	宁波	15265	2173	1420395	1990	102	合肥	8217	2550	106981	758	101
2006/12	宁波	19674	7267	1825135	2874	102	合肥	11013	1439	761457	1074	100
2007/03	宁波	7166	1820	344499	695	104	合肥	3602	2339	753164	241	100
2007/06	宁波	11775		270441	1544	106	合肥	6796	2056	201641	590	101
2007/09	宁波	17172	8508	241590	2412	109	合肥	10003	2855	253388	936	101
2007/12	宁波	22307	4394	1044555	3435	115	合肥	13427	2703	1958970	1334	104

续表

季度	城市	人均可支配收入	土地成交均价	土地成交面积	GDP	住房价格指数	城市	人均可支配收入	土地成交均价	土地成交面积	GDP	住房价格指数
2008/03	宁波	7892	8403	626895	824	115	合肥	4463	1656	218419	314	110
2008/06	宁波	13565	1217	136620	1819	112	合肥	8207	5259	660707	723	111
2008/09	宁波	19566	2486	436985	2804	108	合肥	11935	2699	535549	1162	109
2008/12	宁波	25304	2280	529782	3964	102	合肥	15591	6480	5280	1665	103
2009/03	宁波	8260	2344	307476	800	101	合肥	4865	3294	460050	334	99
2009/06	宁波	14621	5684	786599	1820	102	合肥	9001	3894	1506898	835	99
2009/09	宁波	20893	5134	3282303	2902	105	合肥	13148	5176	509598	1393	100
2009/12	宁波	27368	8383	2303564	4215	107	合肥	17158	7259	868080	2102	102
2010/03	宁波	9833	5364	1439794	1011	108	合肥	5394	7733	987065	561	107
2010/06	宁波	16303	7093	1108480	2297	107	合肥	9928	4705	466269	1107	111
2010/09	宁波	23299	5220	2015232	3610	105	合肥	14448	5965	257860	1810	108
2010/12	宁波	30166	6194	3174425	5126	103	合肥	19051	7935	1009877	2702	109
2011/03	宁波	11227	2781	3010774	1193	104	合肥	6331	5228	1883745	684	105
2011/06	宁波	18592	3336	1607909	2714	102	合肥	11697	3623	128258	1394	101
2011/09	宁波	26223	3128	2389795	4277	101	合肥	16777	4707	807031	2447	103
2011/12	宁波	34058	3044	1523244	6059	99	合肥	22459	4042	281502	3637	101
2012/03	宁波	12393	5070	738498	1290	98	合肥	7440	3550	192533	861	99
2012/06	宁波	20595	3163	1146940	2968	93	合肥	13358	3566	1570912	1752	99
2012/09	宁波	29245	5012	1612346	4588	92	合肥	18994	5903	2363228	2807	99
2012/12	宁波	37902	10099	2057163	6582	92	合肥	25434	5193	1148972	4164	100
2013/03	宁波	13537	7905	1198713	1384	95	合肥		6292	1573334	961	103
2005/09	福州	9462	2584	867158		104	厦门	12483	3225	335755		105
2005/12	福州	12661	3123	699070		103	厦门	16403	7658	401107	1007	105
2006/03	福州	4241	3505	132251	306	104	厦门	5398	5797	334027	265	105

续表

季度	城市	人均可支配收入	土地成交均价	土地成交面积	GDP	住房价格指数	城市	人均可支配收入	土地成交均价	土地成交面积	GDP	住房价格指数
2006/06	福州	7572	7275	202297	693	108	厦门	9411	9923	391502	533	107
2006/09	福州	10883	4154	778458	1106	107	厦门	13888	2718	365362	837	108
2006/12	福州	14206	18226	112914	1657	108	厦门	18513	12478	372253	1168	108
2007/03	福州	4859	10199	122244	347	107	厦门	6239			299	107
2007/06	福州	8517	21349	55203	798	106	厦门	11315	13181	392469	616	106
2007/09	福州	12570	18029	236734	1288	106	厦门	16316	20999	502795	969	107
2007/12	福州	16642	15545	92246	2029	108	厦门	21503	12037	545416	1403	108
2008/03	福州	5450	18144	37754	404	107	厦门	6798			350	106
2008/06	福州	10017	5430	456171	939	105	厦门	12389	13119	299040	720	105
2008/09	福州	14406	11222	10872	1503	103	厦门	18383	4072	98712	1114	102
2008/12	福州	19009	5243	7477	2356	100	厦门	23948			1611	97
2009/03	福州	5922	2718	397724	417	100	厦门	7676			315	96
2009/06	福州	10766	6061	286262	1003	100	厦门	13493	10255	1049174	696	97
2009/09	福州	15424	22708	70987	1637	100	厦门	19874	13893	355272	1112	101
2009/12	福州	20289	10466	425726	2604	101	厦门	26131	10440	1018996	1737	106
2010/03	福州	6641	8730	1109852	479	103	厦门	8551	6825	798807	361	109
2010/06	福州	11929	8135	186142	1175	104	厦门	15115	7782	597416	846	108
2010/09	福州	17284	17446	605431	1944	103	厦门	22178	11405	612690	1442	104
2010/12	福州	22723	6754	1681957	3123	103	厦门	29253	8815	958552	2060	102
2011/03	福州	7592	18843	579888	591	105	厦门	9351	10674	47810	456	106
2011/06	福州	13488	7142	635627	1490	104	厦门	16947	3555	260646	1063	106
2011/09	福州	19725	10281	299390	2369	104	厦门	25371	8151	572185	1757	106
2011/12	福州	26050	1151	189468	3736	103	厦门	33565	15351	99919	2539	104
2012/03	福州	8720	8347	314362	647	101	厦门	10608			487	100

续表

季度	城市	人均可支配收入	土地成交均价	土地成交面积	GDP	住房价格指数	城市	人均可支配收入	土地成交均价	土地成交面积	GDP	住房价格指数
2012/06	福州	15470	6609	264481	1658	99	厦门	19037	7029	536555	1158	99
2012/09	福州	22409	5882	391365	2568	100	厦门	28565	7723	196672	1862	99
2012/12	福州	29399	7321	788096	4211	101	厦门	37576	8839	429447	2815	100
2013/03	福州	9569	7793	633442	723	104	厦门	11308	10855	44773	530	104
2005/09	南昌	7631	1560	588795		108	济南	9048			1330	108
2005/12	南昌	10301	2083	564087		106	济南	12310	1110	497199	1877	107
2006/03	南昌	3080	1613	320220		106	济南	3596	1984	15674	432	105
2006/06	南昌	5570	835	550563		107	济南	6716	2250	24780	1008	104
2006/09	南昌	8127	954	528818		107	济南	10089			1533	104
2006/12	南昌	11243	1180	1283598	1185	106	济南	13910	2570	342075	2185	104
2007/03	南昌	3577	1086	676630	280	106	济南	4049	2003	109981	506	104
2007/06	南昌	6517	1165	171291	601	107	济南	7656	2185	690828	1187	105
2007/09	南昌	9762	3990	25080	942	107	济南	11703	1561	213773	1797	105
2007/12	南昌	13076	3152	433716	1390	108	济南	16330	3234	104941	2563	107
2008/03	南昌	3833	1668	378752	338	108	济南	4575	1893	3553887	606	107
2008/06	南昌	7258	2542	480401	727	105	济南	8843	3486	893657	1418	108
2008/09	南昌	11103	624	2190403	1179	102	济南		4409	477200	2151	108
2008/12	南昌	15112	1688	294304	1660	102	济南	18862	4111	670549	3017	105
2009/03	南昌	4240	750	100000	372	100	济南	4960	4113	187633	641	102
2009/06	南昌	8002	1472	252987	793	100	济南	9630	2713	917671	1532	101
2009/09	南昌	12084	2817	578666	1282	102	济南	14761	2210	2336543	2318	101
2009/12	南昌	16472	1677	1449232	1838	104	济南	20597	5564	1324134	3341	103
2010/03	南昌	4656	3113	672191	448	108	济南	5565	2874	1406369	778	106
2010/06	南昌	8800	11519	150773	965	109	济南	10689	9731	300023	1821	107

续表

季度	城市	人均可支配收入	土地成交均价	土地成交面积	GDP	住房价格指数	城市	人均可支配收入	土地成交均价	土地成交面积	GDP	住房价格指数
2010/09	南昌	13296	3234	967901	1559	106	济南	16370	3438	895452	2780	106
2010/12	南昌	18276	3889	767141	2207	106	济南	22945	4497	281078	3911	105
2011/03	南昌	5257	3524	838202	536	109	济南	6294	5114	140385	905	106
2011/06	南昌	9957	6099	161770	1153	107	济南	12143	4368	1006311	2107	105
2011/09	南昌	15107	6773	336925	1896	109	济南	18596	3404	1539012	3251	103
2011/12	南昌	20741	3184	1454165	2689	104	济南	26180	4275	1506250	4406	101
2012/03	南昌	6012	2775	439796	613	99	济南	7181	5071	1529309	989	100
2012/06	南昌	11364	3148	564805	1297	98	济南	13722	4652	978399	2267	98
2012/09	南昌	17183	4371	875979	2100	99	济南	20939	5037	876728	3501	98
2012/12	南昌	23602	3672	1395771	3001	100	济南	29505	6743	803718	4804	100
2013/03	南昌	6764	4860	438026	680	103	济南	8752	5839	629932	1089	102
2005/09	青岛	9474				111	长沙	9510	1245	318100	961	104
2005/12	青岛	12920			2696	109	长沙	12434	1310	848363	1520	104
2006/03	青岛	4031	5208	526490	639	108	长沙	4421	1021	1836939	377	105
2006/06	青岛	7538	4363	1293755	1528	107	长沙	7428	1256	936745	815	106
2006/09	青岛	11297	2641	439452	2302	107	长沙	10595	1408	1063313	1270	105
2006/12	青岛	15328	367	1138689	3207	106	长沙	13924	1148	3284957	1791	106
2007/03	青岛	4607	2321	379750	762	105	长沙	5054	1163	2855313	457	106
2007/06	青岛	8869		306005	1790	106	长沙	8616	3400	664349	995	107
2007/09	青岛	13171	4690	81016	2751	107	长沙	12289	5587	2255305	1558	108
2007/12	青岛	17856			3787	108	长沙	16153	2366	2037306	2190	113
2008/03	青岛	5412	4110	482584	892	107	长沙	5646	2037	1933528	607	112
2008/06	青岛	10276	5000	547029	2120	106	长沙	9768	1649	2814539	1340	109
2008/09	青岛	15255	978	362145	3247	105	长沙	13959	1214	452602	2096	106

续表

季度	城市	人均可支配收入	土地成交均价	土地成交面积	GDP	住房价格指数	城市	人均可支配收入	土地成交均价	土地成交面积	GDP	住房价格指数
2008/12	青岛	20464	4952	313183	4436	102	长沙	18282	1373	922532	3001	101
2009/03	青岛	5850	2039	247267	968	99	长沙	6170	1850	110558	673	99
2009/06	青岛	11161	1061	4696935	2282	99	长沙	10682	951	711850	1484	99
2009/09	青岛	18190	2126	4024572	3482	100	长沙	15243	1134	928157	2326	101
2009/12	青岛	22368	3179	3283363	4854	103	长沙	20238	2785	1631215	3745	105
2010/03	青岛	6413	4674	2816999	1117	107	长沙	6898	1864	660362	880	110
2010/06	青岛	12313	1766	4627389	2587	108	长沙	11848	4502	1406250	1952	111
2010/09	青岛	18523	2816	2299382	3982	106	长沙	16951	3514	1139879	3107	109
2010/12	青岛	24998	2054	1919185	5666	106	长沙	22814	3334	2271312	4547	108
2011/03	青岛	7270	2199	5496424	1322	105	长沙	7846	1821	2173159	1096	109
2011/06	青岛	13963	1983	2450699	3017	104	长沙	13475	2865	1092589	2417	108
2011/09	青岛	21057	2469	1508596	4663	105	长沙	19362	2968	615761	3835	108
2011/12	青岛	28567	1711	1698908	6616	101	长沙	26451	4245	1569522	5619	106
2012/03	青岛	8253	3543	410641	1449	99	长沙	9167	2143	1600509	1247	102
2012/06	青岛	15586	1964	2102903	3355	96	长沙	15645	4239	882638	2897	100
2012/09	青岛	23441	1638	3512100	5166	96	长沙	22410	3281	1369723	4585	99
2012/12	青岛	32145	2951	3629382	7302	96	长沙	30288	5700	2110897	6400	100
2013/03	青岛	9078	3373	1090994	1571	99	长沙		3872	1641049	1443	103
2005/09	郑州		1169	82198	1245	107	海口					103
2005/12	郑州		1150	678191	1650	105	海口					99
2006/03	郑州		2454	125256	405	106	海口		930	85614		102
2006/06	郑州		3324	133155	901	105	海口		993	113295	165	103
2006/09	郑州				1401	105	海口				252	104
2006/12	郑州	11822	2667	235395	2002	106	海口		434	27943	350	103

续表

季度	城市	人均可支配收入	土地成交均价	土地成交面积	GDP	住房价格指数	城市	人均可支配收入	土地成交均价	土地成交面积	GDP	住房价格指数
2007/03	郑州	3660	2896	49084	492	106	海口	3852	216	666646	83	103
2007/06	郑州	6930	967	506729	1100	106	海口	6543	564	28015	185	104
2007/09	郑州	10260	4162	704431	1754	107	海口	9439	3330	80755	285	109
2007/12	郑州	13692	4174	1025588	2421	106	海口	12289	752	1582	396	110
2008/03	郑州	4144	3817	803521	641	106	海口	4278	254	134806	95	112
2008/06	郑州	7990	1747	1148275	1432	104	海口	7415	1368	59847	212	112
2008/09	郑州	11840	2779	343301	2220	102	海口	10858	6074	149578	323	111
2008/12	郑州	15732	1674	32386	3004	101	海口	14150	229	1333944	443	106
2009/03	郑州	4656	2284	578920	690	101	海口	4511			104	101
2009/06	郑州	8735	833	443163	1524	102	海口	8016			231	99
2009/09	郑州	12965	2703	1058305	2379	102	海口	11726	2787	378429	352	102
2009/12	郑州	17117	1464	2020740	3300	103	海口	15237	1985	1035389	490	107
2010/03	郑州	4927	2726	878851	833	105	海口	4963	1261	2000	140	145
2010/06	郑州	9477	946	1591757	1781	108	海口	8737	8128	87109	293	152
2010/09	郑州	14093	2273	205046	2753	108	海口	12703	6213	325109	428	146
2010/12	郑州	18897	6110	450963	4041	109	海口	16720	2457	27214	617	139
2011/03	郑州	5479	14644	136224	1031	109	海口	5686	3019	37914	164	109
2011/06	郑州	10662	1859	728122	2315	107	海口	10442			352	101
2011/09	郑州	16193	4141	566333	3608	106	海口	15044	6277	70475	515	101
2011/12	郑州	21612	3518	831029	4980	104	海口	19730	1267	23272	734	100
2012/03	郑州	6195	2453	1507207	1249	101	海口	6370	1349	343512	185	99
2012/06	郑州	11846	3534	638209	2623	99	海口	11728	2909	238483	402	98
2012/09	郑州	18924	7309	659213	4065	99	海口	17029	3166	314155	589	99
2012/12	郑州	24246	3199	1637864	5550	100	海口	22331	2855	895908	819	99

续表

季度	城市	人均可支配收入	土地成交均价	土地成交面积	GDP	住房价格指数	城市	人均可支配收入	土地成交均价	土地成交面积	GDP	住房价格指数
2013/03	郑州		2675	2279369	1341	104	海口	6988			206	100
2005/09	广州	13874	5532	39855	3273	104	深圳		4525	447402	2993	107
2005/12	广州	18287	7211	72604	5154	104	深圳	21494	6791	76941	4951	110
2006/03	广州	5945	9862	51545	1305	105	深圳	6459	3172	59588	1225	110
2006/06	广州	10492	6624	122491	2730	107	深圳	11781	7324	56801	2561	114
2006/09	广州	15121	7348	385599	4272	106	深圳	17042	10231	528962	4058	113
2006/12	广州	19851	3759	1257297	6082	107	深圳	22567	4239	350655	5814	112
2007/03	广州	6450	7283	282296	1506	108	深圳	7105	14909	59255	1388	113
2007/06	广州	11559	1335	39680	3198	106	深圳	12866	11704	16618	2969	114
2007/09	广州	16789	11059	1393958	4997	106	深圳	18692	5433	249321	4761	120
2007/12	广州	22469	2274	2929892	7140	106	深圳	24870	13633	127263	6802	118
2008/03	广州	7361	10396	532075	1747	103	深圳	7486	8102	29481	1684	111
2008/06	广州	13214	4448	42669	3734	102	深圳	13879	4324	879166	3533	103
2008/09	广州	19229	9513	6162	5922	99	深圳	20187			5612	93
2008/12	广州	25317	2634	1148276	8287	96	深圳	26729	16135	49582	7807	86
2009/03	广州	8109	503	158623	1838	96	深圳	8106			1741	85
2009/06	广州	14512	2434	462780	3917	97	深圳	15144	17843	255370	3632	95
2009/09	广州	21018	5273	915524	6386	101	深圳	22133	13936	309993	5865	107
2009/12	广州	27610	7452	5577690	9113	107	深圳	29245			8201	116
2010/03	广州	8951	1500	111595	2278	111	深圳	8970	3317	200484	1978	121
2010/06	广州	16029	18002	72744	4886	108	深圳	16669			4216	114
2010/09	广州	23310	10116	751669	7654	103	深圳	24428			6722	105
2010/12	广州	30658	10760	1940243	10604	101	深圳	32381	9700	404959	9511	102
2011/03	广州	10005	4862	249701	2641	101	深圳	9937			2350	103

续表

季度	城市	人均可支配收入	土地成交均价	土地成交面积	GDP	住房价格指数	城市	人均可支配收入	土地成交均价	土地成交面积	GDP	住房价格指数
2011/06	广州	17902	3682	336299	5701	105	深圳	18653	9370	759797	5015	104
2011/09	广州	26122	7977	1403587	8919	107	深圳	27459	9502	495395	8250	105
2011/12	广州	34438	10812	365757	12423	105	深圳	36505	7030	28449	11506	104
2012/03	广州	11138	2138	140550	2856	100	深圳	11481			2507	100
2012/06	广州	19946	5570	535365	6214	99	深圳		3929	9350	5474	98
2012/09	广州	28916	7624	462335	9823	99	深圳	30855	60294	44001	9123	98
2012/12	广州	38054	4688	1842784	13551	101	深圳	40742	12748	361629	12950	100
2013/03	广州	12248	5514	278043	3261	108	深圳		29888	47176	2751	106
2005/09	成都		4127	820463	1783	108	贵阳					102
2005/12	成都	11359	3718	1165349	2371	108	贵阳		167	2401		103
2006/03	成都		2936	709047	512	108	贵阳		772	60917		104
2006/06	成都		1946	2797421	1224	106	贵阳		480	133665		104
2006/09	成都		1911	3701392	1967	107	贵阳		2853	3768		105
2006/12	成都	12789	5246	1256267	2750	107	贵阳		1355	45825		105
2007/03	成都	3806	5799	908673	613	107	贵阳		700	1429		107
2007/06	成都	7178	7784	1625516	1446	107	贵阳		882	68207		107
2007/09	成都	10833	5777	2841502	2349	108	贵阳		2032	671190	539	107
2007/12	成都	14849	6176	2137226	3324	109	贵阳	12781	1189	851716	694	108
2008/03	成都	4447	5070	422106	762	108	贵阳	3815	653	202588	150	111
2008/06	成都	8365	2533	290247	1746	105	贵阳	7084	2675	13550	387	106
2008/09	成都	12530	1093	1089323	2821	102	贵阳	10439	993	22711	604	105
2008/12	成都	16943	1448	907456	3901	98	贵阳	13817	878	958433	811	104
2009/03	成都	5174	941	621233	857	98	贵阳	4282	661	477835	164	103
2009/06	成都		1120	1212490	1951	99	贵阳	7856	2332	49466	385	103

续表

季度	城市	人均可支配收入	土地成交均价	土地成交面积	GDP	住房价格指数	城市	人均可支配收入	土地成交均价	土地成交面积	GDP	住房价格指数
2009/09	成都	13862	4074	3019835	3165	101	贵阳	11459	590	895166	636	103
2009/12	成都	18659	4368	5161849	4503	104	贵阳	15041	383	396944	903	105
2010/03	成都	5812	3137	2298218	1042	106	贵阳	4627	858	4519061	212	110
2010/06	成都	10715	3414	3735168	2364	106	贵阳	8497	1938	983564	450	109
2010/09	成都	15655	2107	2886162	3770	104	贵阳	12475	771	475142	782	108
2010/12	成都	20835	7470	3171749	5551	102	贵阳	16597	1178	928386	1122	106
2011/03	成都	6593	3795	1940637	1368	105	贵阳	5140	2484	2260854	259	105
2011/06	成都	12357	6982	1271116	3108	104	贵阳	9777	1424	1934903	556	105
2011/09	成都	18050	9767	482119	5009	103	贵阳	14534	3578	9782	961	104
2011/12	成都	23932	4707	2408719	6951	102	贵阳	19420	2663	434798	1383	103
2012/03	成都	7572	3715	2104111	1775	99	贵阳	6120	1943	542458	300	102
2012/06	成都	14067	5712	1536370	3951	99	贵阳	11011	2248	1385457	686	101
2012/09	成都	20545	6258	1835539	6002	99	贵阳	16279	1837	1028676	1210	101
2012/12	成都	27194	5370	4223113	8139	100	贵阳	21796	2492	1287058	1710	101
2013/03	成都	8216	5408	1993513	2151	102	贵阳	6689	2197	1688368	346	102
2005/09	昆明					103	西安		240	2358287		104
2005/12	昆明					102	西安		1606	101306	1270	105
2006/03	昆明					102	西安	3218			295	103
2006/06	昆明		1984	66614		102	西安	5725			639	104
2006/09	昆明		509	302335		101	西安	8377			961	104
2006/12	昆明	10766	3111	1134435	1203	101	西安	10905	2359	345618	1539	104
2007/03	昆明	3228	2479	426741	305	102	西安	3532	1942	199684	342	104
2007/06	昆明	6158	1584	59384	594	103	西安	6609	1714	415889	757	105
2007/09	昆明	9108			956	103	西安	9723	1278	8648	1153	106

续表

季度	城市	人均可支配收入	土地成交均价	土地成交面积	GDP	住房价格指数	城市	人均可支配收入	土地成交均价	土地成交面积	GDP	住房价格指数
2007/12	昆明	12021	2847	1060845	1394	105	西安	12662	4534	384933	1857	110
2008/03	昆明	3458	747	853591	349	106	西安	4081	1924	182186	411	111
2008/06	昆明	6710	1412	552387	717	106	西安	7802	1617	309809	937	110
2008/09	昆明	10203			1123	101	西安	11816	2202	284413	1445	108
2008/12	昆明	14468	1767	550004	1605	100	西安	15207	2735	854665	2318	103
2009/03	昆明	4328	1344	343788	379	97	西安	4803	2346	593501	465	100
2009/06	昆明	7780	1140	329643	770	98	西安	9616	3189	1426065	1076	99
2009/09	昆明	11240	2412	759497	1219	103	西安	14026	2114	347277	1694	99
2009/12	昆明	15674	4604	244801	1809	107	西安	18963	2296	1743768	2724	104
2010/03	昆明	5216	7024	409209	449	109	西安	5456	3439	917725	611	111
2010/06	昆明	9115	8600	168381	911	107	西安	11078	2387	1016729	1372	114
2010/09	昆明	13097	6653	530250	1412	105	西安	16172	2963	707250	2110	113
2010/12	昆明	18876	4367	1694256	2120	105	西安	22244	4890	829328	3242	110
2011/03	昆明	5726	5768	2257127	534	107	西安	6351	4778	984166	706	105
2011/06	昆明	10926	2066	4616792	1077	107	西安	12893	3044	404115	1612	104
2011/09	昆明	16191	6500	1406978	1681	106	西安	18727	5643	1690371	2502	104
2011/12	昆明	21984	3257	2582021	2510	103	西安	25981	3666	901955	3863	103
2012/03	昆明	6654	7587	560003	605	101	西安	7405	3763	1499405	805	101
2012/06	昆明	12910	6469	446890	1348	100	西安	14713	3882	1383082	1833	100
2012/09	昆明	19047	3946	1905339	2109	100	西安	21405	3651	979283	2807	100
2012/12	昆明	25706	4890	1874942	3011	101	西安	29982	2676	3187726	4366	101
2013/03	昆明	7570	3425	4536359	693	102	西安	8168	3097	2296370	868	103
2005/09	兰州					105	西宁					102
2005/12	兰州		1504	48866		106	西宁	8397			206	104

续表

季度	城市	人均可支配收入	土地成交均价	土地成交面积	GDP	住房价格指数	城市	人均可支配收入	土地成交均价	土地成交面积	GDP	住房价格指数
2006/03	兰州		1133	9360		106	西宁	2276			51	102
2006/06	兰州					104	西宁	4301			130	104
2006/09	兰州		1414	82034		105	西宁	6502			203	102
2006/12	兰州	9418	2559	171963	638	105	西宁	9335			282	103
2007/03	兰州	2685	3024	62495	138	104	西宁	2654			61	103
2007/06	兰州	5071	2434	46235	327	105	西宁	5046			155	103
2007/09	兰州	7551	2438	55020	521	106	西宁	7505			251	104
2007/12	兰州	10271	3430	139990	733	109	西宁	10636			343	106
2008/03	兰州	3027	3146	5341	169	113	西宁	2880			78	109
2008/06	兰州	5815	4000	32626	381	111	西宁	5600			195	108
2008/09	兰州	8788	3686	195042	614	110	西宁	8329			314	108
2008/12	兰州	11677	1269	288313	846	105	西宁	11929			422	105
2009/03	兰州	3325			180	104	西宁	3190			85	104
2009/06	兰州	6372	987	844160	411	105	西宁	6094	2039	359688	213	104
2009/09	兰州		2977	177471	664	104	西宁	9074	5062	206965	347	104
2009/12	兰州	12761	3572	170351	926	105	西宁	12951	3568	288585	501	105
2010/03	兰州	3646	3002	80156	221	105	西宁	3507	3795	246314	122	106
2010/06	兰州	7008	2933	326225	499	107	西宁	6648			279	107
2010/09	兰州	10414	5996	459660	800	107	西宁	9882	1732	875124	458	107
2010/12	兰州	14062	1236	956996	1100	111	西宁	14085	3036	408688	628	106
2011/03	兰州	4149	8320	101502	268	111	西宁	3810	2058	574814	144	109
2011/06	兰州	7960	9364	27525	592	108	西宁	7231	1312	86008	337	108
2011/09	兰州	11785	6200	255209	953	107	西宁	10764	1490	426262	570	106
2011/12	兰州	15953	947	555700	1360	102	西宁	15842	524	539021	771	103

续表

季度	城市	人均可支配收入	土地成交均价	土地成交面积	GDP	住房价格指数	城市	人均可支配收入	土地成交均价	土地成交面积	GDP	住房价格指数
2012/03	兰州	4713	2482	75218	333	100	西宁	4175	1467	90421	158	102
2012/06	兰州	9095	8191	36868	715	100	西宁	7909	1787	192790	374	101
2012/09	兰州	13553	5512	24062	1122	100	西宁	12116	1488	842801	623	101
2012/12	兰州	18443	4671	120915	1564	100	西宁	17634	1124	252192	851	102
2013/03	兰州		3753	107665	380	102	西宁	4647	3318	71428	179	103
2005/09	银川		900	80229		102	乌鲁木齐					101
2005/12	银川	8852				103	乌鲁木齐	10816	633	15095		100
2006/03	银川	2660				102	乌鲁木齐	2874	1033	5228		100
2006/06	银川	4933	751	93239	142	102	乌鲁木齐	5291	1027	87609	274	101
2006/09	银川	7216			241	102	乌鲁木齐	7751	730	536005	449	101
2006/12	银川	10068			335	103	乌鲁木齐	10432	1068	298598	654	102
2007/03	银川	3229	661	286705	74	102	乌鲁木齐	3325	300	514420	152	102
2007/06	银川	5909	203	350720	162	103	乌鲁木齐	5970	564	318538	322	104
2007/09	银川	8643	1785	943206	280	104	乌鲁木齐	8701	511	391670	534	112
2007/12	银川	12185			426	106	乌鲁木齐	11373			782	118
2008/03	银川	3676	949	1072713	92	109	乌鲁木齐	3494	640	475639	189	124
2008/06	银川	6964			216	113	乌鲁木齐	6461	1043	1067556	421	121
2008/09	银川	10856			367	114	乌鲁木齐	9413	471	1068072	719	112
2008/12	银川	14458			514	111	乌鲁木齐	12328	501	149755	1020	105
2009/03	银川	4046			105	107	乌鲁木齐	3630	372	154563	192	102
2009/06	银川	7688	1931	184406	231	104	乌鲁木齐	6716	585	443104	438	102
2009/09	银川	11519	719	939812	404	105	乌鲁木齐	9816	753	669629	734	102
2009/12	银川	15715	1795	1107137	578	108	乌鲁木齐	13075	522	948605	1095	104
2010/03	银川	4384	827	61031	150	114	乌鲁木齐	3918	713	526073	268	107

续表

季度	城市	人均可支配收入	土地成交均价	土地成交面积	GDP	住房价格指数	城市	人均可支配收入	土地成交均价	土地成交面积	GDP	住房价格指数
2010/06	银川	8298	768	1247381	314	115	乌鲁木齐	7232	757	880712	554	107
2010/09	银川	12333	917	570639	543	111	乌鲁木齐	10606	442	2090753	912	107
2010/12	银川	17073	2212	2006819	763	106	乌鲁木齐	14382	1704	489933	1339	108
2011/03	银川	4790	1576	379557	180	103	乌鲁木齐	4341	668	146992	323	110
2011/06	银川	9013	962	861281	397	102	乌鲁木齐	8082	799	157185	718	109
2011/09	银川	13536			683	103	乌鲁木齐	11928	965	344055	1147	109
2011/12	银川	19481	758	62550	975	103	乌鲁木齐	16141	512	126430	1690	106
2012/03	银川	5597	257	203791	222	102	乌鲁木齐	4824	866	21713	363	103
2012/06	银川	10355	1331	430485	473	101	乌鲁木齐	9086	615	1412612	800	101
2012/09	银川	15376	1077	394192	801	101	乌鲁木齐	13537	524	584022	1353	101
2012/12	银川	21900	873	254159	1141	101	乌鲁木齐	18385	2075	146108	2002	102
2013/03	银川	6080	2308	51782	242	103	乌鲁木齐		1017	233061	393	105

附录 E　货币政策评价实证原始数据

表 E-1　　35 个城市进出口总额月度数据　　单位：亿元

月份	北京	天津	石家庄	太原	呼和浩特	沈阳	大连	长春	哈尔滨	上海	南京	杭州	宁波	合肥	福州	厦门	南昌
2005/01	78.5	33.9	3.0	2.7	0.4	3.6	17.9	2.8	2.0	139.5	19.6	23.0	23.5	2.9	9.5	21.7	1.3
2005/02	156.3	65.6	5.8	5.2	0.6	6.7	32.6	5.2	3.4	260.9	36.0	41.9	44.2	5.3	18.6	38.1	2.3
2005/03	261.9	105.6	9.3	8.6	1.4	12.1	54.9	8.4	5.8	417.6	58.8	64.9	71.6	8.3	30.5	63.7	3.6
2005/04	372.8	148.4	12.9	11.9	1.9	15.9	78.4	12.9	8.2	576.6	80.2	90.2	102.0	12.0	42.8	88.9	5.1
2005/05	473.3	189.8	16.1	14.7	2.8	19.0	96.9	16.3	10.0	714.4	102.4	112.8	128.2	15.2	53.6	110.3	6.6
2005/06	579.3	237.8	19.5	18.0	3.3	22.7	118.8	21.2	12.9	871.7	126.3	138.6	158.4	19.2	67.4	135.6	8.1
2005/07	682.8	284.6	23.2	20.5	3.7	27.0	142.8	25.8	15.0	1027.4	149.8	164.0	187.9	23.1	79.3	160.4	9.6
2005/08	790.0	331.1	27.1	23.4	4.4	30.4	164.8	29.4	17.1	1191.3	174.8	191.1	217.5	27.1	92.8	187.1	11.1
2005/09	909.4	379.1	32.0	26.1	5.2	33.9	189.1	34.0	19.3	1364.3	200.3	218.4	248.2	31.0	105.8	210.5	12.8
2005/10	1016.1	424.0	36.2	28.7	5.9	38.2	208.1	37.7	21.2	1521.8	223.6	243.6	276.6	34.4	117.5	234.2	14.2
2005/11	1133.0	475.7	40.3	31.2	7.7	41.6	231.8	41.6	23.1	1700.2	247.3	270.3	304.8	38.3	131.2	259.2	15.9
2005/12	1255.7	533.1	44.3	34.3	10.7	45.6	255.9	45.4	26.3	1863.4	270.9	298.7	334.7	41.8	145.9	285.8	17.5
2006/01	114.9	45.9	3.5	2.7	0.9	3.9	19.3	2.9	2.0	162.9	22.3	27.5	31.2	3.4	11.8	24.5	1.6
2006/02	220.1	1.9	5.9	6.0	1.6	6.7	37.8	7.8	4.2	318.4	41.5	49.6	53.4	6.1	21.5	45.0	2.8
2006/03	357.6	146.3	9.7	9.4	2.3	10.7	64.3	12.2	6.6	517.0	67.7	80.3	86.0	10.0	35.8	72.5	4.6
2006/04	486.0	200.9	13.1	12.2	2.8	14.6	89.7	17.4	8.5	699.9	93.1	113.9	121.4	14.0	50.8	100.6	6.6
2006/05	614.1	247.3	16.4	14.8	3.4	18.3	115.5	21.3	10.7	864.4	116.7	143.8	152.5	17.7	64.5	125.2	8.4
2006/06	752.3	298.3	20.2	17.5	4.1	23.2	142.2	26.1	13.3	1056.9	142.2	177.5	187.2	21.8	78.7	151.2	10.6
2006/07	885.7	347.9	23.7	20.4	4.9	28.0	171.2	30.6	15.3	1239.5	168.9	210.9	221.8	26.6	91.3	179.1	12.9
2006/08	1033.9	402.9	27.6	23.8	5.4	32.8	200.1	35.9	18.2	1441.4	199.7	248.3	262.7	31.3	105.9	208.6	15.2

注：数据来源为同花顺 iFinD。

续表

月份	北京	天津	石家庄	太原	呼和浩特	沈阳	大连	长春	哈尔滨	上海	南京	杭州	宁波	合肥	福州	厦门	南昌
2006/09	1187.5	463.8	31.6	27.8	5.9	37.4	230.4	41.1	20.6	1656.6	229.3	283.9	302.6	35.7	120.6	237.8	17.4
2006/10	1309.8	521.3	34.6	31.6	6.3	41.8	256.7	45.1	22.8	1855.4	256.8	316.5	338.8	40.0	134.7	265.9	19.4
2006/11	1452.2	580.9	38.3	36.4	6.9	47.4	286.9	49.9	24.6	2072.4	286.2	352.3	378.9	44.2	151.2	293.9	22.3
2006/12	1581.7	644.8	41.9	41.1	7.4	52.9	319.5	52.3	26.9	2275.3	315.4	389.1	422.1	48.8	166.5	327.9	24.9
2007/01	139.0	56.5	3.5	5.2	0.8	4.6	27.1	6.9	1.8	207.9	27.3	37.0	41.6	4.4	14.4	28.0	2.0
2007/02	259.0	104.7	7.2	10.6	1.3	8.4	54.7	10.0	4.1	407.4	57.0	70.8	79.6	8.6	26.7	52.8	4.1
2007/03	407.3	162.5	10.7	16.3	2.3	12.2	82.0	15.3	6.7	623.1	78.6	101.0	114.8	12.6	38.8	82.2	6.1
2007/04	570.5	222.5	14.8	23.9	3.4	16.7	115.7	22.4	9.2	855.5	108.6	139.4	165.3	18.1	53.1	115.4	8.8
2007/05	717.3	275.5	18.6	31.1	4.0	21.5	148.7	25.9	11.5	1062.2	135.8	171.6	210.9	22.7	67.7	146.5	10.9
2007/06	872.4	330.4	23.0	37.9	4.5	26.3	180.6	31.7	14.1	1279.5	164.4	205.0	258.9	28.0	84.3	182.9	13.5
2007/07	1043.2	393.3	28.0	44.7	5.2	31.3	215.2	38.7	16.8	1530.3	197.2	245.6	311.6	33.9	99.6	217.0	17.1
2007/08	1212.3	458.1	32.7	52.9	5.8	36.6	250.5	44.1	19.1	1790.6	231.1	285.7	363.1	39.9	115.5	250.5	19.9
2007/09	1381.7	524.5	37.1	60.3	6.8	41.6	282.9	50.8	21.7	2054.7	264.0	325.4	414.9	45.7	133.1	287.6	23.0
2007/10	1535.7	584.6	40.9	65.7	7.5	46.6	316.2	55.4	23.6	2296.9	294.2	359.9	463.7	51.2	149.8	322.0	25.7
2007/11	1726.2	651.8	45.9	62.4	8.5	51.8	354.5	61.9	26.1	2570.2	328.9	397.7	514.3	56.7	168.3	358.5	28.7
2007/12	1929.5	715.2	51.3	81.1	9.4	60.7	388.4	69.4	28.9	2829.1	362.2	434.3	565.0	62.5	186.4	397.8	32.0
2008/01	204.6	61.6	5.1	7.3	0.5	5.3	37.4	5.7	3.0	257.6	33.3	41.7	56.7	5.9	16.8	37.1	3.1
2008/02	395.3	117.4	9.7	13.4	0.9	8.9	66.7	12.1	5.0	484.8	62.1	72.8	97.5	10.9	30.9	66.9	5.3
2008/03	62.6	18.5	1.5	2.1	0.1	1.6	10.5	1.8	0.8	74.9	9.6	11.0	15.0	1.7	4.9	10.6	0.8
2008/04	848.3	252.5	20.6	29.8	2.6	22.4	142.5	26.0	10.4	1043.3	132.4	151.0	214.9	23.3	67.8	146.6	11.1
2008/05	1100.9	320.6	27.1	38.9	3.2	28.7	180.1	37.2	13.6	1313.2	168.1	192.1	274.3	30.6	87.9	184.2	14.1
2008/06	1356.3	392.3	33.5	48.4	4.1	34.4	227.9	46.5	17.2	1575.5	200.3	234.5	337.3	37.2	105.2	222.1	17.2
2008/07	1627.4	472.1	40.5	57.5	5.1	41.5	270.2	54.9	20.6	1885.8	238.6	282.8	405.6	45.5	123.8	264.8	20.2
2008/08	1894.8	546.1	47.4	67.9	5.9	48.0	313.9	62.9	24.2	2176.5	277.0	329.4	467.5	52.4	142.7	306.3	23.2
2008/09	2146.3	625.3	54.3	76.4	7.0	54.9	356.4	69.4	28.4	2476.7	314.5	373.7	631.1	59.5	160.6	347.2	26.2
2008/10	2372.6	694.3	60.6	83.8	7.7	60.4	394.0	74.7	30.9	2751.5	349.4	412.3	587.4	65.7	176.5	385.7	28.9

续表

月份	北京	天津	石家庄	太原	呼和浩特	沈阳	大连	长春	哈尔滨	上海	南京	杭州	宁波	合肥	福州	厦门	南昌
2008/11	3080.8	1136.0	117.7	145.4	12.9	104.0	661.5	96.2	48.7	4563.5	596.8	757.9	1058.8	121.6	316.0	687.9	54.3
2008/12	2717.1	803.5	69.9	93.9	9.0	71.3	463.9	87.9	35.6	3221.0	405.9	480.7	678.4	77.1	203.2	453.9	34.0
2009/01	1191.6	388.1	41.5	37.9	3.5	45.6	286.9	64.2	27.7	1813.5	246.7	337.0	418.7	51.4	116.0	327.2	24.9
2009/02	248.4	83.5	7.6	7.0	0.8	8.5	55.5	11.1	5.0	348.5	44.2	55.2	71.0	8.8	20.3	57.1	4.1
2009/03	404.5	133.2	11.6	10.4	1.5	12.5	82.7	16.1	8.0	552.0	70.1	87.5	114.7	13.9	31.8	90.0	6.4
2009/04	567.0	183.6	15.9	14.4	2.1	17.4	110.3	22.1	11.0	768.4	97.3	120.0	164.3	19.2	45.0	124.7	9.2
2009/05	720.8	229.9	19.9	18.7	2.6	22.2	143.0	28.8	13.5	969.9	124.5	150.0	209.5	24.8	58.2	157.3	11.2
2009/06	901.3	281.7	24.4	23.5	3.5	27.6	177.3	35.4	16.7	1204.8	153.2	183.0	262.0	29.9	73.8	195.3	14.1
2009/07	1110.1	338.1	29.1	29.1	4.1	33.3	212.5	42.9	20.3	1454.6	185.7	220.3	319.3	35.7	90.7	235.1	17.0
2009/08	1303.4	393.6	34.0	34.5	4.8	38.3	246.7	50.0	23.6	1690.7	214.8	255.9	375.2	40.9	107.6	273.4	20.4
2009/09	1512.4	455.6	39.0	41.7	5.4	45.8	289.9	59.0	27.5	1960.4	247.6	295.4	436.6	47.5	126.0	316.0	24.0
2009/10	1713.4	5145.9	433.7	467.4	58.7	510.7	3196.4	673.0	303.2	22078.0	2749.2	3295.4	4892.7	525.7	1418.9	3521.6	271.3
2009/11	1907.3	572.1	48.6	52.5	6.4	57.7	366.0	76.6	33.3	2470.3	304.7	363.1	542.1	57.9	157.8	390.5	31.1
2009/12	2148.7	638.4	55.1	59.1	7.1	65.7	413.8	85.5	36.7	2777.5	337.5	404.2	608.1	64.3	178.5	433.2	34.7
2010/01	219.5	55.1	7.4	5.8	0.5	5.6	46.8	11.6	3.7	260.5	32.4	38.9	60.9	6.1	18.5	42.3	3.2
2010/02	422.2	107.9	13.4	10.7	0.8	10.8	85.0	19.8	5.9	487.5	61.5	72.6	114.8	11.7	33.9	78.7	6.0
2010/03	684.7	179.2	21.3	17.3	1.5	17.6	127.8	29.6	9.6	790.0	95.8	110.3	176.3	18.0	52.6	123.1	8.6
2010/04	953.2	241.9	28.6	23.9	2.1	24.3	168.3	41.1	12.9	1092.0	130.6	151.5	244.0	25.6	74.4	170.5	11.7
2010/05	1194.7	308.5	36.9	30.7	3.4	30.5	207.9	51.9	16.4	1393.3	169.4	194.6	317.6	36.0	95.4	217.1	15.9
2010/06	1443.2	378.7	46.3	38.4	4.8	36.8	249.0	63.2	19.6	1717.7	208.1	240.5	390.7	44.5	115.0	266.5	21.2
2010/07	1695.2	451.0	57.2	45.4	6.0	43.0	290.7	76.1	23.9	2043.3	247.7	290.0	464.4	54.1	136.7	318.9	25.9
2010/08	1949.7	520.3	66.8	50.9	7.3	50.0	333.1	87.6	28.8	2355.9	287.7	335.7	535.9	63.6	155.7	368.7	31.2
2010/09	2218.1	595.9	79.0	58.0	8.9	56.7	380.6	97.7	33.0	2685.9	327.6	383.4	610.7	72.3	176.6	419.9	37.5
2010/10	2432.6	664.1	87.3	65.2	10.4	63.1	414.9	107.5	35.8	2988.8	363.6	424.4	673.1	80.1	195.1	465.3	41.7
2010/11	2703.1	743.3	97.5	72.2	12.7	70.5	462.6	120.3	40.0	3333.7	407.2	473.0	750.6	90.3	217.2	515.6	47.4

续表

月份	北京	天津	石家庄	太原	呼和浩特	沈阳	大连	长春	哈尔滨	上海	南京	杭州	宁波	合肥	福州	厦门	南昌
2010/12	3014.8	822.0	109.7	79.1	15.1	78.6	508.6	132.2	43.4	3688.9	456.0	523.6	829.0	99.6	245.8	570.4	53.0
2011/01	322.1	79.7	13.4	6.9	1.8	8.2	51.3	16.3	4.7	351.7	47.4	55.7	86.1	9.1	25.3	58.4	4.4
2011/02	578.5	139.1	22.1	12.1	3.0	13.6	82.9	26.5	7.5	596.2	79.8	88.7	138.7	15.5	41.8	94.1	7.7
2011/03	910.4	222.8	33.2	20.3	6.7	22.2	132.7	42.6	10.6	986.3	129.1	143.3	218.8	24.9	65.8	150.5	12.8
2011/04	1231.7	302.8	46.2	27.6	9.2	30.5	179.6	55.4	15.7	1342.0	175.5	195.2	303.0	34.1	91.1	208.7	19.2
2011/05	1554.7	384.8	56.7	34.7	11.4	39.7	226.2	69.3	19.2	1702.5	225.3	247.9	386.3	45.1	114.9	266.3	26.9
2011/06	1856.3	467.6	67.5	41.4	12.8	48.9	276.2	83.6	22.0	2079.2	272.7	301.6	468.2	55.5	136.8	326.7	35.2
2011/07	2166.3	558.3	79.6	48.0	14.1	58.5	329.2	98.5	25.9	2475.4	325.0	360.2	557.2	67.6	161.5	391.4	42.1
2011/08	2509.6	654.2	92.3	55.6	15.4	67.5	380.6	114.7	29.9	2864.3	376.1	418.4	648.6	79.1	193.5	454.8	48.9
2011/09	2853.4	748.9	104.4	62.7	16.6	77.9	431.2	130.1	33.0	3243.4	428.3	475.6	736.6	89.6	230.8	522.1	55.7
2011/10	3174.8	837.7	116.0	69.7	17.9	86.8	483.0	143.6	36.8	3608.5	473.3	525.7	812.1	99.0	272.0	578.0	62.0
2011/11	3531.2	939.0	129.0	76.0	19.0	97.7	537.7	161.7	41.6	3987.7	523.9	580.5	897.6	109.4	319.7	637.2	72.2
2011/12	3895.0	1033.9	141.8	85.3	20.3	106.2	580.9	173.4	45.3	4373.1	573.4	639.7	981.9	119.9	346.6	701.7	78.8
2012/01	317.5	78.3	10.8	5.3	0.8	9.5	54.5	16.7	3.3	317.6	45.0	51.9	82.1	9.0	27.1	55.2	4.1
2012/02	655.4	168.6	21.0	10.2	2.1	18.0	104.8	31.1	5.4	637.8	82.9	92.5	138.0	16.2	43.0	101.0	7.2
2012/03	1023.6	269.2	32.6	15.6	3.5	29.8	157.5	48.4	9.7	1024.0	131.6	147.8	222.9	25.9	67.4	161.2	13.1
2012/04	1369.2	360.4	43.0	20.4	4.6	39.4	214.0	62.4	12.8	1369.7	175.6	197.2	302.9	34.8	90.0	219.8	25.6
2012/05	1749.7	461.0	54.2	27.6	6.7	52.1	275.4	81.4	15.7	1767.4	223.4	252.6	391.4	46.1	116.8	284.6	37.1
2012/06	2087.8	559.8	64.5	34.7	9.1	62.4	325.2	97.9	20.1	2143.1	268.9	303.8	473.1	59.0	140.3	343.3	44.4
2012/07	2410.1	665.7	75.9	43.2	11.0	72.8	383.7	114.5	25.0	2527.8	312.8	357.7	554.9	78.4	164.8	405.5	51.7
2012/08	2712.9	770.0	87.6	51.5	12.3	83.4	439.0	134.1	30.1	2896.0	357.0	412.5	639.5	114.9	188.3	473.2	57.1
2012/09	3041.6	878.7	98.9	59.0	13.7	93.6	483.7	152.2	34.1	3279.4	406.4	466.6	727.1	139.3	216.0	541.5	63.5
2012/10	3359.6	969.7	108.5	66.2	14.8	102.9	529.3	164.9	37.5	3628.5	450.0	514.0	804.4	153.2	256.7	603.9	68.4
2012/11	3712.7	1064.7	118.5	75.3	15.8	112.9	591.9	180.6	40.3	3997.6	495.7	564.2	884.0	165.0	281.4	672.4	73.8
2012/12	4079.2	1156.2	129.5	84.7	17.0	127.5	641.1	196.8	46.1	4365.4	552.4	616.8	965.7	176.1	310.5	743.8	82.9
2013/01	341.5	90.8	10.0	9.0	1.4	12.4	55.6	14.0	4.0	364.3	46.4	54.7	87.3	17.6	26.6	73.5	13.6

续表

月份	北京	天津	石家庄	太原	呼和浩特	沈阳	大连	长春	哈尔滨	上海	南京	杭州	宁波	合肥	福州	厦门	南昌
2013/02	643.7	173.3	18.8	14.1	2.6	20.1	104.4	25.7	7.4	649.6	80.6	94.5	154.7	42.0	46.3	124.2	24.5
2013/03	1032.4	281.0	29.9	20.6	3.9	30.3	165.1	42.1	13.5	1011.9	123.5	141.3	227.8	55.9	76.9	190.5	31.0
2013/04	1400.3	387.3	41.2	28.9	4.9	40.6	220.3	61.5	20.7	1355.0	167.4	193.6	311.2	67.1	100.1	264.8	38.5
2013/05	1766.6	505.9	55.0	36.8	6.1	51.2	282.7	80.7	28.8	1721.6	213.2	246.5	396.1	79.4	128.6	339.3	48.5
2013/06	2108.3	610.0	65.8	44.6	7.1	60.0	327.3	96.4	35.4	2064.8	267.4	298.6	479.5	91.4	153.3	408.5	54.4
2013/07	2489.8	724.1	78.2	53.4	8.6	75.0	379.6	114.1	41.0	2461.5	312.9	356.8	569.6	108.7	181.9	482.1	61.5
2013/08	2854.8	842.4	90.2	61.4	9.9	88.8	434.2	132.1	47.0	2839.4	362.5	415.2	658.7	122.5	208.0	555.0	70.2
2013/09	3232.6	958.7	102.8	69.5	11.3	101.7	494.4	151.5	51.1	3238.3	412.4	471.5	744.6	135.2	237.1	631.9	78.0
2013/10	3580.5	1067.9	115.3	76.5	12.9	120.5	550.2	171.3	54.9	3611.6	454.1	526.7	817.2	149.4	264.9	697.4	84.1
2013/11	3908.4	1178.4	128.3	83.7	14.5	132.6	632.1	189.1	58.6	4012.8	505.1	587.3	906.5	164.9	289.6	769.1	90.7
2013/12	4291.0	1285.3	140.0	91.6	16.0	143.3	688.2	204.0	64.7	4412.3	557.6	650.7	1003.3	181.9	313.6	840.9	97.2
2014/01	398.6	113.1	14.1	8.2	1.8	11.6	75.2	20.4	5.6	424.6	51.8	64.1	92.4	17.2	32.2	79.0	16.7
2014/02	729.0	194.8	22.8	12.8	3.3	18.9	120.5	29.8	9.0	712.1	83.7	99.9	148.3	31.0	46.9	120.9	23.7
2014/03	1090.8	309.1	34.2	18.0	4.9	34.6	170.5	46.6	12.8	1095.2	125.7	150.5	221.1	47.7	72.0	184.1	30.4

月份	济南	青岛	郑州	武汉	长沙	广州	深圳	南宁	海口	重庆	成都	贵阳	昆明	西安	兰州	西宁	银川	乌鲁木齐
2005/01	2.3	23.8	1.4	4.2	1.8	37.5	79.7	0.6	1.5	2.6	2.6	0.9	2.5	3.2	0.6	0.2	0.3	1.1
2005/02	4.3	43.3	2.5	8.0	3.3	67.1	190.0	1.1	2.4	5.2	5.0	1.5	4.6	5.8	1.0	0.4	0.5	2.4
2005/03	7.8	71.3	4.2	13.5	5.5	111.4	325.8	1.8	4.8	8.4	8.1	2.5	7.6	9.0	1.7	0.8	0.9	4.1
2005/04	11.3	99.7	5.7	19.1	8.1	159.0	470.2	2.6	6.4	12.9	11.5	3.4	10.8	12.3	2.2	1.1	1.4	5.7
2005/05	14.1	124.9	7.5	24.2	10.3	198.7	603.1	3.2	7.7	16.1	14.8	4.5	13.3	15.6	2.9	1.7	1.8	7.7
2005/06	17.3	153.1	9.5	29.2	12.6	246.3	758.0	3.8	9.4	18.5	20.1	5.5	16.2	19.3	3.5	2.0	2.3	9.8
2005/07	20.9	181.0	11.2	34.7	15.0	292.8	905.4	4.5	11.6	23.9	22.7	6.3	19.5	22.6	4.2	2.4	2.8	37.2
2005/08	24.5	209.3	12.8	40.2	17.5	339.3	1060.6	5.2	13.4	27.3	27.5	7.2	22.1	26.0	4.7	2.5	3.2	14.3
2005/09	27.8	239.1	14.4	45.2	20.0	390.5	1233.2	5.8	16.2	31.3	31.7	8.2	25.7	29.4	5.2	2.8	3.8	16.8
2005/10	31.1	268.0	16.0	49.7	21.9	435.6	1408.9	6.5	17.7	34.7	35.5	8.9	28.1	32.3	5.9	3.0	4.3	18.5

续表

月份	济南	青岛	郑州	武汉	长沙	广州	深圳	南宁	海口	重庆	成都	贵阳	昆明	西安	兰州	西宁	银川	乌鲁木齐
2005/11	33.7	298.8	17.7	55.6	24.2	484.3	1592.2	7.1	20.4	38.8	40.1	9.9	31.4	36.3	6.3	3.3	4.9	20.9
2005/12	37.6	329.6	19.6	61.6	26.8	534.6	1827.9	8.0	22.1	42.9	45.1	11.4	34.5	39.0	7.2	3.7	5.3	23.9
2006/01	3.8	30.1	1.7	5.5	1.9	44.9	133.2	0.7	2.0	3.4	4.9	0.9	3.2	2.9	0.5	0.3	0.5	0.9
2006/02	6.6	51.6	3.2	9.8	3.7	80.9	269.4	1.2	3.6	6.9	8.5	2.1	6.6	5.9	1.0	0.5	0.8	2.5
2006/03	10.2	83.4	5.2	15.9	6.0	134.5	449.5	1.9	5.3	11.8	13.4	2.4	10.2	9.2	1.4	1.2	1.5	4.6
2006/04	14.3	116.2	7.3	22.9	8.5	188.0	636.8	2.7	7.4	16.7	18.2	3.3	13.8	12.9	2.2	1.6	2.1	6.6
2006/05	17.1	144.9	9.1	29.5	10.8	236.2	818.6	3.4	8.8	21.1	23.4	4.2	17.3	15.4	2.9	1.9	2.5	8.3
2006/06	20.4	178.4	11.2	37.2	13.3	289.1	1014.3	4.3	10.4	26.2	29.4	5.2	21.8	19.1	3.4	2.2	3.1	10.1
2006/07	24.2	211.9	13.3	44.4	15.8	345.2	1212.9	5.1	11.9	30.9	35.4	6.0	25.6	22.5	4.2	2.6	3.9	11.8
2006/08	28.2	249.5	15.7	51.4	18.4	402.1	1427.7	6.1	0.0	35.9	42.8	7.1	30.5	26.0	5.2	3.1	4.7	13.7
2006/09	32.6	288.1	17.9	58.8	21.2	465.0	1649.6	6.8	17.5	40.9	49.8	8.1	36.0	30.0	5.7	3.7	5.6	16.6
2006/10	36.4	320.3	19.8	65.9	23.7	520.1	1867.9	7.6	19.9	45.0	55.7	8.9	38.9	33.4	6.3	4.2	6.2	18.3
2006/11	39.6	355.0	22.1	73.3	26.3	577.5	2125.8	8.5	21.9	49.7	61.5	10.1	43.3	37.3	7.0	5.1	7.2	21.2
2006/12	43.9	390.7	25.2	80.1	29.3	637.7	2372.3	9.8	23.7	54.7	69.2	11.2	47.0	41.6	7.6	5.9	8.1	23.9
2007/01	4.5	33.4	9.6	6.7	2.7	55.0	191.6	1.0	2.3	5.5	5.7	1.0	4.0	4.5	0.7	0.4	0.9	1.7
2007/02	8.9	64.8	4.5	13.9	5.4	100.1	374.4	1.7	4.3	10.0	10.7	2.0	8.7	8.4	1.4	0.8	1.6	3.4
2007/03	13.8	98.7	6.9	20.4	8.4	158.5	584.8	2.6	6.2	15.4	15.9	2.9	14.4	12.7	1.8	1.2	2.4	5.7
2007/04	18.2	137.2	9.1	28.9	11.9	220.8	806.9	3.6	9.3	21.6	23.2	4.2	20.3	16.6	2.3	1.9	3.2	8.9
2007/05	23.0	173.3	11.3	35.8	15.0	279.1	1029.3	4.5	11.4	27.5	31.0	5.3	25.6	20.4	2.9	2.3	4.0	11.6
2007/06	28.9	212.7	13.8	43.4	18.4	345.7	1277.3	5.5	13.6	33.4	40.4	6.9	31.3	25.1	3.6	2.6	3.8	16.3
2007/07	33.5	252.7	16.5	52.7	22.0	412.2	1525.1	6.8	15.3	39.4	49.8	8.4	37.2	29.7	4.3	3.1	5.6	19.9
2007/08	40.5	293.4	19.6	61.6	26.0	474.2	1782.3	7.9	17.4	46.0	58.8	9.9	42.0	33.8	4.8	3.5	6.5	23.1
2007/09	45.6	336.6	22.5	71.2	29.6	540.0	2046.4	9.0	24.1	53.0	67.9	11.4	47.4	38.8	5.3	4.1	7.4	26.5
2007/10	50.3	374.2	25.0	79.7	33.3	603.9	2300.1	10.4	22.6	59.4	76.8	13.2	53.1	43.0	5.8	4.6	8.1	29.6
2007/11	55.4	415.2	28.7	89.3	37.1	669.4	2583.8	11.6	26.4	66.6	85.0	14.9	60.4	48.3	6.5	5.1	9.2	33.7
2007/12	62.2	456.8	31.8	99.6	40.7	734.9	2876.1	13.3	30.0	74.4	94.7	16.9	66.8					

续表

月份	济南	青岛	郑州	武汉	长沙	广州	深圳	南宁	海口	重庆	成都	贵阳	昆明	西安	兰州	西宁	银川	乌鲁木齐
2008/01	6.8	40.4	3.9	10.4	4.0	65.4	219.3	1.8	2.7	7.5	9.4	1.8	7.3	0.5		0.2	0.9	3.4
2008/02	12.2	74.5	6.6	19.4	6.8	113.9	412.9	2.8	4.6	14.9	16.4	3.2	13.4	9.1	1.0	0.6	1.5	5.9
2008/03	1.8	11.9	1.0	3.1	1.1	18.3	64.3	0.4	0.8	2.3	2.6	0.5	2.1	1.4	0.1	0.1	0.3	0.9
2008/04	24.0	164.8	12.7	44.5	16.0	252.8	883.3	5.7	11.3	31.4	40.6	6.8	27.4	20.2	1.9	1.4	3.7	14.1
2008/05	30.2	208.9	16.6	56.2	20.8	324.7	1135.4	7.4	13.9	40.5	52.1	9.7	35.4	25.8	2.7	1.8	4.8	
2008/06	36.3	256.3	20.5	67.4	25.5	395.6	1391.8	8.7	16.1	47.9	64.8	12.9	42.5	32.1	3.3	2.4	5.9	
2008/07	45.6	307.8	24.6	80.0	30.6	478.2	1659.7	11.4	18.7	57.0	80.1	15.3	50.4	4.0	3.3	7.1	29.0	
2008/08	54.4	357.5	28.4	91.7	35.6	553.1	1930.1	13.4	23.6	66.0	94.9	18.1	55.5	4.6	3.9	8.4	33.2	
2008/09	62.2	409.4	32.7	107.8	40.1	628.8	2220.1	14.8	27.8	74.1	108.9	20.9	61.5	5.4	4.4	9.6	38.1	
2008/10	69.0	452.6	36.1	120.4	44.3	699.4	2491.9	16.2	29.9	81.5	125.0	22.3	66.0	6.0	5.0	10.7	43.2	
2008/11	117.1	796.9	66.5	194.2	80.2	1156.9	4381.5	32.4	44.1	142.5	220.3	39.4	102.4	11.8	9.0	18.6	92.5	
2008/12	81.1	537.2	42.9	139.8	51.7	819.5	2999.5	18.9	35.8	95.2	153.7	25.4	73.1	70.4	7.2	6.3	11.8	52.3
2009/01	45.2	324.3	25.5	78.2	30.9	453.5	1612.6	16.6	55.8	50.9	103.4	11.7	26.3	46.2	3.4	3.1	6.3	25.5
2009/02	10.2	59.3	4.7	15.0	5.5	87.0	316.7	2.7	8.6	9.7	20.1	3.2	5.9	9.7	0.7	0.6	1.1	4.1
2009/03	14.1	96.3	7.1	24.1	8.5	142.2	517.9	3.8	11.9	15.5	35.8	5.1	8.9	15.5	1.1	0.9	1.3	6.8
2009/04	18.1	133.3	9.9	32.9	12.0	200.9	727.4	5.3	16.6	21.9	51.0	6.5	12.0	21.2	1.6	1.2	1.8	9.2
2009/05	22.3	167.3	12.0	41.3	15.4	258.2	926.2	7.1	18.8	27.7	64.4	7.6	15.4	27.7	2.0	1.6	2.3	11.9
2009/06	27.0	204.3	15.0	50.6	18.9	324.1	1139.3	9.1	21.8	34.5	78.6	9.1	19.2	34.5	2.3	1.9	2.8	15.1
2009/07	31.6	245.3	18.4	60.2	23.0	396.9	1370.2	11.5	25.2	41.3	93.8	10.5	25.3	40.6	2.7	2.3	3.3	18.7
2009/08	36.0	283.9	21.7	69.7	26.6	464.3	1599.8	13.2	27.7	47.3	107.4	12.0	30.8	45.5	3.0	2.7	3.8	22.1
2009/09	41.4	328.3	25.2	80.9	30.7	543.8	1859.1	15.7	30.0	54.3	125.0	13.4	35.6	51.7	3.4	3.1	4.6	26.2
2009/10	475.4	3653.8	279.4	898.1	341.1	6099.8	21012.2	185.1	328.3	612.0	1372.3	146.2	403.7	570.2	39.0	34.7	52.0	297.2
2009/11	51.9	403.2	31.0	101.7	37.4	682.4	2380.1	22.6	35.8	68.1	152.1	16.1	46.4	63.7	4.3	3.9	5.8	33.2
2009/12	56.8	449.7	35.2	114.7	41.2	766.9	2701.6	28.0	38.0	77.1	177.9	17.6	56.3	72.6	4.9	4.4	6.5	36.8
2010/01	5.3	41.7	3.8	12.9	3.6	78.0	178.6	2.7	2.6	8.1	23.0	1.6	5.6	7.1	0.6	0.5	0.6	3.3

续表

月份	济南	青岛	郑州	武汉	长沙	广州	深圳	南宁	海口	重庆	成都	贵阳	昆明	西安	兰州	西宁	银川	乌鲁木齐
2010/02	10.5	76.3	6.5	25.1	7.1	138.4	363.3	4.3	3.6	14.9	41.8	3.0	11.1	14.8	1.0	0.8	1.1	7.1
2010/03	15.5	121.4	9.4	37.5	11.0	223.0	625.2	6.1	6.4	23.6	61.6	4.8	17.5	22.6	1.6	1.3	1.8	10.5
2010/04	21.5	168.2	13.0	51.3	15.9	307.2	892.5	7.5	9.2	32.1	80.9	6.5	26.0	30.4	1.9	1.8	2.5	15.3
2010/05	27.4	214.9	16.7	69.1	20.3	393.8	1171.8	9.2	12.2	41.3	101.9	8.0	33.7	38.7	2.4	2.7	3.5	19.9
2010/06	33.9	263.2	21.2	86.0	25.2	486.7	1452.2	10.6	15.1	51.4	119.1	10.5	46.8	47.4	3.2	3.2	4.3	24.4
2010/07	40.1	312.0	25.8	101.6	30.7	581.9	1743.0	12.4	17.7	60.9	139.1	13.1	59.9	56.8	4.1	3.7	5.3	29.3
2010/08	46.7	362.8	30.0	114.8	35.7	673.8	2060.0	14.2	20.7	71.1	158.5	16.1	69.6	66.3	6.8	4.2	6.4	35.2
2010/09	53.4	415.0	34.6	131.6	41.5	766.0	2396.3	16.1	26.1	82.0	179.5	18.6	77.3	74.3	9.6	4.6	7.4	40.8
2010/10	59.1	460.5	39.7	146.9	47.5	844.8	2714.1	17.8	29.5	91.2	200.2	20.8	83.1	83.1	10.1	5.4	8.1	45.7
2010/11	66.8	514.0	45.6	164.1	54.0	938.9	3082.8	19.8	32.4	104.7	223.6	23.8	92.0	93.2	10.7	6.0	9.3	53.4
2010/12	74.3	570.6	51.7	180.6	60.8	1037.8	3467.5	22.1	39.2	124.3	245.7	26.4	101.1	103.8	11.6	6.7	10.3	59.9
2011/01	7.2	63.5	4.5	18.9	5.9	97.5	332.5	2.0	4.4	15.9	25.0	2.5	10.0	9.4	1.8	0.6	0.9	5.0
2011/02	13.7	102.0	8.1	31.0	9.8	159.0	583.2	3.1	9.2	25.4	43.7	3.4	15.3	16.7	2.4	1.2	1.5	8.2
2011/03	23.0	167.0	15.1	48.5	16.6	259.9	923.1	4.9	11.4	40.7	69.1	6.0	25.8	28.0	4.6	1.6	2.6	14.6
2011/04	32.2	228.4	20.3	67.3	22.7	353.9	1290.7	6.7	13.4	56.2	90.5	7.8	35.1	38.2	7.7	2.3	3.5	22.2
2011/05	41.8	287.8	27.2	87.3	28.5	450.3	1648.6	8.6	16.7	74.0	118.4	10.2	44.0	48.5	10.7	3.3	4.5	27.9
2011/06	49.2	342.4	37.5	105.3	35.1	550.8	2009.9	10.6	18.6	91.5	151.4	13.5	52.5	58.9	12.1	4.4	5.5	33.7
2011/07	58.0	403.6	50.5	129.2	41.8	650.6	2357.8	12.7	21.7	119.6	188.2	16.7	63.3	68.9	13.3	5.1	6.6	41.2
2011/08	68.1	468.4	65.9	150.5	50.2	755.3	2710.0	15.2	26.3	151.5	228.5	21.8	74.2	80.9	14.6	5.6	8.2	49.1
2011/09	78.4	534.8	83.4	171.9	57.0	856.7	3051.0	17.6	29.0	183.7	266.0	25.4	91.9	91.9	15.4	6.1	9.3	57.9
2011/10	86.1	592.8	107.2	190.5	63.1	950.4	3371.0	19.6	31.6	213.5	297.3	29.7	99.7	100.2	16.3	6.5	10.5	66.5
2011/11	95.5	657.3	135.0	209.5	68.8	1059.0	3753.7	22.1	34.8	254.8	340.0	33.5	109.0	112.1	17.2	7.2	11.9	81.9
2011/12	104.0	723.2	160.2	227.9	74.9	1161.7	4141.0	25.1	39.1	292.2	377.9	37.7	120.2	125.8	18.6	8.2	13.2	90.3
2012/01	7.5	57.2	27.3	15.2	6.3	78.0	269.5	2.6	1.6	27.7	27.8	2.2	6.6	8.2	2.5	0.5	0.8	5.6
2012/02	15.3	104.9	53.8	30.2	11.9	161.3	562.9	5.3	4.1	53.6	52.4	4.1	13.6	17.5	4.1	1.0	1.5	10.3

续表

月份	济南	青岛	郑州	武汉	长沙	广州	深圳	南宁	海口	重庆	成都	贵阳	昆明	西安	兰州	西宁	银川	乌鲁木齐
2012/03	22.9	165.9	77.8	47.0	19.0	269.0	950.2	8.5	6.8	89.9	83.3	6.7	21.5	27.7	5.7	1.7	2.4	17.4
2012/04	30.4	222.6	98.6	62.3	25.4	357.6	1333.0	11.8	9.4	135.3	127.4	8.8	29.3	37.5	8.4	2.3	3.3	23.9
2012/05	39.8	280.9	119.4	80.7	32.5	466.8	1736.5	15.2	13.1	196.7	179.4	11.4	36.9	48.4	22.3	2.9	4.5	30.5
2012/06	47.5	341.5	139.2	98.9	39.5	568.1	2118.6	18.2	15.8	250.4	222.3	14.8	47.3	57.9	26.4	3.5	6.2	37.6
2012/07	55.6	405.6	160.2	117.9	46.5	664.9	2501.0	21.2	20.8	302.4	260.5	27.3	64.6	68.2	27.4	4.2	7.5	48.4
2012/08	63.0	468.7	181.4	135.3	53.7	765.5	2908.9	24.6	23.4	352.7	302.5	32.3	83.3	79.5	29.3	4.9	8.4	55.5
2012/09	69.7	532.6	218.9	154.2	61.1	873.3	3325.7	28.9	25.9	403.6	341.9	36.5	98.4	90.2	30.4	5.5	9.4	66.3
2012/10	74.9	587.6	255.5	170.2	67.1	967.8	3721.9	32.9	27.9	453.2	383.1	40.4	109.8	99.4	31.5	6.2	11.2	78.6
2012/11	82.4	648.9	319.6	186.6	73.9	1061.0	4148.2	37.0	33.9	490.8	430.5	44.6	129.0	115.2	32.4	7.5	12.5	88.8
2012/12	91.3	732.0	358.6	203.5	86.9	1171.3	4667.9	41.5	39.1	532.0	474.0	50.5	144.1	130.1	33.4	9.3	13.3	104.0
2013/01	8.7	63.4	41.8	17.0	7.1	97.1	494.9	4.5	3.3	47.1	46.8	7.5	11.1	13.4	3.4	0.6	2.0	5.7
2013/02	14.2	111.3	61.4	28.7	12.7	165.1	909.5	6.5	5.1	75.5	79.6	10.2	21.4	22.5	6.1	1.5	3.7	10.1
2013/03	22.6	172.8	84.7	43.0	18.2	261.7	1710.4	9.5	8.5	115.1	121.0	13.3	32.2	34.8	8.7	2.0	5.0	15.5
2013/04	29.5	238.1	108.8	60.8	25.3	358.3	2301.5	12.7	12.9	164.5	165.0	15.6	41.5	47.0	12.5	3.0	8.4	22.3
2013/05	37.4	303.5	140.3	77.7	34.7	461.5	2673.3	16.0	15.8	225.5	204.4	18.0	48.0	62.0	17.1	3.7	13.7	29.1
2013/06	45.6	358.5	161.9	93.8	41.3	559.5	3013.0	19.5	18.1	301.6	236.9	20.5	54.5	75.1	19.0	4.3	15.2	34.4
2013/07	55.3	425.1	191.2	117.6	52.9	666.9	3397.4	24.1	21.1	364.6	276.9	29.2	68.0	91.2	20.0	5.3	16.4	40.9
2013/08	63.4	488.6	222.8	139.6	62.1	765.2	3799.7	28.3	26.5	412.1	314.2	36.3	82.0	110.5	24.3	7.6	18.3	47.4
2013/09	71.9	562.2	261.1	159.9	70.0	866.2	4159.9	32.0	31.3	474.2	357.1	39.8	101.2	127.0	26.1	9.0	20.0	54.4
2013/10	78.5	627.3	304.3	177.4	77.3	960.6	4496.5	35.6	34.1	545.8	400.5	49.8	118.7	142.7	35.2	9.8	21.8	60.6
2013/11	86.6	698.5	370.7	198.0	88.6	1067.7	4902.1	39.1	41.4	611.2	452.9	62.2	138.2	165.0	38.6	10.8	22.8	67.5
2013/12	95.7	779.1	427.5	217.5	98.9	1188.9	5373.6	44.2	47.7	687.0	504.2	66.6	174.2	179.8	40.6	12.4	23.9	78.0
2014/01	8.6	79.8	39.0	21.4	6.6	114.8	360.3	3.9	4.3	71.4	59.3	2.6	9.6	32.6	18.6	1.2	8.3	9.5
2014/02	14.0	126.2	60.9	34.4	10.6	187.5	637.6	7.0	5.4	122.4	94.7	5.2	20.1	49.9	24.4	1.6	10.1	13.5
2014/03	23.8	190.4	93.4	50.6	18.6	283.2	965.0	11.3	6.9	215.7	136.1	11.1	30.7	68.3	27.7	2.7	12.4	19.6

表 E-2 35 个城市消费价格指数月度数据

月份	北京	天津	石家庄	太原	呼和浩特	沈阳	大连	长春	哈尔滨	上海	南京	杭州	宁波	合肥	福州	厦门	南昌
2004/12	1.4	1.5	101.6	100.3	101.8	99.6	102.4	102.9	99.5	1.6	101.1	101.6	100.1	100.3	104.4	102.5	101.2
2005/01	0.8	0.6	101.5	98.4	101.5	99.4	102.8	102.9	99.9	−0.1	101.2	100.8	101.1	99.7	102.9	101.2	101.9
2005/02	2.8	2.6	103.9	102.6	103.1	101.8	102.1	105.3	100.0	2.9	104.5	104.6	103.0	104.0	103.9	102.3	103.2
2005/03	1.7	1.7	103.4	102.0	103.5	101.3	102.1	103.1	100.5	1.6	102.6	103.2	102.4	102.1	103.3	102.8	101.9
2005/04	1.7	1.7	102.9	100.4	102.5	100.7	101.8	101.6	99.9	1.2	101.0	101.7	101.7	100.7	102.2	100.6	99.7
2005/05	1.8	1.1	101.8	100.5	101.5	100.9	101.5	101.2	100.0	0.5	101.4	101.1	101.6	100.7	103.1	101.2	101.0
2005/06	1.5	0.1	101.2	100.6	102.1	100.2	101.5	100.7	98.7	0.0	101.4	100.4	101.3	100.2	103.7	101.5	101.4
2005/07	1.6	2.3	101.5	101.9	102.1	101.3	101.2	101.2	102.3	0.2	101.9	100.8	101.9	100.9	103.4	101.1	100.4
2005/08	1.4	2.1	100.9	101.0	102.4	100.7	102.5	101.1	102.0	1.3	101.3	100.8	101.8	100.4	102.2	101.2	99.8
2005/09	1.0	1.4	100.2	100.9	102.5	100.2	100.8	101.0	100.8	1.4	102.2	100.9	101.5	100.3	100.7	100.3	100.1
2005/10	1.2	1.4	100.1	101.4	102.1	100.3	100.1	100.9	101.7	1.1	102.4	101.8	102.0	100.6	102.0	100.1	101.0
2005/11	1.0	1.8	100.4	101.6	101.6	100.3	100.4	100.6	99.8	0.8	102.7	101.5	102.5	100.5	101.3	99.9	100.8
2005/12	1.1	1.9	100.6	102.4	101.5	101.2	100.5	100.8	100.0	0.5	102.2	102.5	103.0	101.0	100.8	100.1	100.9
2006/01	1.4	3.0	100.8	104.2	101.9	101.8	100.6	102.0	100.9	2.1	101.9	102.5	101.7	101.7	100.1	100.7	100.6
2006/02	0.5	1.6	100.1	101.7	102.0	102.7	103.3	102.3	102.4	0.8	100.6	100.3	100.9	99.2	98.0	100.0	100.1
2006/03	1.1	1.6	100.8	102.3	100.7	102.0	101.4	101.6	101.1	0.6	100.1	100.3	100.9	99.5	98.3	99.2	100.9
2006/04	0.9	1.3	101.2	101.6	101.1	102.1	101.9	101.3	100.6	0.8	102.5	101.3	101.0	100.3	99.5	100.1	102.1
2006/05	1.2	1.2	102.1	101.8	102.5	101.8	101.9	101.1	100.9	1.5	102.4	101.6	101.7	99.9	100.2	100.3	102.6
2006/06	1.5	1.5	102.3	101.6	101.7	101.5	101.6	101.1	100.9	1.8	101.8	101.8	102.2	99.9	100.4	101.1	102.0
2006/07	0.7	0.9	100.2	100.0	101.6	101.1	101.5	100.3	100.0	1.8	101.8	101.3	102.3	99.8	100.3	100.7	102.1
2006/08	0.5	0.7	100.9	101.0	101.6	101.6	99.6	100.3	100.5	1.2	102.0	101.2	102.5	101.1	101.2	101.2	101.9
2006/09	0.6	1.0	102.8	101.7	101.1	101.5	101.1	100.5	100.7	1.0	100.5	101.3	102.5	101.9	101.6	100.7	102.5
2006/10	0.6	1.2	102.6	100.7	101.7	101.5	101.7	101.0	100.9	0.9	101.0	100.5	101.7	101.7	100.6	101.2	101.0
2006/11	0.7	1.5	103.6	101.3	102.0	101.5	100.9	101.3	101.5	0.9	102.0	101.2	102.3	102.7	101.0	101.6	103.1
2006/12	1.1	2.8	104.9	101.6	102.5	102.4	101.4	102.7	102.3	1.3	103.4	101.6	103.0	103.3	102.8	103.3	103.8

注：数据来源为同花顺 iFinD。

续表

月份	北京	天津	石家庄	太原	呼和浩特	沈阳	大连	长春	哈尔滨	上海	南京	杭州	宁波	合肥	福州	厦门	南昌
2007/01	0.5	1.9	103.6	101.1	101.3	102.6	101.6	101.8	100.9	0.9	101.8	100.8	102.3	102.2	103.0	103.3	103.1
2007/02	0.8	2.7	103.3	101.0	100.3	101.3	98.4	103.4	99.1	1.3	101.1	102.2	102.9	103.5	103.8	104.6	102.2
2007/03	1.4	4.0	103.6	101.5	102.6	104.0	101.8	101.9	102.0	2.2	101.9	102.3	102.9	104.0	103.9	104.1	103.4
2007/04	0.8	3.5	102.8	101.9	102.3	102.9	101.8	101.2	101.7	2.0	100.7	102.0	102.2	103.9	102.7	103.2	102.7
2007/05	0.7	3.7	102.2	101.8	103.1	103.0	102.5	102.0	104.3	1.8	101.5	102.3	102.4	104.6	102.2	103.3	101.1
2007/06	1.0	4.5	103.2	102.6	103.9	104.3	103.5	103.1	105.8	2.7	102.9	103.1	103.1	105.4	103.3	104.0	103.2
2007/07	2.1	5.9	104.9	105.0	104.9	104.1	104.3	105.7	105.6	2.7	104.5	103.5	103.4	106.8	104.5	105.5	104.9
2007/08	3.5	4.8	105.5	105.5	105.0	106.4	106.4	105.6	106.4	3.9	105.7	104.2	103.8	107.6	105.5	106.1	106.3
2007/09	3.7	4.3	104.2	105.6	105.1	106.1	106.0	104.3	105.5	4.5	105.4	104.2	104.5	106.6	104.7	106.0	105.9
2007/10	4.4	4.8	106.0	108.0	104.5	106.0	106.4	105.1	105.4	5.1	106.2	105.6	106.7	106.5	105.8	105.5	106.3
2007/11	5.3	5.2	106.1	107.9	105.0	106.8	107.7	105.5	106.6	5.2	107.2	105.8	106.8	107.8	106.1	105.4	106.5
2007/12	5.0	5.2	106.2	107.0	106.3	107.2	107.2	105.4	106.7	5.4	105.6	105.7	106.2	107.9	104.2	103.9	106.5
2008/01	5.3	5.3	106.6	108.1	107.2	106.8	106.2	105.0	107.5	5.9	106.6	105.3	106.0	108.8	105.3	104.4	107.0
2008/02	6.6	6.9	108.9	111.9	107.5	109.2	109.0	106.0	107.6	7.5	109.4	107.0	107.4	110.8	107.3	106.4	109.5
2008/03	6.0	6.2	108.5	111.2	106.5	106.9	106.6	108.4	107.3	7.2	108.8	107.4	106.5	109.7	107.2	106.8	108.4
2008/04	6.5	6.5	109.2	111.0	107.0	107.9	106.8	108.5	107.4	7.9	108.2	107.3	106.7	109.9	106.6	107.9	107.9
2008/05	6.3	6.2	109.1	109.3	105.1	107.5	105.7	107.4	104.5	7.1	107.7	107.3	106.5	109.0	105.9	107.0	108.1
2008/06	6.1	5.5	108.5	109.2	104.7	106.3	106.0	106.7	104.6	7.1	107.9	107.0	105.7	108.8	104.1	106.2	107.5
2008/07	6.3	4.5	107.9	107.2	104.0	103.9	104.9	104.3	105.4	7.1	106.3	106.9	106.4	106.9	103.0	105.3	106.5
2008/08	5.5	5.9	106.8	106.8	103.9	103.1	103.8	102.2	103.9	5.5	105.3	104.7	105.3	105.1	102.7	103.8	105.1
2008/09	5.2	6.3	106.2	107.0	104.3	101.8	103.2	102.7	103.9	4.8	105.2	104.3	105.1	104.6	102.8	103.7	104.5
2008/10	4.2	5.4	104.9	104.4	103.9	101.8	102.7	102.3	103.1	4.1	104.5	102.0	103.8	103.9	102.6	103.7	104.1
2008/11	2.1	4.3	102.8	102.6	101.9	99.4	100.4	100.5	101.4	3.6	102.3	100.5	102.0	101.0	102.1	102.8	103.3
2008/12	1.0	1.8	101.1	101.3	99.5	99.2	98.5	99.0	100.2	2.1	102.4	99.4	99.4	99.1	100.7	101.3	101.9
2009/01	0.7	1.3	101.0	100.3	100.0	99.1	99.6	100.2	101.3	1.7	102.1	99.2	99.7	98.4	98.8	100.1	101.5

续表

月份	北京	天津	石家庄	太原	呼和浩特	沈阳	大连	长春	哈尔滨	上海	南京	杭州	宁波	合肥	福州	厦门	南昌
2009/02	−1.1	−0.8	99.2	97.9	98.8	97.1	100.2	97.5	101.6	−0.2	99.3	97.5	97.5	95.6	96.4	96.9	98.6
2009/03	−1.0	−1.1	99.3	98.2	99.9	96.9	99.4	98.2	98.8	−0.4	100.1	97.7	98.7	97.1	97.6	96.9	98.8
2009/04	−1.4	−1.3	99.2	98.7	99.9	98.0	99.0	98.6	98.5	−1.4	99.3	97.4	98.9	97.5	98.5	96.3	99.1
2009/05	−1.7	−1.8	99.8	100.2	99.5	99.3	100.7	98.8	98.6	−1.2	99.5	97.3	98.9	98.1	99.5	96.1	98.9
2009/06	−1.8	−2.4	99.6	99.7	99.9	99.7	99.1	99.2	98.6	−1.5	98.6	97.0	99.3	97.9	99.6	95.4	98.3
2009/07	−2.4	−2.0	99.5	100.2	99.4	102.0	100.0	99.3	99.0	−1.9	98.7	97.2	98.9	98.8	98.6	95.4	97.8
2009/08	−2.8	−1.7	99.9	100.2	99.9	101.0	100.0	100.0	99.2	−0.6	99.1	99.2	99.8	100.1	98.2	96.5	99.3
2009/09	−2.5	−1.5	101.2	99.8	100.1	101.6	100.7	100.4	100.7	−0.5	100.0	98.7	99.3	100.5	98.6	97.3	99.5
2009/10	−2.3	−1.5	100.2	99.5	100.2	100.4	99.4	100.2	100.8	−0.3	99.9	99.3	99.1	100.1	99.2	97.8	100.6
2009/11	−1.3	−0.5	102.2	101.6	101.1	101.7	100.9	102.1	102.1	0.2	101.3	100.6	100.2	102.1	98.7	98.9	101.3
2009/12	−0.6	1.8	102.9	103.1	102.2	102.2	103.2	103.6	103.8	1.2	102.9	101.8	102.6	103.8	101.2	100.7	102.5
2010/01	0.0	2.5	103.1	102.6	101.4	103.0	103.3	104.1	103.0	1.1	102.5	102.7	102.2	102.9	102.8	101.5	102.0
2010/02	1.0	3.1	103.3	103.6	102.3	102.4	101.4	103.9	103.5	1.3	103.0	102.6	103.8	102.6	103.2	102.2	102.5
2010/03	0.9	3.1	102.3	102.4	101.6	102.2	102.4	102.6	104.8	2.1	102.4	102.7	103.1	101.6	102.6	102.3	103.0
2010/04	1.8	2.9	103.1	101.9	101.8	101.4	102.2	103.2	104.5	2.6	103.5	103.6	103.3	101.9	102.8	102.9	103.4
2010/05	2.5	3.5	102.3	101.5	102.0	100.3	100.6	102.5	102.7	3.2	104.5	104.7	103.4	101.2	102.4	103.2	103.0
2010/06	2.3	3.9	101.9	102.0	101.2	100.0	101.3	102.4	102.8	3.2	104.6	104.4	103.2	101.2	103.1	103.9	103.0
2010/07	2.5	3.4	102.5	102.2	101.9	101.2	100.7	102.9	103.0	3.9	105.3	104.2	103.5	102.1	104.4	103.9	103.1
2010/08	2.8	3.9	103.0	102.8	102.6	102.7	102.4	104.2	103.4	3.2	104.9	103.4	103.2	102.6	103.3	103.1	102.8
2010/09	2.6	3.4	102.6	103.1	102.5	103.3	102.5	103.7	102.9	3.8	104.6	103.8	103.4	102.9	103.7	102.9	103.0
2010/10	3.4	4.2	104.3	104.4	103.9	105.0	104.5	104.2	103.9	4.1	105.1	104.2	104.0	104.4	104.1	103.9	103.8
2010/11	4.3	4.9	104.4	105.1	105.6	107.3	106.4	105.7	105.0	4.3	105.3	105.2	105.7	105.1	105.6	103.6	104.7
2010/12	4.7	3.8	103.9	104.2	104.9	105.8	104.6	103.9	104.4	4.5	104.8	104.7	105.2	104.0	104.1	102.6	104.5
2011/01	4.8	3.3	103.8	105.2	105.4	104.9	104.5	104.6	104.2	4.3	105.0	104.7	105.7	104.5	103.5	103.6	104.9
2011/02	5.3	3.9	104.5	105.1	104.8	105.3	104.9	105.0	104.4	4.7	106.1	104.6	105.3	106.3	104.4	104.1	105.1

续表

月份	北京	天津	石家庄	太原	呼和浩特	沈阳	大连	长春	哈尔滨	上海	南京	杭州	宁波	合肥	福州	厦门	南昌
2011/03	5.5	3.7	105.6	105.0	104.5	104.9	105.1	105.5	104.9	4.7	105.9	104.5	105.8	106.8	104.7	105.2	104.6
2011/04	5.8	4.5	105.3	104.2	104.8	105.4	105.7	105.3	105.8	5.1	105.6	104.4	105.8	105.9	104.8	105.6	105.2
2011/05	5.5	4.8	105.9	105.5	105.1	105.7	106.3	105.5	106.2	5.3	106.0	103.9	106.1	106.4	104.9	106.0	105.4
2011/06	6.2	5.5	107.0	106.6	106.2	107.1	106.8	106.2	106.8	5.9	106.2	105.1	106.8	107.7	105.1	106.0	106.1
2011/07	6.4	6.4	107.3	106.8	106.1	106.9	106.9	106.5	107.0	5.6	106.1	105.5	106.4	107.0	105.2	106.4	106.9
2011/08	6.6	5.8	106.4	106.2	105.6	105.7	105.9	106.5	107.2	5.8	106.0	105.5	106.0	105.5	106.5	106.2	105.6
2011/09	6.5	6.3	106.7	106.4	106.8	106.4	105.9	107.0	106.7	5.7	105.3	105.7	105.4	105.8	106.3	106.0	105.5
2011/10	5.9	5.5	106.1	106.2	106.4	106.1	105.5	106.1	106.6	5.6	104.9	105.4	104.4	105.5	104.6	104.5	104.6
2011/11	4.6	4.3	105.1	104.1	104.2	103.8	103.4	103.9	104.3	4.9	103.9	104.1	102.7	103.8	104.4	104.2	103.1
2011/12	4.4	4.4	104.9	104.2	106.7	103.3	104.4	103.7	103.4	4.5	104.3	103.9	102.8	103.8	104.9	104.2	103.0
2012/01	4.8	5.3	105.5	104.8	107.4	103.6	105.4	103.9	104.1	4.9	104.4	104.6	103.9	104.8	105.4	103.6	104.9
2012/02	3.5	3.3	103.3	101.3	105.0	102.9	103.7	103.2	102.3	3.9	103.1	103.4	101.4	102.9	104.1	102.5	103.8
2012/03	3.7	3.9	103.8	102.7	104.6	103.9	103.5	103.1	103.1	3.8	103.6	103.6	102.3	103.4	103.7	103.1	103.7
2012/04	3.5	3.3	103.2	103.0	103.3	103.5	103.0	102.7	103.5	3.6	103.7	102.6	102.3	103.0	103.2	102.5	102.6
2012/05	3.2	3.1	102.2	102.2	103.7	103.5	102.7	102.6	103.9	3.0	102.8	102.6	101.7	102.7	102.9	102.5	103.2
2012/06	2.6	2.6	102.1	101.5	103.2	102.8	102.8	101.6	103.1	2.4	102.7	101.3	100.5	101.3	100.6	101.9	102.0
2012/07	2.6	2.0	101.9	100.7	102.9	102.9	103.7	101.3	102.6	2.1	102.3	101.3	100.7	101.0	100.7	101.4	101.1
2012/08	2.7	2.6	102.5	101.8	102.7	102.8	103.7	101.3	103.5	2.2	102.3	101.6	101.3	101.6	100.8	102.2	101.7
2012/09	3.0	2.0	102.3	101.2	102.0	102.4	103.6	101.5	103.5	2.0	101.9	102.1	101.4	101.0	100.9	101.5	102.6
2012/10	2.9	1.7	101.5	101.4	101.4	102.5	103.1	101.8	103.2	2.0	101.7	101.9	101.3	100.8	100.4	101.2	102.9
2012/11	3.2	1.6	102.2	101.9	102.0	102.2	102.6	102.0	102.8	2.0	101.8	102.0	101.5	101.6	100.2	101.4	103.3
2012/12	3.6	1.6	103.5	102.8	99.9	102.7	102.7	102.0	103.2	2.2	101.5	102.4	101.7	102.1	101.1	102.0	103.0
2013/01	3.1	1.4	103.4	102.1	100.6	102.9	102.3	102.0	102.8	2.1	101.2	101.9	100.9	101.6	101.3	101.7	101.4
2013/02	4.6	3.7	105.0	105.5	104.2	104.4	103.9	103.3	105.3	2.6	101.4	103.1	103.5	102.4	102.1	102.5	102.2
2013/03	3.6	2.5	103.3	102.5	103.7	102.9	102.8	102.6	101.8	2.2	101.6	101.9	101.8	101.8	101.0	100.8	101.6

续表

月份	北京	天津	石家庄	太原	呼和浩特	沈阳	大连	长春	哈尔滨	上海	南京	杭州	宁波	合肥	福州	厦门	南昌
2013/04	3.2	2.8	103.4	102.6	104.5	102.9	102.6	103.0	100.7	2.2	102.5	102.5	101.4	102.5	101.7	101.3	102.4
2013/05	2.7	2.3	102.8	102.8	103.8	102.8	102.4	103.1	101.0	2.1	102.0	102.3	101.7	102.2	101.6	100.6	101.6
2013/06	3.6	2.9	103.1	102.5	104.2	102.6	102.5	103.2	101.1	2.5	102.9	102.7	102.6	103.3	103.4	101.8	101.9
2013/07	3.3	3.3	103.0	103.2	104.4	102.1	102.4	103.7	101.5	2.0	102.7	102.4	102.0	103.1	103.0	102.0	102.5
2013/08	2.7	2.6	101.8	101.8	104.4	101.4	101.6	103.3	100.8	2.1	103.0	102.2	101.5	102.6	102.8	102.0	102.3
2013/09	3.3	3.9	102.7	103.1	104.4	102.0	102.6	103.6	102.0	2.5	103.5	102.4	102.3	103.3	103.3	103.8	102.3
2013/10	3.4	4.3	103.3	104.8	104.2	102.0	102.6	102.9	102.7	2.6	103.9	103.1	103.4	103.7	104.6	104.2	103.1
2013/11	3.3	3.9	102.4	104.1	103.8	102.2	102.7	102.5	103.7	2.4	103.9	103.1	103.0	103.1	104.1	103.5	103.1
2013/12	2.7	3.3	101.0	102.3	103.1	101.7	101.8	102.1	102.4	2.4	103.8	102.9	102.9	102.5	102.8	102.9	103.1
2014/01	3.3	3.4	100.9	102.4	101.5	101.8	101.9	102.8	102.2	3.0	103.4	102.8	102.7	102.5	102.6	103.2	102.6
2014/02	1.8	2.4	101.0	102.1	101.7	100.7	101.6	102.2	100.6	2.7	103.2	102.5	102.0	102.3	101.4	102.5	103.4
2014/03	2.1	2.9	101.8	104.0	101.7	101.8	102.3	102.2	102.6	2.5	102.6	103.1	102.4	102.3	102.6	103.9	103.8

月份	济南	青岛	郑州	武汉	长沙	广州	深圳	南宁	海口	重庆	成都	贵阳	昆明	西安	兰州	西宁	银川	乌鲁木齐
2004/1z2	100.2	100.3	102.4	101.4	101.5	101.7	101.3	103.1	101.4	4.9	105.1	102.1	105.6	99.4	100.7	101.9	102.0	99.6
2005/01	100.0	100.0	101.4	101.9	101.6	101.0	100.4	103.9	100.3	2.6	104.2	100.9	102.5	99.2	100.4	102.2	101.9	100.5
2005/02	101.7	102.4	104.0	104.7	105.1	104.1	102.3	104.4	101.2	2.9	105.6	103.5	103.1	101.1	101.0	102.9	103.4	101.5
2005/03	101.2	101.9	103.1	102.5	102.8	102.0	101.9	102.0	102.1	2.0	104.0	100.4	102.2	99.8	101.0	101.6	102.7	100.7
2005/04	101.0	101.9	102.9	102.1	101.4	101.4	101.6	101.8	101.1	1.0	103.3	100.7	100.8	100.1	100.6	100.1	102.7	101.1
2005/05	101.5	102.2	103.4	102.3	101.3	102.1	101.9	100.8	101.2	0.7	102.7	100.8	100.2	99.7	100.9	100.1	101.4	99.6
2005/06	101.1	103.1	102.7	101.8	102.1	101.8	102.9	100.6	101.2	0.4	101.4	101.4	100.4	99.6	99.8	100.2	100.2	99.4
2005/07	101.8	102.9	103.1	102.4	102.1	101.8	102.5	99.2	101.4	0.6	102.2	101.4	101.7	100.6	100.5	99.5	100.2	99.5
2005/08	101.2	102.6	102.1	102.1	101.1	100.7	101.2	98.6	102.3	0.4	102.3	100.8	102.8	100.0	100.1	97.7	100.9	98.9
2005/09	101.1	103.0	101.1	102.9	100.1	99.7	100.9	99.1	100.7	−1.3	99.8	99.0	103.8	99.4	100.7	97.5	101.2	97.6
2005/10	101.1	102.6	101.4	102.8	101.0	100.7	101.3	100.8	101.5	−0.6	100.2	98.6	102.4	101.6	100.4	97.8	101.6	97.5
2005/11	101.2	102.6	101.5	103.4	101.8	100.7	101.3	100.8	101.5	0.4	100.3	99.6	102.5	101.3	101.1	99.0	101.7	97.9

续表

月份	济南	青岛	郑州	武汉	长沙	广州	深圳	南宁	海口	重庆	成都	贵阳	昆明	西安	兰州	西宁	银川	乌鲁木齐
2005/12	100.7	102.1	101.8	103.5	102.1	101.6	101.4	101.6	101.3	0.2	101.7	101.2	102.0	101.7	100.6	100.1	102.7	99.4
2006/01	101.8	103.0	103.2	102.3	101.2	102.7	101.3	101.9	101.5	2.7	101.7	100.8	103.5	102.7	101.7	99.6	102.9	99.8
2006/02	100.7	101.3	101.1	100.6	98.5	100.8	101.6	101.5	101.1	1.7	101.7	100.0	101.9	101.0	101.6	99.4	100.8	98.5
2006/03	100.8	101.4	101.0	100.9	99.0	101.6	101.1	101.8	100.4	1.8	102.1	100.6	101.0	101.7	101.2	99.6	101.3	99.5
2006/04	101.0	101.7	101.3	101.3	100.3	102.4	101.5	101.5	100.9	2.1	101.8	100.7	102.6	101.5	100.8	100.8	100.8	99.2
2006/05	100.7	100.8	101.4	101.8	101.1	102.0	101.7	102.5	101.8	2.8	102.5	101.4	102.9	101.7	101.4	101.5	101.3	100.2
2006/06	101.2	100.7	101.4	101.8	100.7	103.5	102.6	103.2	101.9	1.9	102.8	101.7	102.6	101.3	101.5	101.4	101.8	99.4
2006/07	100.0	99.9	100.5	100.6	100.6	102.0	101.9	102.6	101.8	2.1	101.4	100.9	101.1	100.4	100.5	101.4	101.5	99.3
2006/08	100.1	100.4	100.9	101.0	101.3	103.0	102.7	103.8	101.5	2.4	100.9	100.2	100.0	101.4	101.1	102.9	101.6	100.4
2006/09	100.7	100.0	101.5	101.4	102.1	103.0	102.6	103.4	100.8	3.4	101.8	101.9	99.3	102.3	102.2	104.0	102.5	101.8
2006/10	100.6	100.0	100.8	101.4	102.5	102.6	102.5	103.1	100.1	3.5	102.0	102.3	101.5	100.7	102.2	103.8	101.6	101.4
2006/11	100.6	100.0	101.1	101.6	102.7	102.2	103.0	102.4	100.5	2.0	101.3	101.2	100.6	101.5	102.2	103.1	101.7	100.7
2006/12	101.9	101.3	103.1	102.7	103.4	101.8	103.3	102.5	102.8	2.0	101.9	101.3	102.0	102.6	103.4	104.3	101.7	101.2
2007/01	101.5	100.3	101.5	102.0	103.9	101.0	102.7	102.2	102.3	0.9	101.5	101.9	101.2	101.2	103.3	103.7	100.9	101.7
2007/02	101.9	103.1	102.8	102.1	105.0	102.3	102.8	102.0	102.2	1.9	102.2	102.1	103.9	101.6	103.1	104.9	103.8	101.9
2007/03	102.3	103.1	103.7	102.9	106.6	102.8	102.8	101.9	103.1	2.2	102.2	103.1	103.4	102.4	103.8	105.0	103.8	103.0
2007/04	101.8	102.4	103.6	102.7	105.9	102.3	102.6	102.2	102.3	3.1	103.5	103.6	103.2	103.0	103.1	105.0	103.4	102.4
2007/05	103.1	104.2	103.6	103.0	105.1	101.9	102.7	102.8	101.6	3.1	104.1	102.4	103.8	103.4	103.5	104.3	103.7	101.7
2007/06	103.4	104.5	105.2	104.1	105.9	102.4	103.3	102.6	103.1	4.1	104.8	102.0	104.1	104.6	105.1	106.5	104.7	103.8
2007/07	104.3	105.8	106.8	105.2	106.8	104.4	104.1	105.1	105.0	5.8	107.2	104.5	105.5	106.6	106.3	107.8	105.6	104.1
2007/08	105.0	106.4	108.0	105.9	105.5	104.6	104.7	105.7	106.3	6.8	108.5	107.9	109.5	107.1	107.2	107.1	106.4	106.6
2007/09	104.8	106.2	107.8	105.2	104.2	105.3	105.6	106.3	106.4	6.0	107.0	108.0	108.9	105.9	105.9	106.9	106.6	106.6
2007/10	106.0	106.4	108.3	105.7	103.1	105.0	105.6	106.8	107.4	5.9	106.8	107.5	108.1	106.7	107.1	107.9	107.8	107.7
2007/11	106.4	106.6	109.0	105.4	103.6	104.8	106.1	107.8	107.9	7.9	107.5	109.0	109.4	106.9	107.5	109.4	108.5	108.5
2007/12	105.9	105.5	107.5	105.2	103.9	104.6	106.1	107.3	105.6	8.8	106.8	108.8	108.6	107.0	107.7	108.7	108.6	107.5

续表

月份	济南	青岛	郑州	武汉	长沙	广州	深圳	南宁	海口	重庆	成都	贵阳	昆明	西安	兰州	西宁	银川	乌鲁木齐
2008/01	106.3	106.0	108.9	106.4	104.8	105.9	106.6	108.9	106.0	9.5	107.3	110.3	106.8	109.0	107.8	109.4	110.6	107.6
2008/02	106.9	106.2	110.3	109.8	106.6	108.6	107.9	113.6	109.2	10.3	108.4	111.1	108.0	110.5	110.8	111.6	110.8	111.6
2008/03	107.4	106.5	109.5	107.6	105.6	107.0	107.6	111.7	107.7	9.9	107.6	111.3	110.4	109.2	109.3	111.0	109.9	108.9
2008/04	108.4	107.0	109.4	107.5	105.5	108.2	108.5	112.1	108.4	8.8	106.6	110.3	110.0	108.7	110.0	111.7	110.0	108.8
2008/05	106.5	105.3	108.3	107.0	105.6	107.5	107.0	110.4	108.0	8.0	105.5	109.9	109.3	107.9	108.3	111.1	109.4	109.5
2008/06	106.1	105.1	107.1	106.6	105.5	106.7	106.2	110.4	106.7	7.0	105.1	110.1	106.8	106.6	107.9	109.4	108.5	108.6
2008/07	105.9	105.0	105.8	106.3	104.6	107.1	106.6	109.0	105.8	5.1	103.1	108.3	106.5	105.5	108.5	108.0	108.2	107.7
2008/08	105.7	103.4	104.4	105.4	104.9	105.7	105.5	107.3	104.0	2.9	101.5	104.7	103.3	104.5	106.9	107.4	107.4	105.4
2008/09	105.6	104.1	104.2	104.1	105.6	104.7	105.1	106.8	104.6	2.7	101.9	103.6	103.4	104.3	107.3	107.4	106.3	106.1
2008/10	104.5	103.4	103.5	103.8	105.9	104.5	104.6	106.4	104.6	2.4	102.0	102.9	102.5	103.9	105.6	105.7	105.2	105.1
2008/11	103.3	102.7	101.5	102.9	104.9	103.4	103.5	103.7	103.2	1.1	102.0	102.2	101.9	102.6	103.7	103.7	103.5	102.9
2008/12	101.8	102.4	100.6	101.8	103.2	101.4	102.5	101.5	102.2	0.2	101.7	100.6	102.2	100.5	100.7	102.8	102.4	101.9
2009/01	101.9	102.8	100.2	100.7	101.7	102.2	102.6	99.8	102.7	0.0	101.8	100.2	103.4	99.5	100.8	102.4	100.6	101.4
2009/02	101.0	100.2	98.3	97.5	98.6	95.6	98.7	96.0	97.9	−3.0	99.3	96.8	100.3	98.6	99.1	100.0	98.3	98.7
2009/03	100.7	100.7	99.2	99.3	99.1	97.5	99.2	98.2	99.5	−2.2	99.7	96.7	98.9	99.3	99.5	101.7	99.2	100.2
2009/04	99.9	100.3	98.7	99.0	99.2	95.7	97.7	97.2	99.9	−2.7	99.6	96.6	99.0	99.0	98.7	101.6	99.1	100.2
2009/05	100.1	100.6	99.6	98.4	98.6	96.5	98.2	97.5	100.4	−2.7	100.0	96.7	99.4	99.6	100.0	102.4	99.8	100.5
2009/06	100.4	100.1	99.3	97.9	98.9	96.2	97.7	97.3	99.6	−2.3	99.8	96.2	102.0	99.4	100.2	102.7	100.2	100.7
2009/07	100.0	99.9	99.5	97.9	98.8	95.6	97.3	96.6	98.9	−2.4	100.0	95.7	100.4	99.2	98.4	102.8	99.4	100.7
2009/08	99.7	100.1	99.5	98.3	99.0	96.7	97.5	97.8	99.8	−1.6	100.6	97.2	100.5	98.8	99.1	102.8	99.7	99.9
2009/09	99.6	99.4	99.7	100.1	99.0	97.0	97.9	98.3	99.4	−1.5	100.6	97.8	100.2	99.7	98.7	102.1	100.0	98.9
2009/10	99.4	99.7	99.6	100.1	99.0	97.2	98.4	98.3	99.0	−1.1	100.3	99.0	101.2	99.5	98.8	101.9	99.6	98.9
2009/11	99.8	100.4	101.2	101.3	99.8	99.4	99.0	100.2	100.0	−0.4	100.5	99.4	101.6	101.2	99.7	102.8	100.3	101.2
2009/12	101.4	101.3	102.9	102.6	100.9	101.0	99.8	101.9	101.7	0.4	101.2	100.5	103.0	102.7	102.7	103.5	100.7	103.0
2010/01	101.4	100.2	102.0	101.9	100.4	99.1	99.8	102.3	101.2	−0.1	100.0	98.7	102.6	101.6	102.5	103.0	101.0	101.9

续表

月份	济南	青岛	郑州	武汉	长沙	广州	深圳	南宁	海口	重庆	成都	贵阳	昆明	西安	兰州	西宁	银川	乌鲁木齐
2010/02	101.8	102.3	103.2	102.1	101.9	103.9	102.8	102.9	104.3	1.6	100.8	101.8	103.8	103.3	102.1	103.6	102.7	102.8
2010/03	101.2	101.8	101.9	101.9	102.0	102.2	103.0	100.7	103.5	1.4	100.8	102.4	105.3	102.1	102.6	103.7	102.2	101.3
2010/04	101.4	101.5	102.4	102.5	101.9	103.8	103.0	101.2	103.7	2.4	101.0	102.5	104.6	102.7	103.6	104.0	103.0	102.2
2010/05	102.3	100.9	101.8	102.8	103.3	104.4	103.2	101.9	103.8	3.8	101.5	102.2	104.5	102.6	103.2	103.8	102.9	101.2
2010/06	101.3	101.2	101.9	103.0	102.7	103.6	103.8	101.8	103.6	3.8	102.1	103.0	103.4	102.7	102.3	102.8	102.6	101.2
2010/07	101.7	101.5	102.4	103.4	103.2	103.2	103.6	102.4	103.3	3.8	103.3	103.9	104.6	103.4	103.8	104.4	104.0	103.4
2010/08	102.0	102.8	103.2	103.7	103.3	102.7	103.7	101.9	103.5	4.3	103.9	103.9	105.2	104.2	103.8	105.1	104.4	103.6
2010/09	102.1	103.2	103.6	103.3	103.2	103.4	103.8	102.1	105.0	4.0	104.9	103.8	104.9	104.1	104.2	105.1	104.4	104.1
2010/10	102.8	103.6	104.5	103.5	103.9	103.9	104.8	103.4	106.6	4.1	105.5	103.0	104.9	104.6	105.0	105.4	105.4	104.3
2010/11	103.7	104.3	105.2	104.2	104.9	103.6	105.1	104.5	106.8	5.3	106.1	104.6	104.6	105.9	106.7	106.8	106.8	104.2
2010/12	103.7	103.7	104.0	103.4	104.4	104.3	104.8	104.8	105.9	4.5	105.9	104.6	101.9	105.3	105.7	106.9	106.8	102.7
2011/01	103.4	103.7	104.0	104.3	105.5	105.8	105.3	105.2	106.5	5.0	106.8	106.2	102.6	105.0	106.1	107.2	107.1	103.6
2011/02	103.9	103.3	103.7	105.1	105.4	104.4	104.8	105.3	105.8	5.4	108.0	105.8	103.3	104.1	106.4	108.8	106.9	103.7
2011/03	104.5	104.4	104.6	104.9	105.8	105.9	104.9	106.7	106.2	5.5	107.8	104.8	103.3	105.4	105.9	108.6	106.7	104.9
2011/04	105.3	104.6	104.5	105.0	106.1	105.2	106.4	107.3	105.8	4.8	107.0	105.6	103.5	104.9	105.4	107.9	106.3	103.8
2011/05	105.4	105.2	104.6	105.2	105.1	105.2	106.2	107.7	105.3	4.6	106.2	105.8	103.3	105.3	105.0	106.4	105.7	103.8
2011/06	106.9	106.7	106.1	106.4	105.5	106.0	105.9	107.3	106.0	5.5	105.9	106.4	105.1	106.8	106.1	106.0	106.5	104.7
2011/07	107.0	106.7	106.5	106.2	105.9	106.8	105.9	107.1	106.6	5.6	105.1	106.6	105.6	106.4	107.1	105.3	106.6	105.3
2011/08	106.6	105.4	105.6	105.9	106.1	106.8	106.1	106.9	105.5	5.7	104.6	105.7	105.9	106.5	105.8	105.0	105.4	105.6
2011/09	106.9	105.7	105.6	106.2	106.0	106.0	106.0	105.8	105.0	6.1	104.2	106.3	106.3	107.0	105.6	105.2	105.6	105.0
2011/10	106.4	105.4	105.4	105.9	105.8	105.1	104.8	105.4	104.1	5.8	104.0	105.9	106.5	106.5	105.0	104.5	104.9	105.4
2011/11	105.2	104.7	104.2	104.1	104.4	104.6	104.1	102.3	103.5	4.8	103.0	103.8	105.8	104.4	103.4	102.5	103.0	105.4
2011/12	103.7	104.8	104.2	103.7	104.0	104.5	104.0	101.4	104.3	4.9	102.9	103.4	107.0	104.9	103.1	101.2	102.4	102.8
2012/01	104.1	105.3	105.1	104.3	104.4	104.0	103.9	102.3	104.3	5.0	103.6	104.0	106.9	105.3	103.2	102.5	102.2	105.3
2012/02	102.9	103.3	103.3	102.3	103.4	102.4	102.2	102.3	102.3	3.6	102.4	102.1	105.6	103.5	103.0	100.1	102.2	104.2

续表

月份	济南	青岛	郑州	武汉	长沙	广州	深圳	南宁	海口	重庆	成都	贵阳	昆明	西安	兰州	西宁	银川	乌鲁木齐
2012/03	103.2	103.6	103.9	103.6	104.0	103.9	103.5	103.2	103.4	3.6	103.3	103.6	106.0	103.8	102.7	100.5	103.2	103.7
2012/04	102.2	103.3	103.8	103.8	103.7	103.3	102.9	102.7	103.5	3.8	103.8	102.6	105.0	103.5	102.8	101.3	102.7	104.0
2012/05	101.8	102.9	103.1	103.6	103.7	103.0	103.1	102.7	104.2	3.3	103.8	102.7	105.6	103.0	103.0	102.2	103.0	103.6
2012/06	101.2	102.5	102.0	102.4	102.5	102.5	102.4	102.9	103.7	2.2	103.4	102.4	102.5	102.0	102.5	102.8	101.8	103.5
2012/07	102.1	102.1	101.7	102.0	101.6	101.7	102.6	102.5	103.3	1.6	102.9	101.6	100.7	102.3	101.1	102.3	101.4	101.9
2012/08	102.1	102.9	102.2	101.8	101.2	102.4	102.9	103.3	103.9	1.3	102.4	102.3	100.0	102.1	101.7	103.6	102.6	102.2
2012/09	101.9	101.8	101.8	102.0	101.1	102.4	102.6	104.1	103.6	1.5	102.4	101.7	100.8	101.8	102.4	103.6	102.2	102.4
2012/10	101.9	101.6	101.4	101.8	100.6	102.5	102.2	102.3	102.2	1.6	101.9	102.1	100.9	101.8	102.2	103.9	102.6	102.7
2012/11	102.6	101.2	101.8	102.9	100.8	103.7	102.4	103.2	102.5	1.6	102.7	102.7	101.6	102.1	101.6	104.5	103.0	102.5
2012/12	103.0	101.8	102.2	103.5	101.2	104.2	103.0	103.3	102.4	2.0	103.1	103.6	102.2	102.0	102.6	105.4	103.8	105.4
2013/01	103.9	101.7	101.5	102.3	100.8	102.9	102.3	102.4	102.0	2.1	102.9	103.6	102.9	101.8	102.7	104.2	103.4	103.6
2013/02	104.7	103.9	103.8	103.2	101.6	103.9	103.3	102.6	102.9	3.4	103.5	105.5	103.9	103.6	102.7	105.5	103.9	104.4
2013/03	103.2	102.3	102.3	101.8	101.1	102.3	101.8	100.9	102.4	2.6	102.3	103.6	103.1	101.9	102.5	104.8	102.8	102.4
2013/04	103.8	102.1	102.5	101.8	102.2	103.3	102.3	100.5	102.8	2.6	102.9	103.5	104.0	103.0	103.6	104.7	104.1	103.0
2013/05	103.1	101.7	102.7	102.1	101.7	102.7	101.8	101.0	102.1	2.1	102.8	102.5	103.0	102.5	103.8	104.4	104.2	103.5
2013/06	103.1	102.4	103.0	102.7	102.4	102.6	102.6	101.7	102.4	2.5	102.8	102.4	104.7	103.1	104.4	105.3	104.4	103.6
2013/07	101.9	102.1	102.8	102.8	103.0	102.0	102.4	101.5	102.5	3.3	103.5	102.8	106.0	102.4	105.0	105.5	104.0	103.7
2013/08	101.8	101.9	102.5	103.0	103.4	102.1	102.5	101.7	103.1	3.2	103.2	102.8	105.2	102.3	104.3	103.0	102.5	103.8
2013/09	102.0	102.8	102.9	102.4	104.3	103.2	103.7	102.7	103.2	3.1	103.6	103.5	103.8	103.1	103.7	102.1	102.9	103.9
2013/10	102.6	103.3	103.4	102.5	104.5	102.4	103.5	103.5	103.9	2.5	103.8	103.0	103.5	103.4	103.8	102.7	103.5	103.9
2013/11	101.8	103.3	103.4	102.2	104.5	102.2	103.3	103.4	104.0	2.5	103.4	103.0	103.3	102.8	103.5	102.4	103.3	103.7
2013/12	101.4	102.3	102.5	102.0	104.2	101.9	103.2	103.3	103.5	2.0	102.3	102.2	102.9	102.4	102.5	101.6	103.1	103.0
2014/01	101.1	102.2	102.3	102.4	104.6	102.4	103.5	102.8	103.5	1.9	101.7	102.2	103.2	102.9	102.7	103.2	102.7	103.7
2014/02	101.4	100.9	101.3	102.2	103.8	102.6	103.0	101.9	103.2	1.5	101.0	100.9	102.6	102.0	102.2	102.5	102.4	102.8
2014/03	102.5	102.4	102.1	102.1	103.2	102.8	102.9	102.8	102.9	1.8	101.2	102.4	102.8	102.3	102.4	102.2	102.3	103.9

表 E-3　35 个城市住房价格指数月度数据

月份	北京市	天津市	石家庄市	太原市	呼和浩特市	沈阳市	大连市	长春市	哈尔滨市	上海市	南京市
2005-07	106.00	106.00	104.80	111.10	112.30	106.30	108.40	105.80	103.80	108.10	107.80
2005-08	106.30	105.70	103.70	107.30	113.50	106.90	109.10	104.30	103.90	106.50	106.50
2005-09	106.70	105.50	104.30	105.30	114.60	107.70	107.50	102.40	104.80	105.00	108.80
2005-10	107.40	105.40	104.20	104.10	114.70	105.80	108.10	102.20	105.00	103.20	105.60
2005-11	107.60	105.60	105.50	103.90	113.60	106.40	113.40	103.50	105.70	102.10	104.50
2005-12	107.10	105.80	106.60	103.20	112.90	106.20	115.80	100.90	105.50	99.90	105.00
2006-01	107.60	105.50	106.10	100.10	112.50	106.40	116.10	101.40	102.90	99.60	105.70
2006-02	106.90	105.70	106.30	102.50	112.20	106.70	114.60	101.70	103.10	98.90	104.10
2006-03	106.70	106.30	105.80	103.10	112.40	106.80	114.00	102.20	103.10	97.50	104.60
2006-04	107.90	106.40	104.90	104.30	112.60	106.60	112.60	101.40	103.30	97.20	105.00
2006-05	108.20	106.80	104.70	103.60	111.50	107.20	113.30	101.50	103.40	97.10	104.50
2006-06	110.10	106.90	104.00	104.40	109.90	106.00	109.90	101.50	103.50	97.40	102.80
2006-07	109.80	107.00	102.90	105.60	109.40	106.80	108.80	101.30	103.40	98.40	104.00
2006-08	109.90	107.10	102.80	104.20	108.30	106.00	108.40	101.00	103.60	99.10	103.30
2006-09	109.50	107.10	103.20	105.60	107.30	106.20	108.30	101.40	103.30	99.30	104.00
2006-10	109.50	107.20	103.30	104.60	106.10	107.20	108.70	102.20	103.30	99.60	104.50
2006-11	109.40	107.20	103.90	104.80	105.80	106.60	108.30	101.80	103.00	100.00	104.60
2006-12	109.50	107.30	104.20	104.00	105.50	106.60	107.50	102.30	103.40	100.00	104.90
2007-01	108.90	106.90	104.80	103.80	104.60	106.40	107.30	102.50	104.80	100.00	105.10
2007-02	108.80	106.90	104.60	104.00	104.50	107.00	107.30	103.00	105.30	100.10	105.30
2007-03	109.30	107.00	105.70	103.40	104.20	105.70	107.00	103.30	104.90	100.40	106.10
2007-04	109.40	106.90	107.80	103.80	104.10	105.30	107.00	103.40	105.80	100.60	106.30
2007-05	109.60	106.60	107.10	104.20	104.10	105.10	106.80	104.70	106.00	100.60	107.50
2007-06	109.50	106.60	107.60	104.10	104.10	105.20	106.90	106.10	107.00	101.20	107.20
2007-07	110.40	106.70	107.60	104.40	104.00	104.50	107.00	106.70	105.00	102.10	106.80

注：数据来源为同花顺 iFinD。

续表

月份	北京市	天津市	石家庄市	太原市	呼和浩特市	沈阳市	大连市	长春市	哈尔滨市	上海市	南京市
2007–08	112.10	106.80	107.90	104.80	104.40	105.20	107.00	107.80	105.10	103.60	106.60
2007–09	113.30	106.90	108.60	105.80	104.40	105.80	107.10	108.70	105.40	105.90	106.60
2007–10	115.10	107.00	109.70	105.00	104.50	106.00	107.20	109.70	106.00	107.90	107.10
2007–11	114.90	107.40	109.80	104.90	104.70	108.00	107.60	109.90	112.00	108.80	107.50
2007–12	115.00	107.60	110.50	104.80	104.70	109.00	107.90	111.30	113.80	109.30	107.20
2008–01	114.30	107.10	110.00	104.90	100.40	109.60	107.20	112.20	109.70	109.90	107.70
2008–02	113.70	106.90	110.60	104.90	100.60	108.80	106.70	111.30	109.90	109.80	107.30
2008–03	113.80	106.80	109.20	105.40	100.70	108.70	106.40	110.50	108.70	109.70	105.80
2008–04	113.00	107.20	108.80	106.00	100.80	107.40	106.00	110.10	108.10	109.70	106.10
2008–05	112.40	107.30	107.90	106.10	101.20	105.90	105.60	108.50	107.00	109.50	104.90
2008–06	111.20	107.20	107.70	106.70	101.90	104.50	105.20	107.10	106.70	108.70	103.90
2008–07	110.20	106.80	106.60	106.90	101.80	104.10	104.70	105.80	106.50	107.50	103.10
2008–08	108.90	105.90	104.40	106.40	102.00	102.20	104.60	104.70	105.70	105.80	102.20
2008–09	106.90	105.20	102.10	106.10	102.30	102.10	103.90	103.90	104.60	102.60	100.00
2008–10	105.20	104.30	100.70	105.90	101.80	100.60	103.30	103.30	103.40	100.40	98.50
2008–11	102.90	103.20	100.70	105.30	101.00	100.70	102.50	103.20	103.20	99.20	97.10
2008–12	101.00	102.10	100.40	103.80	100.40	100.40	101.70	103.00	102.80	98.30	96.40
2009–01	99.80	101.90	99.10	102.80	100.20	100.90	101.10	102.10	102.10	97.70	96.40
2009–02	99.30	101.70	95.70	102.40	99.30	101.20	99.80	101.30	101.40	97.60	96.20
2009–03	98.70	101.20	94.40	101.60	99.40	101.40	99.60	100.20	102.30	98.00	97.00
2009–04	99.00	101.00	94.20	100.70	99.40	101.40	99.30	99.70	102.00	98.00	96.30
2009–05	98.90	100.90	94.60	100.20	98.80	101.70	99.50	99.80	102.00	98.40	97.00
2009–06	99.30	101.40	94.20	99.70	99.40	102.00	99.70	100.40	102.40	99.40	98.60
2009–07	100.10	102.10	94.60	99.30	100.00	101.70	100.90	101.30	102.50	100.10	100.20
2009–08	101.00	103.70	95.50	99.70	99.70	101.70	101.50	101.00	102.70	101.10	101.50

续表

月份	北京市	天津市	石家庄市	太原市	呼和浩特市	沈阳市	大连市	长春市	哈尔滨市	上海市	南京市
2009−09	102.20	104.50	96.30	99.60	99.30	100.90	102.20	100.60	103.00	102.30	103.40
2009−10	102.80	105.40	97.40	99.60	100.70	101.00	102.60	100.40	103.40	103.90	105.80
2009−11	105.70	106.00	99.30	100.20	101.80	101.20	103.40	101.90	104.50	105.50	108.70
2009−12	109.20	108.70	101.40	101.80	103.30	102.30	104.70	104.40	105.40	107.40	110.40
2010−01	110.20	109.60	102.60	102.60	105.90	102.70	105.00	104.50	105.90	108.80	110.40
2010−02	110.70	110.10	105.50	102.90	106.70	102.50	106.80	105.10	106.20	109.00	110.70
2010−03	112.30	110.70	107.60	103.50	107.30	103.80	108.60	105.90	106.10	110.70	111.70
2010−04	114.70	112.20	108.10	104.10	109.00	105.20	110.00	107.50	107.10	111.60	112.30
2010−05	114.30	112.10	109.60	104.60	109.90	106.40	110.00	107.80	107.80	110.90	111.20
2010−06	113.50	110.50	110.90	104.50	109.20	106.40	109.90	107.00	107.40	108.20	109.20
2010−07	112.40	109.70	110.40	104.30	108.90	106.90	108.30	105.30	107.10	106.80	107.00
2010−08	111.50	108.60	109.80	103.70	108.70	107.00	107.70	105.00	107.00	106.00	105.70
2010−09	111.40	107.80	109.50	103.50	108.70	107.20	107.20	104.90	106.60	105.40	105.10
2010−10	111.10	107.20	108.80	103.50	108.00	107.90	107.20	105.10	106.80	104.20	103.80
2010−11	109.10	107.00	107.80	103.30	107.70	108.00	107.40	103.80	106.30	103.20	102.40
2010−12	106.30	105.60	108.70	102.30	107.30	108.30	106.10	103.90	105.90	102.20	101.20
2011−01	106.80	106.70	111.50	102.10	106.80	108.80	106.60	106.90	107.30	101.50	103.90
2011−02	106.80	106.70	111.50	101.60	106.90	108.60	106.80	106.80	106.60	102.30	103.70
2011−03	104.90	106.60	111.50	101.60	106.40	107.70	106.30	106.70	106.80	101.70	101.50
2011−04	102.80	104.90	106.70	101.30	105.00	107.30	105.60	104.10	105.60	101.30	100.20
2011−05	102.10	103.40	106.90	101.10	104.70	106.60	105.90	102.60	104.70	101.40	100.30
2011−06	102.20	103.90	107.60	101.10	104.80	106.40	105.90	102.90	104.30	102.20	100.70
2011−07	101.90	104.20	107.70	101.20	105.00	106.20	106.00	103.20	104.00	102.50	101.40
2011−08	101.90	103.40	107.60	101.20	104.20	106.00	104.90	103.40	102.30	102.80	101.40
2011−09	101.80	103.10	106.50	101.40	104.00	105.40	104.30	103.20	102.20	103.10	101.20

续表

月份	北京市	天津市	石家庄市	太原市	呼和浩特市	沈阳市	大连市	长春市	哈尔滨市	上海市	南京市
2011-10	101.70	102.90	105.20	101.30	103.30	103.90	103.80	102.60	101.00	102.90	100.70
2011-11	101.30	102.00	104.30	101.20	103.00	103.00	102.50	102.40	100.60	102.40	100.30
2011-12	101.00	101.20	102.40	101.20	102.30	102.40	102.20	101.90	100.20	101.80	99.70
2012-01	100.10	100.20	101.30	100.90	102.20	101.90	102.10	101.40	100.00	100.70	98.70
2012-02	99.60	99.30	101.10	101.40	101.50	101.70	101.70	101.60	100.40	99.60	98.10
2012-03	99.20	98.80	100.10	101.00	101.10	101.00	100.90	100.60	100.00	99.20	97.40
2012-04	99.00	98.40	99.80	100.80	100.30	100.30	100.20	100.10	100.20	98.70	97.30
2012-05	98.80	98.90	99.60	100.30	99.80	99.60	99.90	99.70	100.10	98.40	97.30
2012-06	99.00	99.00	99.60	100.10	99.50	99.20	100.10	99.20	99.70	98.50	97.60
2012-07	99.30	98.90	100.00	99.90	99.20	99.00	100.20	99.00	99.80	98.50	98.10
2012-08	99.40	99.20	100.20	100.10	98.80	98.60	100.60	99.00	99.80	98.50	98.40
2012-09	99.50	99.40	100.30	100.00	98.40	98.60	100.60	99.00	99.80	98.40	98.60
2012-10	99.80	99.60	100.60	100.00	98.40	98.30	100.90	99.30	99.00	98.70	99.20
2012-11	100.70	100.40	101.20	100.30	98.90	99.30	101.10	99.20	99.80	99.20	99.90
2012-12	101.60	100.80	101.00	101.00	99.20	99.70	101.40	100.10	100.50	100.00	101.00
2013-01	103.30	101.40	102.00	101.30	100.30	101.30	102.00	100.10	101.60	101.30	102.30
2013-02	105.90	102.80	103.30	102.40	101.70	102.90	103.10	101.40	102.70	103.40	104.00
2013-03	108.60	104.30	104.50	103.20	101.90	104.20	104.30	102.50	103.50	106.40	105.70
2013-04	110.30	105.20	105.30	104.50	101.90	106.40	105.80	103.60	104.20	108.50	107.30
2013-05	111.80	105.40	105.80	106.80	103.40	108.50	107.00	104.70	105.00	110.20	108.50
2013-06	112.90	105.80	106.80	107.90	104.50	109.40	107.70	105.80	106.40	111.90	109.20
2013-07	114.10	106.00	106.60	108.80	105.80	110.50	108.20	106.30	106.70	113.70	109.60
2013-08	114.90	106.10	107.30	109.60	106.90	111.50	108.40	107.00	107.40	115.40	110.20
2013-09	116.00	106.70	108.00	110.80	107.90	112.60	108.90	107.70	107.90	117.00	111.00
2013-10	116.40	107.00	109.10	112.00	109.30	113.20	109.30	107.80	109.70	117.80	111.60

续表

月份	北京市	天津市	石家庄市	太原市	呼和浩特市	沈阳市	大连市	长春市	哈尔滨市	上海市	南京市
2013–11	116.30	107.00	109.20	112.10	109.70	113.10	109.40	108.80	110.00	118.20	112.00
2013–12	116.00	107.40	109.90	111.70	110.30	113.10	110.00	108.60	110.20	118.20	111.90
2014–01	114.70	107.30	109.70	112.20	109.50	111.80	109.70	109.20	108.80	117.50	111.20
2014–02	112.20	106.30	108.90	111.40	108.60	110.70	108.90	108.40	107.90	115.70	109.80
2014–03	110.30	105.10	108.00	110.90	108.50	109.90	108.30	108.00	107.10	113.10	108.70

月份	杭州市	宁波市	合肥市	福州市	厦门市	南昌市	济南市	青岛市	郑州市	武汉市	长沙市	广州市
2005–07	108.60	106.10	106.10	104.30	104.50	108.50	107.90	111.40	108.60	107.50	102.20	105.00
2005–08	107.00	104.60	107.10	104.90	103.60	108.40	108.10	110.90	107.20	104.70	106.20	104.10
2005–09	106.60	103.50	106.10	103.50	105.90	108.30	107.20	111.00	106.60	105.00	104.30	103.80
2005–10	106.80	101.30	104.60	103.30	105.90	107.10	107.20	109.40	106.50	104.00	104.10	104.30
2005–11	104.90	101.80	104.70	103.00	105.80	105.20	107.90	108.50	105.00	102.90	104.30	103.30
2005–12	104.40	104.60	102.20	104.00	104.60	105.50	106.30	107.70	104.80	104.50	104.90	103.10
2006–01	104.50	102.80	102.80	103.40	105.70	105.70	105.70	108.00	106.30	102.70	104.60	103.20
2006–02	100.30	101.80	102.40	104.70	104.30	105.50	104.80	107.50	106.40	103.30	103.10	104.10
2006–03	102.20	103.20	101.80	104.30	105.70	105.80	105.00	107.90	104.90	103.20	105.80	106.20
2006–04	103.40	101.70	101.90	108.30	105.60	105.50	104.30	107.20	105.70	104.00	104.50	105.60
2006–05	102.40	101.30	101.90	107.90	107.00	107.10	103.70	107.00	105.40	103.90	105.70	108.00
2006–06	102.60	102.10	101.30	106.80	108.30	107.40	103.50	106.70	104.90	101.70	106.80	107.80
2006–07	102.40	102.40	100.80	106.50	106.80	107.10	103.80	106.70	105.40	102.60	104.20	107.10
2006–08	103.50	102.30	100.30	106.30	108.60	106.90	104.10	106.80	105.10	102.80	105.80	105.40
2006–09	102.20	101.70	100.60	108.30	108.50	106.20	104.10	106.90	104.80	103.70	105.30	106.20
2006–10	103.30	101.40	100.40	107.50	108.00	105.70	103.90	106.40	105.90	102.60	105.10	106.90
2006–11	102.60	102.80	100.30	108.40	107.60	105.80	103.90	105.90	107.40	102.70	106.00	106.40
2006–12	103.30	102.40	100.60	107.60	107.30	105.90	104.40	105.90	106.10	103.00	106.60	107.80

续表

月份	杭州市	宁波市	合肥市	福州市	厦门市	南昌市	济南市	青岛市	郑州市	武汉市	长沙市	广州市
2007-01	102.60	104.90	100.10	107.60	107.20	106.10	103.60	105.30	106.30	103.40	104.90	108.10
2007-02	102.50	103.90	100.10	107.40	107.20	105.80	103.50	104.90	106.10	102.50	106.80	108.10
2007-03	103.40	104.60	100.90	106.60	107.10	106.30	104.40	105.30	106.70	103.60	106.30	107.70
2007-04	103.30	104.70	100.90	106.60	106.20	106.60	104.50	105.40	107.00	104.00	105.60	106.00
2007-05	102.90	106.40	100.70	105.40	106.20	106.50	104.60	105.90	106.30	104.20	106.30	105.30
2007-06	105.80	106.90	101.00	106.40	106.60	107.00	105.20	106.40	105.60	104.60	107.60	105.90
2007-07	105.80	107.30	101.10	105.80	105.80	107.10	104.90	106.50	106.20	104.40	106.00	105.80
2007-08	108.00	109.00	101.00	106.50	106.90	106.80	105.20	106.60	106.60	105.40	108.40	106.40
2007-09	112.20	111.40	102.10	106.60	107.60	106.90	106.20	107.80	106.80	107.00	110.00	107.20
2007-10	110.60	114.90	102.90	107.20	107.10	107.20	106.90	108.00	106.60	107.60	110.70	106.60
2007-11	115.30	114.10	104.80	107.50	107.50	107.20	106.30	108.10	106.20	107.80	114.60	106.70
2007-12	113.70	114.80	105.60	107.80	108.10	108.40	106.60	108.30	105.50	107.60	113.40	105.70
2008-01	114.00	115.60	110.00	107.80	107.20	107.90	107.00	106.30	106.50	108.60	113.00	104.00
2008-02	113.70	114.50	110.80	107.40	106.30	107.60	107.50	106.70	106.00	108.30	110.70	102.70
2008-03	113.30	113.70	110.60	106.50	105.90	107.50	107.80	106.70	104.80	107.80	110.80	102.70
2008-04	113.30	112.90	110.30	105.90	105.60	106.80	108.00	106.80	104.00	107.30	110.10	102.70
2008-05	113.20	112.20	111.50	105.10	105.00	105.40	108.00	106.20	104.00	106.70	109.10	102.10
2008-06	111.60	111.00	111.00	104.40	104.40	104.20	108.80	106.00	103.60	105.60	107.50	101.10
2008-07	109.40	109.90	110.20	103.60	103.70	102.90	108.80	105.80	103.00	105.30	106.70	100.10
2008-08	107.10	108.20	109.70	102.90	102.50	101.70	108.30	104.90	102.30	104.30	105.70	98.20
2008-09	104.30	106.70	107.60	101.70	100.80	101.20	107.50	104.60	101.80	103.00	104.10	97.50
2008-10	102.30	103.30	105.50	101.00	99.00	101.00	106.70	103.60	101.10	101.90	103.00	96.60
2008-11	100.80	101.00	102.50	100.50	96.30	101.70	104.80	102.40	101.50	100.70	100.00	95.30
2008-12	99.90	100.80	100.60	99.50	95.80	101.80	103.40	101.10	101.20	99.60	99.20	95.00
2009-01	99.90	100.50	99.60	99.70	95.40	101.00	102.30	99.80	101.30	98.30	99.20	95.90

续表

月份	杭州市	宁波市	合肥市	福州市	厦门市	南昌市	济南市	青岛市	郑州市	武汉市	长沙市	广州市
2009–02	99.60	100.60	99.10	99.50	95.60	99.90	101.80	99.20	101.20	98.20	99.70	95.60
2009–03	99.30	100.90	99.00	99.50	95.70	99.50	101.50	98.50	101.50	98.00	99.10	95.50
2009–04	98.70	101.20	99.40	99.50	96.00	99.60	101.00	98.30	101.60	97.60	98.90	96.00
2009–05	99.10	101.50	98.60	99.90	97.10	100.30	101.20	98.80	101.40	97.70	99.10	96.20
2009–06	99.80	103.00	98.50	100.10	98.10	100.70	100.30	99.40	101.50	98.10	99.80	98.00
2009–07	101.20	104.30	99.10	100.20	99.80	101.50	100.20	99.50	101.80	98.20	100.70	99.70
2009–08	102.90	104.50	99.90	100.40	100.80	102.00	101.20	100.50	102.30	98.60	100.30	101.60
2009–09	104.90	104.90	100.70	100.50	101.50	102.70	101.60	100.80	102.60	98.90	100.80	102.90
2009–10	106.60	105.80	101.60	100.50	103.30	103.10	102.00	101.70	103.20	99.40	102.30	105.10
2009–11	109.60	106.40	102.00	100.70	105.90	104.00	102.70	102.60	102.80	100.90	105.60	106.80
2009–12	111.50	107.50	102.80	101.90	107.90	104.90	104.60	104.10	103.60	102.50	107.20	108.70
2010–01	112.70	108.00	105.20	103.20	108.90	107.10	105.70	106.00	104.90	103.90	108.80	110.60
2010–02	113.40	108.00	107.00	103.30	109.00	108.00	105.80	106.50	105.10	104.90	110.30	111.30
2010–03	113.90	108.10	108.80	103.70	109.30	108.70	105.80	108.10	105.80	106.10	111.40	110.20
2010–04	117.10	108.60	110.40	104.20	109.60	110.40	106.40	108.90	107.30	107.60	111.90	109.10
2010–05	115.50	107.20	111.40	103.80	108.00	109.30	106.20	108.10	108.10	108.70	111.20	108.00
2010–06	114.50	104.90	110.90	103.60	105.70	108.10	107.00	107.20	108.60	108.80	110.40	105.80
2010–07	112.60	103.30	108.40	103.00	104.00	106.50	107.10	107.00	108.70	108.70	109.10	103.80
2010–08	108.90	106.50	108.00	102.80	103.20	105.60	105.80	106.30	107.70	108.30	108.30	102.50
2010–09	107.20	105.70	108.10	103.20	103.50	105.50	106.40	105.70	107.70	108.20	108.60	102.30
2010–10	105.30	104.30	108.30	103.20	102.80	105.90	105.80	107.00	108.10	108.30	107.90	101.00
2010–11	102.40	102.70	108.60	103.00	102.80	106.60	105.60	106.30	109.50	107.80	107.60	100.20
2010–12	100.50	100.80	109.10	102.50	101.50	106.10	104.70	105.50	108.80	106.60	107.60	100.40
2011–01	100.80	103.70	106.40	104.10	105.00	108.80	105.60	105.80	109.30	107.10	109.90	100.10
2011–02	101.60	104.10	105.10	105.20	106.40	109.60	105.70	104.60	110.30	106.40	108.90	100.60

续表

月份	杭州市	宁波市	合肥市	福州市	厦门市	南昌市	济南市	青岛市	郑州市	武汉市	长沙市	广州市
2011-03	101.40	103.20	103.40	104.70	106.60	108.60	106.10	104.40	106.70	105.50	108.10	102.70
2011-04	98.80	101.90	101.70	104.00	106.40	106.10	105.60	104.10	107.70	104.30	107.10	103.80
2011-05	99.00	102.00	100.30	103.80	106.40	107.10	105.40	104.40	106.80	103.10	107.70	105.10
2011-06	99.30	102.10	100.60	103.80	106.50	108.20	104.50	104.60	106.40	103.20	108.20	105.40
2011-07	100.00	101.40	103.00	103.80	106.50	109.30	103.90	104.80	105.70	103.30	108.40	106.40
2011-08	101.80	101.20	103.00	103.80	106.50	109.10	103.20	104.60	106.00	103.80	108.70	107.00
2011-09	101.20	100.20	102.60	103.10	105.70	107.50	102.10	104.70	105.60	103.70	108.10	106.30
2011-10	101.50	99.80	101.90	103.10	105.70	105.60	102.10	101.60	104.70	103.20	107.30	106.10
2011-11	101.30	99.20	101.40	102.80	103.50	103.10	101.40	101.20	103.80	102.80	106.00	106.00
2011-12	101.00	98.80	100.30	102.70	103.20	102.10	100.80	100.50	103.20	102.30	104.60	103.10
2012-01	99.30	98.50	99.90	101.80	101.60	100.10	100.60	99.80	101.60	101.20	102.40	101.10
2012-02	98.30	97.90	99.30	100.20	100.00	99.10	100.20	100.00	100.10	100.50	101.30	100.30
2012-03	94.10	97.00	99.10	99.60	99.50	99.10	99.50	98.50	100.10	100.00	100.90	99.70
2012-04	90.80	94.50	98.70	99.10	99.00	98.20	98.40	96.40	99.50	99.50	100.30	98.80
2012-05	90.20	92.70	99.00	99.00	98.70	98.00	98.10	96.10	99.30	99.20	99.70	98.40
2012-06	90.50	92.40	98.80	99.10	98.90	97.90	97.80	95.90	99.00	99.10	99.30	98.40
2012-07	90.90	92.20	99.00	99.80	99.30	98.30	97.90	95.60	99.30	99.00	99.30	98.70
2012-08	91.20	91.90	99.10	100.00	99.40	98.70	98.50	95.70	99.30	98.90	99.30	99.00
2012-09	91.60	91.80	99.10	100.00	99.40	99.00	98.50	95.20	99.20	98.80	99.00	99.30
2012-10	91.60	92.00	99.40	99.90	99.50	99.50	99.10	95.50	99.40	99.20	99.20	99.90
2012-11	91.80	92.50	100.00	100.20	99.90	100.00	99.40	95.80	99.90	99.80	100.10	100.70
2012-12	92.70	92.90	100.80	101.40	100.70	101.10	100.00	96.60	100.80	100.80	100.70	102.30
2013-01	93.60	93.70	101.50	102.30	102.30	101.60	100.90	97.60	102.50	102.00	101.90	104.70
2013-02	94.70	95.00	102.70	104.30	104.10	103.10	101.70	99.00	104.20	103.50	103.40	108.10
2013-03	100.30	96.70	103.60	105.90	106.50	104.80	102.90	101.20	106.30	104.70	105.00	111.10

续表

月份	杭州市	宁波市	合肥市	福州市	厦门市	南昌市	济南市	青岛市	郑州市	武汉市	长沙市	广州市
2013–04	105.20	99.40	104.50	107.60	108.40	106.30	104.70	103.60	108.00	105.80	106.30	113.50
2013–05	106.70	101.70	105.40	108.30	110.00	107.20	105.50	104.70	109.10	106.90	107.50	115.30
2013–06	107.10	102.90	106.20	110.80	111.60	108.20	106.00	105.50	110.10	107.60	108.40	116.30
2013–07	107.50	103.40	107.00	110.80	113.60	108.20	106.90	106.60	111.70	108.50	109.30	117.20
2013–08	108.30	104.50	107.50	111.10	114.60	108.40	107.60	108.00	112.30	109.40	110.10	118.80
2013–09	109.40	105.60	108.10	112.10	116.10	109.20	108.20	108.90	112.40	110.00	110.70	120.00
2013–10	110.50	106.30	108.30	112.60	116.50	109.60	108.70	109.40	112.20	110.70	111.60	120.50
2013–11	111.20	106.80	109.20	113.80	116.70	110.00	109.30	109.90	112.10	110.80	111.60	120.70
2013–12	111.00	107.30	109.90	113.10	116.50	109.90	109.40	110.00	111.70	110.40	112.10	120.10
2014–01	110.00	107.10	109.80	113.10	116.00	109.90	109.00	109.90	110.90	109.70	111.70	118.60
2014–02	109.10	106.10	109.10	111.60	115.00	108.60	108.60	108.80	109.60	108.80	110.80	115.70
2014–03	107.80	105.90	108.50	110.60	113.40	107.00	108.10	107.80	108.10	108.20	109.30	113.30

月份	深圳市	南宁市	海口市	重庆市	成都市	贵阳市	昆明市	西安市	兰州市	西宁市	银川市	乌鲁木齐市
2005–07	106.40	104.20	104.80	106.80	108.60	102.70	103.00	104.60	104.80	102.20	102.70	101.00
2005–08	106.50	103.70	102.40	106.90	107.70	101.90	103.70	104.30	105.00	101.20	102.00	101.70
2005–09	106.70	106.00	100.40	106.90	107.90	100.10	102.20	103.80	106.40	104.00	102.20	99.50
2005–10	110.00	105.70	99.70	106.60	108.50	103.60	101.00	104.80	106.50	103.60	102.90	99.90
2005–11	111.10	105.40	100.70	106.60	107.70	102.70	101.50	104.70	105.00	103.10	102.60	100.80
2005–12	109.60	105.50	97.70	106.20	107.10	103.10	102.30	104.00	105.70	103.90	102.40	99.60
2006–01	109.30	103.70	101.00	104.40	108.50	104.20	101.70	103.50	105.60	101.40	101.80	100.40
2006–02	111.10	108.10	101.30	103.60	108.30	104.00	102.70	103.40	105.70	102.30	102.00	100.60
2006–03	110.20	102.90	102.90	102.50	107.20	104.30	102.00	103.10	105.40	103.50	101.80	100.30
2006–04	114.10	103.80	101.70	102.60	106.90	104.10	101.90	103.00	103.80	104.70	101.90	100.40
2006–05	114.60	103.70	102.80	102.70	105.40	103.50	102.50	103.70	104.00	104.00	102.50	101.20

续表

月份	深圳市	南宁市	海口市	重庆市	成都市	贵阳市	昆明市	西安市	兰州市	西宁市	银川市	乌鲁木齐市
2006-06	114.60	104.80	103.70	102.80	106.40	103.50	101.80	103.90	104.40	103.20	102.30	101.60
2006-07	113.50	104.80	105.70	101.70	107.50	104.50	101.20	103.70	104.60	102.20	102.20	101.40
2006-08	112.90	102.70	103.10	102.10	107.00	104.50	100.20	103.50	104.70	102.10	102.40	100.90
2006-09	111.90	104.00	103.50	102.50	107.40	105.70	100.20	103.70	104.30	102.30	102.70	101.50
2006-10	111.60	103.70	103.20	102.80	106.60	103.60	100.40	103.90	104.30	102.40	103.00	101.50
2006-11	111.60	103.20	101.40	103.70	107.10	105.80	100.40	103.90	104.70	102.40	102.80	102.10
2006-12	112.20	104.00	103.50	104.60	107.20	105.10	100.90	104.00	104.90	102.90	102.60	102.40
2007-01	112.70	103.60	101.80	103.60	106.90	106.60	101.00	103.90	104.70	102.70	102.90	103.20
2007-02	112.30	103.80	103.60	103.20	106.60	106.80	103.00	104.70	104.40	102.90	102.30	101.80
2007-03	112.80	105.60	104.50	103.00	106.50	106.50	102.60	104.60	104.30	102.50	102.20	101.30
2007-04	112.80	104.60	103.90	103.00	106.60	106.40	103.60	104.80	103.80	102.70	102.60	103.10
2007-05	114.20	105.90	103.10	104.40	106.70	106.60	103.00	105.30	105.10	103.10	103.50	102.90
2007-06	115.90	106.70	105.20	104.70	106.70	106.50	103.30	105.20	105.00	103.10	103.50	106.00
2007-07	119.40	108.50	106.80	105.70	106.90	106.60	103.70	105.50	105.50	103.20	103.80	109.90
2007-08	120.80	107.40	109.00	108.20	107.40	106.50	103.50	105.90	105.30	103.70	104.00	111.90
2007-09	120.50	109.30	109.90	111.10	108.40	106.60	103.20	106.60	105.90	104.00	104.50	115.10
2007-10	119.50	109.60	109.60	110.20	109.70	106.70	104.00	108.10	107.30	105.30	105.10	114.90
2007-11	118.60	111.60	110.60	112.60	109.00	107.30	105.00	112.80	107.80	105.30	105.50	116.90
2007-12	116.40	114.40	110.80	113.50	109.30	109.80	105.90	109.40	112.40	106.60	107.00	121.30
2008-01	113.60	115.80	111.00	114.70	108.80	112.30	106.20	110.80	114.50	109.60	108.80	124.70
2008-02	111.40	114.80	112.90	112.30	108.00	110.80	105.20	111.20	113.00	108.80	108.70	124.00
2008-03	108.00	112.80	112.40	112.30	107.00	109.60	106.00	111.40	111.40	108.70	110.60	124.70
2008-04	105.50	112.20	112.70	111.90	106.10	107.50	106.20	110.80	112.70	108.50	112.40	121.60
2008-05	102.50	111.00	111.90	111.30	105.10	106.20	106.00	110.30	109.50	108.30	113.30	121.70
2008-06	99.60	109.30	112.60	110.40	104.10	105.60	106.10	109.50	110.80	107.90	113.50	119.30

续表

月份	深圳市	南宁市	海口市	重庆市	成都市	贵阳市	昆明市	西安市	兰州市	西宁市	银川市	乌鲁木齐市
2008-07	96.10	107.60	110.90	108.10	103.40	105.10	104.40	109.10	109.90	108.00	114.30	115.30
2008-08	93.60	105.90	111.40	105.30	102.80	104.90	100.40	108.70	110.70	108.00	113.90	110.90
2008-09	90.00	104.30	110.20	101.50	100.50	104.90	99.10	106.80	110.10	107.60	113.60	108.30
2008-10	87.40	102.10	109.10	96.80	99.20	104.30	98.70	103.90	107.40	105.40	111.40	106.10
2008-11	85,20	101.20	106.80	95.80	98.20	104.20	99.60	100.40	103.50	104.70	110.60	105.40
2008-12	84.80	101.00	103.50	95.10	97.70	103.90	100.40	103,70	103.70	104.70	110.10	103.90
2009-01	83.70	100.50	103.10	97.10	97.20	103.20	97.80	101.30	103.80	104.60	108.00	102.80
2009-02	84.30	99.90	100.70	99.20	97.40	102.80	97.70	99.80	103.50	104.50	107.50	102.90
2009-03	87.30	100.10	100.00	99.00	98.00	103.00	96.80	98.90	103.80	104.30	105.40	101.40
2009-04	90.80	99.50	99.00	99.10	98.20	103.10	97.20	98.90	104.10	104.50	104.10	101.60
2009-05	94.90	99.30	99.60	99.30	99.10	102.90	97.50	98.30	105.00	104.00	103.10	101.30
2009-06	98.40	99.00	99.60	99.90	99.90	103.00	98.10	98.60	104.40	103.80	103.80	101.70
2009-07	102.70	99.20	101.00	100.20	100.40	103.20	99.60	98.60	104.00	103.90	104.00	101.30
2009-08	106.50	100.00	101.10	101.50	100.90	103.30	103.70	99.00	103.50	104.10	105.30	101.40
2009-09	111.10	100.40	102.80	102.40	101.90	103.60	104.20	100.60	103.30	104.10	106.10	102.10
2009-10	113.80	101.60	103.90	103.40	103.10	103.70	104.90	102.60	103.10	104.30	106.70	103.30
2009-11	116.60	102.40	106.70	105.90	103.90	104.00	106.60	103.80	105.60	104.70	108.90	104.40
2009-12	118.90	104.60	109.90	106.30	104.70	106.80	108.20	105.70	105.20	105.60	109.70	104.80
2010-01	120.60	105.50	131.80	108.80	105.30	109.60	110.30	110.00	105.10	105.90	113.00	106.20
2010-02	120.90	106.50	150.50	110.70	105.80	110.30	109.20	111.00	105.50	106.00	113.50	106.80
2010-03	120.10	106.80	153.90	111.50	105.90	110.00	108.70	112.70	105.20	106.50	114.80	107.30
2010-04	117.90	107.50	153.30	111.60	106.30	109.60	108.10	113.40	107.10	107.00	114.90	107.90
2010-05	114.20	107.20	152.80	111.50	105.70	109.20	107.50	114.00	107.10	107.30	114.90	107.50
2010-06	110.60	107.20	150.60	110.10	105.40	109.10	106.70	113.70	105.40	107.30	113.80	107.00
2010-07	106.60	106.20	147.70	109.80	104.50	108.80	105.60	113.60	105.70	107.00	112.50	107.30

续表

月份	深圳市	南宁市	海口市	重庆市	成都市	贵阳市	昆明市	西安市	兰州市	西宁市	银川市	乌鲁木齐市
2010-08	103.70	104.90	146.20	109.20	104.30	107.80	104.40	113.60	106.30	106.50	110.50	107.50
2010-09	103.30	104.40	145.00	109.50	103.30	106.60	105.30	113.20	107.80	106.70	108.90	107.50
2010-10	103.10	103.50	143.30	108.50	102.60	106.10	106.40	111.60	110.20	106.50	108.10	107.70
2010-11	102.00	103.00	139.30	107.90	102.40	105.70	104.80	110.30	111.00	106.60	105.70	108.60
2010-12	101.40	102.10	135.50	106.90	102.30	105.40	104.50	108.20	111.30	106.10	105.20	108.50
2011-01	103.10	102.40	121.60	107.90	104.90	104.70	105.60	105.60	111.80	109.40	102.90	109.20
2011-02	103.20	101.60	104.20	106.20	104.90	105.00	107.80	105.80	111.40	109.50	102.60	109.70
2011-03	103.10	102.20	100.60	105.60	104.40	105.30	107.40	104.90	110.90	109.20	102.50	110.10
2011-04	103.10	102.00	100.70	105.30	103.50	105.40	106.90	103.80	107.50	107.70	102.30	109.30
2011-05	103.70	102.00	100.60	105.30	103.70	105.00	106.80	103.50	107.70	107.60	102.40	109.10
2011-06	104.60	101.60	100.70	105.80	103.60	104.60	106.70	103.80	108.20	107.20	102.70	109.20
2011-07	104.70	102.80	100.70	105.60	103.50	104.40	106.10	104.00	108.20	106.50	102.90	108.90
2011-08	104.90	103.50	101.30	104.20	102.90	104.30	106.40	103.60	106.90	106.30	102.80	108.80
2011-09	104.50	103.10	101.30	102.20	102.80	104.00	105.40	103.30	105.30	104.50	103.00	108.50
2011-10	104.40	102.80	100.50	101.20	102.40	103.60	103.40	103.30	103.00	103.90	103.00	107.50
2011-11	104.10	102.40	99.80	100.10	101.90	103.30	102.70	103.10	102.70	103.00	103.00	105.50
2011-12	103.10	101.90	99.60	99.40	101.30	102.80	102.30	103.40	101.70	102.60	103.10	105.50
2012-01	101.00	100.20	98.80	99.30	99.80	102.50	101.30	102.20	100.50	102.00	102.10	103.80
2012-02	99.80	100.00	98.60	98.90	99.30	102.00	100.80	101.60	100.00	101.80	102.30	102.70
2012-03	99.40	98.90	98.70	98.50	99.10	101.40	100.50	100.50	100.50	101.80	101.60	101.90
2012-04	98.40	98.30	98.50	98.20	99.10	100.90	100.40	99.90	100.40	101.70	101.00	101.60
2012-05	97.70	98.30	98.40	98.10	98.50	100.90	100.10	99.80	100.30	101.40	100.80	101.10
2012-06	97.50	98.60	98.30	98.10	98.70	100.90	99.90	99.90	100.00	101.10	100.30	100.80
2012-07	97.60	98.80	98.50	98.50	99.30	100.80	100.30	99.70	99.90	101.00	100.30	100.90
2012-08	97.80	98.70	98.70	99.10	99.20	100.90	100.30	100.10	100.10	101.30	100.70	100.90

续表

月份	深圳市	南宁市	海口市	重庆市	成都市	贵阳市	昆明市	西安市	兰州市	西宁市	银川市	乌鲁木齐市
2012–09	97.90	99.00	98.70	99.50	99.40	100.90	100.20	100.10	99.90	101.20	100.80	101.00
2012–10	98.40	99.30	98.90	99.90	99.30	101.00	100.10	100.30	99.70	101.50	100.80	101.40
2012–11	99.30	99.40	99.70	100.60	99.90	100.80	100.80	100.50	100.10	101.70	101.30	102.00
2012–12	100.80	99.50	99.70	101.30	100.40	101.00	101.30	100.80	100.10	102.00	101.60	102.30
2013–01	103.20	99.70	99.70	102.50	101.50	101.40	101.70	101.40	100.50	102.30	102.00	103.50
2013–02	105.70	101.30	99.90	103.50	102.30	102.00	101.70	102.40	101.40	103.60	102.60	105.00
2013–03	108.90	103.30	100.10	104.30	103.40	102.70	102.70	103.80	102.60	104.00	103.10	106.10
2013–04	111.30	104.00	100.30	105.50	105.40	103.90	103.30	104.70	103.50	104.60	104.20	107.30
2013–05	113.70	105.60	100.80	106.20	106.80	104.60	104.10	105.80	104.10	105.80	105.00	108.10
2013–06	115.70	106.40	100.90	106.80	107.70	104.50	104.70	106.60	105.30	106.90	106.00	107.90
2013–07	116.60	107.40	101.00	107.10	107.70	105.10	104.60	107.70	105.80	107.90	106.30	108.20
2013–08	118.10	108.30	101.00	107.90	108.60	104.90	105.30	108.30	107.00	108.70	107.30	109.00
2013–09	119.70	108.70	101.10	108.90	109.10	105.50	105.60	108.80	107.30	108.90	107.60	108.20
2013–10	120.20	109.40	101.80	109.20	109.60	106.30	105.90	109.30	107.70	109.30	108.10	110.20
2013–11	120.60	109.40	101.80	109.50	109.80	106.70	105.90	109.50	107.70	109.40	108.30	110.00
2013–12	119.90	110.10	102.30	109.30	109.60	106.70	105.80	109.80	107.90	109.90	108.60	110.70
2014–01	117.80	110.90	103.10	108.70	109.20	106.60	106.10	109.60	107.60	110.70	108.60	109.60
2014–02	115.60	109.90	103.00	107.90	108.90	106.20	106.30	109.10	106.90	109.50	108.30	108.50
2014–03	112.80	108.40	102.60	107.20	108.30	105.50	105.50	108.30	105.80	109.20	108.20	108.00

表 E–4　　货币政策评价全国层面月度数据

月份	银行间同业拆借利率	M2 同比	金融机构人民贷款余额	月份	银行间同业拆借利率	M2 同比	金融机构人民贷款余额	月份	银行间同业拆借利率	M2 同比	金融机构人民贷款余额
2004/12	2.09	14.60	177363.49	2008/01	3.45	18.94	269695.58	2011/02	3.70	15.70	488870.98
2005/01	2.06	14.13	181082.96	2008/02	3.28	17.48	272165.99	2011/03	2.42	16.60	494740.70
2005/02	2.26	13.90	182042.30	2008/03	2.53	16.29	275000.21	2011/04	3.01	15.30	502170.76
2005/03	1.98	14.00	185461.32	2008/04	3.20	16.94	279639.01	2011/05	3.72	15.10	507686.31
2005/04	1.79	14.10	186889.10	2008/05	3.37	18.07	282875.17	2011/06	5.95	15.90	514025.54
2005/05	1.64	14.60	186274.10	2008/06	3.44	17.37	286199.38	2011/07	5.20	14.70	518941.36
2005/06	1.57	15.67	186178.70	2008/07	3.03	16.35	290016.98	2011/08	3.83	13.50	524425.79
2005/07	1.55	16.30	185859.75	2008/08	3.26	16.00	292732.36	2011/09	4.06	13.00	529118.34
2005/08	1.56	17.34	187756.60	2008/09	3.16	15.29	296477.09	2011/10	3.92	12.90	534986.76
2005/09	1.55	17.92	190941.90	2008/10	3.08	15.02	298295.65	2011/11	3.78	12.70	540616.20
2005/10	1.48	17.99	191168.27	2008/11	2.68	14.80	295749.55	2011/12	3.94	13.60	547944.94
2005/11	1.60	18.30	193416.93	2008/12	1.56	17.82	303394.64	2012/01	4.55	12.40	555253.05
2005/12	1.73	17.57	194690.39	2009/01	1.03	18.79	319921.84	2012/02	4.06	13.00	562360.40
2006/01	1.78	19.21	199492.05	2009/02	1.01	20.48	330637.71	2012/03	3.20	13.40	572474.82
2006/02	1.69	18.80	201020.25	2009/03	0.99	25.51	349554.82	2012/04	3.86	12.80	579292.11
2006/03	1.75	18.80	206394.59	2009/04	1.00	25.89	355472.82	2012/05	2.98	13.20	587224.43
2006/04	1.84	18.90	209555.78	2009/05	1.00	25.74	362141.69	2012/06	3.26	13.60	596422.59
2006/05	1.88	19.10	211649.97	2009/06	1.06	28.46	377446.12	2012/07	3.52	13.90	601823.80
2006/06	2.19	18.43	215302.59	2009/07	1.62	28.42	381137.61	2012/08	3.54	13.50	608863.25
2006/07	2.43	18.40	216935.55	2009/08	1.49	28.53	385241.19	2012/09	3.54	14.80	615094.78
2006/08	2.46	17.90	218836.14	2009/09	1.57	29.31	390407.85	2012/10	3.17	14.10	620143.19
2006/09	2.40	16.83	221035.86	2009/10	1.57	29.42	392937.64	2012/11	3.26	13.90	625372.19
2006/10	2.58	17.10	221205.32	2009/11	1.46	29.74	395885.31	2012/12	3.50	13.80	629906.60
2006/11	3.23	16.80	223141.55	2009/12	1.50	27.68	399684.82	2013/01	3.27	15.90	640766.52

续表

月份	银行间同业拆借利率	M2 同比	金融机构人民贷款余额	月份	银行间同业拆借利率	M2 同比	金融机构人民贷款余额	月份	银行间同业拆借利率	M2 同比	金融机构人民贷款余额
2006/12	2.40	16.94	225285.28	2010/01	1.52	25.98	413679.60	2013/02	3.44	15.20	646966.40
2007/01	2.03	15.93	231031.18	2010/02	1.80	25.52	420678.38	2013/03	3.22	15.70	657591.82
2007/02	3.03	17.80	235168.74	2010/03	1.67	22.50	425785.49	2013/04	3.37	16.10	665514.79
2007/03	1.99	17.30	239585.58	2010/04	1.66	21.48	433525.27	2013/05	3.71	15.80	672208.97
2007/04	3.33	17.10	243805.22	2010/05	1.95	21.00	440018.15	2013/06	6.98	14.00	680837.17
2007/05	2.36	16.74	246277.96	2010/06	2.68	18.46	446045.62	2013/07	4.10	14.50	687834.50
2007/06	3.09	17.06	250792.59	2010/07	2.11	17.60	451372.55	2013/08	4.10	14.70	694962.17
2007/07	3.11	18.50	253106.67	2010/08	1.92	19.20	456818.62	2013/09	3.87	14.20	702832.25
2007/08	2.37	18.10	256135.41	2010/09	2.48	18.96	462822.64	2013/10	4.39	14.30	707891.86
2007/09	4.75	18.45	258970.33	2010/10	2.06	19.30	468699.94	2013/11	4.53	14.20	714137.43
2007/10	3.84	18.47	260331.44	2010/11	2.06	19.50	474389.23	2013/12	5.17	13.60	718962.06
2007/11	3.28	18.45	261205.40	2010/12	4.54	19.72	479195.55	2014/01	4.84	13.20	732144.36
2007/12	3.31	16.72	261690.88	2011/01	4.94	17.20	483488.18	2014/02	4.40	13.30	738592.59
								2014/03	3.47	12.10	749093.28

附录 F　土地政策评价实证原始数据

表 F-1　35 个城市商品住宅销售价格年度数据　单位：元 / 平方米

城市	1999	2000	2001	2002	2003	2004	2005	2006	2007	2008	2009	2010	2011	2012	2013
深圳	5004	5275	5507	5267	5793	6385	6996	8848	13370	12823	14389	18953	21037	18996	23427
广州	3946	3978	4047	3995	3999	4356	5041	6152	8439	8781	8988	10615	10926	12001	13954
杭州	2685	2733	2624	3197	3657	3884	5454	5967	7432	8212	10613	14259	12749	13292	14679
南京	2808	2598	2577	2780	2888	3098	3850	4270	5011	4808	6893	9227	8415	9675	11078
北京	4787	4557	4716	4467	4456	4747	6162	7375	10661	11648	13224	17151	15518	16553	17854
上海	3102	3326	3658	4007	4989	5761	6698	7039	8253	8115	12364	14290	13566	13870	16192
天津	2157	2274	2308	2414	2393	2950	3987	4649	5576	5598	6605	7940	8548	8010	8390
重庆	1080	1077	1133	1277	1324	1573	1901	2081	2588	2640	3266	4040	4492	4805	5239
武汉	1722	1636	1745	1916	2023	2463	2986	3535	4516	4681	5199	5550	6676	6895	7238
成都	1615	1608	1648	1775	1908	2224	2870	3499	4198	4778	4864	5827	6361	6678	6708
大连	2199	2369	2679	2668	2699	2973	3580	4256	5417	5617	6175	6759	7929	7584	7859
厦门	2826	2505	2559	2595	3077	3768	4744	6601	8907	8940	8935	11590	13423	12953	14551
西安	1135	1451	1849	1930	1921	2394	2686	3073	3215	3768	3749	4341	5830	6224	6435
长沙	1567	1796	1736	1649	1786	1775	2089	2431	3191	3165	3533	4322	5481	5603	5759
宁波	1813	1781	1864	2357	2541	3026	4517	5105	6097	6843	9068	11669	11286	11385	11405
福州	1773	1850	2002	1960	2178	2463	2981	3976	4900	5244	6441	7877	9553	10645	10155
沈阳	2437	2549	2605	2601	2753	2852	3027	3184	3536	3856	4196	5109	5613	5989	6074
青岛	1684	1743	1831	2066	2297	2748	3594	4001	5105	4788	5383	6421	7166	7583	7987
济南	1685	1800	1858	2068	2307	2831	2993	3319	3720	4155	4790	6100	6664	6651	7013

数据来源：CREIS 中指数据、同花顺 iFinD，表 F-2、表 F-3 同。

续表

城市	1999	2000	2001	2002	2003	2004	2005	2006	2007	2008	2009	2010	2011	2012	2013
南昌	1168	1298	1491	1632	2079	2429	2519	3053	3509	3361	3637	4331	5323	5880	6639
合肥	1667	1499	1522	1618	1889	2271	2799	2874	3154	3425	4095	5502	5608	5754	6084
郑州	1467	1891	1880	1914	1955	2004	2387	2691	3328	3598	4057	4596	4692	5643	6587
太原	1302	1367	1975	1899	2204	2333	2903	3156	3561	3743	4499	7088	6517	6405	6668
石家庄	1917	1685	1907	1555	1570	1534	1705	2005	2378	2630	3688	3807	4352	4714	4943
长春	1818	1725	2196	2064	1973	2119	2272	2408	3118	3344	4012	5097	5970	5273	5729
哈尔滨	1783	2033	2127	2157	2183	2215	2384	2503	2943	3515	4146	5196	5217	5113	5884
呼和浩特	1188	1187	1330	1202	1277	1430	1541	2176	2459	2511	3248	3650	4073	4798	4631
海口	1688	1982	1946	2049	1989	2215	2529	2673	3403	4435	5293	8069	6641	6512	7342
南宁	1582	1855	2035	2154	2169	2482	2388	2656	3273	3726	4463	4942	4996	5619	6155
兰州	1533	1558	1601	1481	1673	2084	2339	2515	2920	3062	3499	4065	4229	5421	5520
昆明	1790	1985	2333	2127	2131	2437	2513	2733	2994	3499	3586	3405	4550	5405	5615
贵阳	1429	1406	1355	1471	1735	1643	1801	2138	2619	2866	3496	4233	4588	4473	4488
西宁	1262	1289	1263	1302	1499	1536	1727	1940	2313	2817	2811	3196	3439	4304	4380
银川	1342	1345	1540	1889	1728	1923	2030	2185	2230	2592	3219	3610	3980	4187	4524
乌鲁木齐	1609	1627	1771	1828	1864	1797	1920	2021	2528	3031	3285	4265	4970	5255	5858

表 F–2　　35 个城市住宅建设用地推出面积年度数据　　单位：平方米

城市	2004	2005	2006	2007	2008	2009	2010	2011	2012	2013
乌鲁木齐市		107236	1158391	2096067	2942970	2502070	4363391	1501258	2310867	4575928
银川市		316402	1527425	2094686	1951599	2283315	4190562	1802145	2341519	2451118
西宁市		297111	67835	176042	790820	1183838	2315897	2185604	1920683	2224464
兰州市	14810	122012	341406	491503	681180	1195052	2199773	1167422	474170	5166664
西安市	693330	4790277	2274240	1619808	3000256	4256771	3714468	5132907	8683307	5123496

续表

城市	2004	2005	2006	2007	2008	2009	2010	2011	2012	2013
昆明市			2473736	4264214	6994891	2474482	3232569	14136469	6941311	7158613
贵阳市		58402	249178	2026712	1288359	3287150	7671828	6129216	5210640	5551614
成都市	2634111	5386090	10177179	11143250	4384531	12609839	13218366	8141646	11881295	9812625
重庆市	6330409	7517304	14928592	11070327	5656632	11320691	23624481	26593802	34233852	47716508
海口市		29177	1004815	167313	1922095	1502510	451621	201572	2012567	305476
南宁市	2460465	868118	2088911	1925994	730640	1299745	2396110	1693701	1635343	3072179
广州市	100151	289442	2637788	7724787	2470957	7898892	3093299	3544176	3136674	2338783
深圳市	2064371	852845	1032779	761577	1176139	765848	605443	1283640	504126	92377
长沙市	1408420	5829345	7523887	11547023	7315751	4088250	6519109	7242949	7346108	9374727
城市	2004	2005	2006	2007	2008	2009	2010	2011	2012	2013
武汉市	1413095	1988308	5631035	11151014	6270353	14858305	16706563	8843783	17509629	7466654
郑州市	627300	1493537	820629	5218027	6698537	5283876	3799188	2810515	4471607	5704333
济南市	724700	1985086	1028521	3356734	8744921	5532175	4225923	5339348	4312591	5779548
青岛市	488062	548204	3771641	1592936	8712620	14594157	15061928	12367522	10926544	11535874
南昌市	345474	1810701	4500002	1715146	4453185	2502449	2602393	3715864	3692527	4211479
福州市	1493888	1969207	1952621	1449449	903199	1456659	5652280	2121139	2326232	3066282
厦门市	288703	830583	1630264	1819322	814573	2437104	3040535	990197	1162674	644284
合肥市		100001	2054866	4223331	3553818	3770708	4365647	5560545	5808548	7218688
杭州市	1258379	1592855	4690007	8022181	4114285	11074144	10629848	6393924	5519985	9209426
宁波市	3335318	1931850	4205505	2921426	2751180	6870186	8385338	10088873	6400951	8170720
南京市	2258956	5445588	5812206	8360220	3425107	4350802	4775147	6065489	5346101	5565882
上海市	21164415	27317958	16799479	13834104	5375563	10604360	12224528	10904933	6388877	9479189
哈尔滨市	386260	259881	676261	4271350	3072980	5269005	15786294	10983956	3392289	5660865
长春市	379765	3856497	6262207	5538065	2009682	4263717	9856318	11178041	5700893	7174255
沈阳市	1547636	7797328	12020969	14318285	8626856	19922799	12091218	20608250	17054325	13911296

续表

城市	2004	2005	2006	2007	2008	2009	2010	2011	2012	2013
大连市	2141130	2497001	3498919	4041755	6432629	9060900	29553307	17157632	9838841	9550192
呼和浩特市			3769139	4367516	3455730	3131522	2394885	4497645	1731440	2501761
太原市			247633	3398800	1453762	4825661	2063333	2449715	1550008	2997477
石家庄市	111554	311249	245914	1028381	1271594	1135590	2109139	2072149	2429558	2347302
天津市	993709	1816353	6699316	15770604	16686066	23785222	27571676	16711748	9844780	10620905
北京市	2663564	1953909	5430463	4619569	6420011	6763203	9082655	6883242	2761347	8041157

表 F-3　　35 个城市商品住宅销售面积年度数据　　单位：平方米

城市	2002	2003	2004	2005	2006	2007	2008	2009	2010	2011	2012	2013
北京	16044191	17710533	22858200	28236529	22050296	17314798	10314252	18804537	12013905	10349608	14833746	13636700
上海	18463832	22244744	30595300	28456969	26154915	32791745	20074792	29280400	16908229	14999998	15926284	20158100
天津	5382621	7206404	7960900	12643849	13324916	14018481	11353520	14614657	13026093	13657081	15114032	17203400
重庆	8704139	11329535	11382600	17924140	20117030	33101292	26699338	37712236	39863119	40634236	41051083	43591900
深圳	3473793	3581196	3430200	10198073	6861814	5003483	4136473	7173887	4138036	4694316	4884429	5271600
广州	6626989	7551942	8051900	11312385	11563264	11586291	8794784	12536013	11116560	9916709	11285112	13984700
杭州	3790049	4710880	5094900	6206634	6799579	10436698	6769852	13143763	7975874	6002035	9202569	9687800
武汉	3931254	5121330	6139100	8341755	9089230	10698933	6832436	10413878	10952249	11822070	13904712	17504300
长沙	2077830	2911844	4081700	6107679	6939137	9285126	8022720	13579547	16240413	13941771	13853288	16595300
郑州	1559514	2568944	2998800	5564239	7539298	10051959	6584871	10833296	14286149	13063772	12261821	13134782
石家庄	763196	1146493	1192500	2116636	2879642	3815587	3263955	3291428	4464262	7832013	6970793	7827284
昆明	2386246	2983781	2375000	7342898	8416654	8622731	5214464	7825416	10959543	9348861	9177307	10413531
南京	3419155	4001570	5425200	8953428	9409934	10645159	6591150	11140311	7548150	6808947	8762538	11431500
成都	7372342	8972591	6841700	11098598	14821751	20848008	13574265	25475937	22899170	22849102	24246051	25558100
大连	3750441	4467484	4454100	5524650	5702064	7839121	7708394	10934071	11266844	8334237	9668943	11040200

续表

城市	2002	2003	2004	2005	2006	2007	2008	2009	2010	2011	2012	2013
厦门	1866173	2456320	2550500	2723155	3173860	3695570	1502053	4013036	2386830	2721301	4802694	5815237
西安	2401182	2302924	1885600	4354580	5840605	7829108	7222659	12021163	15232412	16639672	13791281	14963400
宁波	3165137	4633243	4267800	3891089	5126296	6579517	3570779	6519721	4978089	3426513	4587421	5819500
福州	3173104	4106205	3950200	7963079	6214163	5925304	3414405	6482762	5310986	5320029	7339564	11054793
沈阳	1841162	2915590	4890100	9311829	11506491	13581077	13071830	13693094	15160598	19477841	22014548	20173700
青岛	3663166	4078907	4464800	8258187	6450209	7697320	6862169	11511482	12098694	9194949	8424978	10506100
济南	1863881	2412816	2348300	2416054	2568392	2907868	3300406	4043052	4773087	5388986	5599195	7053072
南昌	996257	1094031	1906100	3599103	3599864	4603378	3264593	4636258	4893017	4360131	5953330	7518700
合肥	1755891	2482030	3087000	5373989	5832550	9531030	8673522	11803324	8636454	10583953	11173264	14516915
太原	711494	577246	1093600	1833789	1248376	1490292	1621115	1688349	2354865	1918873	3081279	4011450
长春	1720378	1672160	1749200	3117452	3699679	4729936	5166534	6539056	7861859	7859371	7751945	7625025
哈尔滨	2870601	3255062	3502400	4765800	5752259	6678136	5045643	6278163	8099117	9200171	10316131	12269961
呼和浩特	1056878	1129672	1387000	1947535	1938545	2133251	3081359	3125961	3947527	4083908	4143054	3399637
海口	554355	921236	1007200	1790879	1334760	1623940	1684249	1833940	1997000	1931647	2514881	3190390
南宁	1026055	1692777	3089900	4199902	4197888	5854733	4546551	6850780	6047548	6122416	5755204	6331392
兰州	691013	810432	1289800	2034565	1951830	2552822	1340506	2246797	2068056	1181286	1767479	2373499
贵阳	1878553	2120972	2033100	3323263	3556249	4082936	3895442	7604542	7335503	7146542	9484658	11457094
西宁	409022	507057	636900	994638	984409	1330488	1036376	1480810	2067794	2550522	1658528	2720397
银川	696019	1359171	1830900	2223464	2122323	2941956	2693860	4429737	4979774	3840193	3883346	5430865
乌鲁木齐	2295155	2714380	2225000	2250582	3819029	4680800	2650589	5055666	4053012	4215070	3372962	4885382

参考文献

[1] Ackrill R，Kay A，Zahariadis N. Ambiguity，multiple streams，and EU policy[J]. Journal of European Public Policy，2013，20(6): 871−887.

[2] Ackrill R，Kay A. Multiple streams in EU policy−making: the case of the 2005 sugar reform[J]. Journal of European Public Policy，2011，18(1): 72−89.

[3] Ahearne A G，Ammer J，Doyle B M，et al. House prices and monetary policy: A cross−country study[J]. International Finance Discussion Papers，2005，841.

[4] Ambron S R，Dornbusch S M，Hess R D，et al. Toward reform of program evaluation[M]. San Francisco: Jossey−Bass Publishers，1980.

[5] Anglin P M，Wiebe R. Pricing in an Illiquid Real Estate Market[J]. Journal of Real Estate Research，2013，35(1): 83−102.

[6] Aoki K，Proudman J，Vlieghe G. House prices，consumption，and monetary policy: a financial accelerator approach[J]. Journal of financial intermediation，2004，13(4): 414−435.

[7] Arnold I V M，Kool C J M，Raabe K. New evidence on the firm size effects in US monetary policy transmission[J]. Tjalling C. Koopmans Research Institute，Utrecht School of Economics，Discussion Paper Series，2005 (05−11).

[8] Ayuso J，Repullo R. A Model of the Open Market Operations of the European Central Bank[J]. The Economic Journal，2003，113(490): 883−902.

[9] Barlow J. Controlling the housing land market: some examples from Europe[J]. Urban Studies，1993，30(7): 1129−1149.

[10] Bartolini L，Bertola G，Prati A. Day−to−day monetary policy and the volatility of the federal funds rate[J]. Journal of Money，Credit，and Banking，2002，34(1): 137−159.

[11] Been V, Madar J, McDonnell S. Urban Land - Use Regulation: Are Homevoters Overtaking the Growth Machine?[J]. Journal of Empirical Legal Studies, 2014, 11(2): 227−265.

[12] Belongia M T, Batten D S. Selecting an intermediate target variable for monetary policy when the goal is price stability[J]. Federal Reserve Bank of St. Louis Working Paper Series, 1992 (1992−008).

[13] Beracha E, Wintoki M B. Forecasting residential real estate price changes from online search activity[J]. Journal of Real Estate Research, 2013, 35(3): 283−312.

[14] Bernanke B, Gertler M. Monetary policy and asset price volatility[R]. National Bureau of Economic Research, 2000.

[15] Bernanke B, Mishkin F. Central bank behavior and the strategy of monetary policy: observations from six industrialized countries[M]//NBER Macroeconomics Annual 1992, Volume 7. MIT Press, 1992: 183−238.

[16] Bordo M D, Jeanne O. Boom−busts in asset prices, economic instability, and monetary policy[R]. National Bureau of Economic Research, 2002.

[17] Borio C E V, Lowe P W. Asset prices, financial and monetary stability: exploring the nexus[R]. BIS Working Paper, 2002.

[18] Box G E P, Tiao G C. Intervention analysis with applications to economic and environmental problems[J]. Journal of the American Statistical Association, 1975, 70(349): 70−79.

[19] Branch W A, Evans G W. Monetary policy and heterogeneous expectations[J]. Economic Theory, 2011, 47(2−3): 365−393.

[20] Branch W A. The Theory of Rationally Heterogeneous Expectations: Evidence from Survey Data on Inflation Expectations[J]. The Economic Journal, 2004, 114(497): 592−621.

[21] Breitung J, Pesaran M H. Unit roots and cointegration in panels[M]. Springer Berlin Heidelberg, 2008.

[22] Brueckner J K. Strategic control of growth in a system of cities[J]. Journal of Public

Economics，1995，57(3): 393–416.

[23] Brunner S. Understanding policy change: Multiple streams and emissions trading in Germany[J]. Global Environmental Change，2008，18(3): 501–507.

[24] Bullard J，Schaling E. Why the Fed should ignore the stock market[J]. Federal Reserve Bank of St. Louis Review，2002，84(2): 35–41.

[25] Carlino G，DeFina R. The differential regional effects of monetary policy[J]. Review of Economics and Statistics，1998，80(4): 572–587.

[26] Carlino G，DeFina R. The differential regional effects of monetary policy: Evidence from the US states[J]. Journal of Regional science，1999，39(2): 339–358.

[27] Case K E，Mayer C J. Housing price dynamics within a metropolitan area[J]. Regional Science and Urban Economics，1996，26(3): 387–407.

[28] Cecchetti S G. Asset prices and central bank policy[M]. Centre for Economic Policy Research，2000.

[29] Cheng Y，Dagsvik J K，Han X. Real Estate Market Policy and Household Demand for Housing[J]. Pacific Economic Review，2014，19(2): 237–253.

[30] Chiu R L H. The role of the government in housing in socialist China and capitalist Hong Kong[J]. Third World Planning Review，2001，23: 5–21.

[31] Cobb R W，Elder C D. Participation in American politics: The dynamics of agenda–building[J]. 1972.

[32] Coulson N E，Liu C H，Villupuram S V. Urban economic base as a catalyst for movements in real estate prices[J]. Regional Science and Urban Economics，2013，43(6): 1023–1040.

[33] Davies H. Averaging in a framework of zero reserve requirements: implications for the operation of monetary policy[M]. Bank of England，1998.

[34] Demers，L. and Lemieux，V. La politique qu é b é coise de desengorgement des urgences[J]. Canadian Public Administration. 1998，41: 501–528.

[35] Dettling L J，Kearney M S. House prices and birth rates: The impact of the real

estate market on the decision to have a baby[J]. Journal of Public Economics, 2014, 110: 82–100.

[36] DiPasquale D, Wheaton W C. Urban economics and real estate markets[M]. Englewood Cliffs, NJ: Prentice Hall, 1996.

[37] Dollery B E, Worthington A C. The empirical analysis of fiscal illusion[J]. Journal of Economic Surveys, 1996, 10(3): 261–297.

[38] Dotsey M, Otrok C. M2 and monetary policy: a critical review of the recent debate[J]. FRB Richmond Economic Quarterly, 1994, 80(1): 41–59.

[39] Elbourne A, de Haan J. Modeling monetary policy transmission in acceding countries: vector autoregression versus structural vector autoregression[J]. Emerging Markets Finance and Trade, 2009, 45(2): 4–20.

[40] Elbourne A. The UK housing market and the monetary policy transmission mechanism: An SVAR approach[J]. Journal of Housing Economics, 2008, 17(1): 65–87.

[41] Estrella A, Mishkin F S. Is there a role for monetary aggregates in the conduct of monetary policy?[J]. Journal of monetary economics, 1997, 40(2): 279–304.

[42] Fan G Z, Huszár Z R, Zhang W. The relationships between real estate price and expected financial asset risk and return: Theory and empirical evidence[J]. The Journal of Real Estate Finance and Economics, 2013, 46(4): 568–595.

[43] Feldstein M, Stock J H. The use of a monetary aggregate to target nominal GDP[M]. Monetary policy. The University of Chicago Press, 1994: 7–69.

[44] Fellner W. Criteria for useful targeting: Money versus the base and other variables[J]. Journal of Money, Credit and Banking, 1982: 641–660.

[45] Fielding D, Shields K. Regional Asymmetries in the Impact of Monetary Policy Shocks on Prices: Evidence from US Cities[J]. Oxford Bulletin of Economics and Statistics, 2011, 73(1): 79–103.

[46] Follain J R. The price elasticity of the long-run supply of new housing construction[J]. Land Economics, 1979: 190–199.

[47] Franses P H, De Groot B. Do commercial real estate prices have predictive content for GDP?[J]. Applied Economics, 2013, 45(31): 4379–4384.

[48] Gavin W T, Theodorou A T. A common model approach to macroeconomics: using panel data to reduce sampling error[J]. Journal of Forecasting, 2005, 24(3): 203–219.

[49] Giuliodori M. The role of house prices in the monetary transmission mechanism across European countries[J]. Scottish Journal of Political Economy, 2005, 52(4): 519–543.

[50] G?bel J. Local policy, income, and housing prices[R]. http://mpra.ub.uni-muenchen.de/14053/, 2009.

[51] Greathouse L W, Hahn E J, Okoli C T C, et al. Passing a smoke-free law in a pro-tobacco culture: a multiple streams approach[J]. Policy, Politics, & Nursing Practice, 2005, 6(3): 211–220.

[52] Hannah L, Kim K H, Mills E S. Land use controls and housing prices in Korea[J]. Urban Studies, 1993, 30(1): 147–156.

[53] Haurin D R, Brasington D. School quality and real house prices: Inter-and intrametropolitan effects[J]. Journal of Housing Economics, 1996, 5(4): 351–368.

[54] Henstra D. Explaining local policy choices: A Multiple Streams analysis of municipal emergency management[J]. Canadian Public Administration, 2010, 53(2): 241–258.

[55] Hill M J, Ham C. The policy process in the modern state[M]. London: Prentice Hall, 1997.

[56] Holtz-Eakin D, Newey W, Rosen H S. Estimating vector autoregressions with panel data[J]. Econometrica: Journal of the Econometric Society, 1988: 1371–1395.

[57] Hort K. On price formation and quantity adjustment in Swedish housing markets[J]. 1997.

[58] Hort K. Prices and turnover in the market for owner-occupied homes[J]. Regional Science and Urban Economics, 2000, 30(1): 99-119.

[59] Howlett M, Ramesh M. Policy subsystem configurations and policy change: Operationalizing the postpositivist analysis of the politics of the policy process[J]. Policy studies journal, 1998, 26(3): 466-481.

[60] Huchet M. Does single monetary policy have asymmetric real effects in EMU?[J]. Journal of Policy Modeling, 2003, 25(2): 151-178.

[61] Ihlanfeldt K R. The effect of land use regulation on housing and land prices[J]. Journal of Urban Economics, 2007, 61(3): 420-435.

[62] John P. Analysing public policy[M]. Bloomsbury Publishing, 1998.

[63] Jones C. Land use planning policies and market forces: Utopian aspirations thwarted ? [J]. Land Use Policy, 2014, 38: 573-579.

[64] Kallberg J G, Liu C H, Pasquariello P. On the price comovement of US residential real estate markets[J]. Real Estate Economics, 2014, 42(1): 71-108.

[65] Kasman B. A Comparison of Monetary Policy Operating Procedures in Six Industrial Countries[J]. Quarterly Review, 1992: 72-95.

[66] Kent C, Lowe P W. Asset-price bubbles and monetary policy[M]. Reserve Bank of Australia, 1997.

[67] Kingdon J W. Agendas, alternatives, and public policies (longman classics edition) [M]. London: Longman Publishing Group, 2002.

[68] Kohn D L. Monetary policy and asset prices revisited[J]. Cato J., 2009, 29: 31.

[69] Kontonikas A, Ioannidis C. Should monetary policy respond to asset price misalignments ? [J]. Economic Modelling, 2005, 22(6): 1105-1121.

[70] Kontonikas A, Montagnoli A. Optimal monetary policy and asset price misalignments[J]. Scottish Journal of Political Economy, 2006, 53(5): 636-654.

[71] Krantz D P, Weaver R D, Alter T R. Residential property tax capitalization: consistent estimates using micro-level data[J]. Land Economics, 1982, 58(4): 488-496.

[72] Kydland F E, Prescott E C. Rules rather than discretion: The inconsistency of optimal plans[J]. The Journal of Political Economy, 1977: 473−491.

[73] Lasswell H D. The decision process: seven categories of functional analysis[M]. Bureau of Governmental Research, College of Business and Public Administration, University of Maryland, 1956.

[74] Lastrapes W D. The real price of housing and money supply shocks: time series evidence and theoretical simulations[J]. Journal of Housing Economics, 2002, 11(1): 40−74.

[75] Leishman C, Bramley G. A local housing market model with spatial interaction and land−use planning controls[J]. Environment and Planning A, 2005, 37(9): 1637.

[76] Lemieux V. L' étude des politiques publiques: les acteurs et leur pouvoir[J]. Presses Université Laval, 2002.

[77] Levin A, Lin C F, James Chu C S. Unit root tests in panel data: asymptotic and finite−sample properties[J]. Journal of econometrics, 2002, 108(1): 1−24.

[78] Lin P, Fuerst F. The integration of direct real estate and stock markets in Asia[J]. Applied Economics, 2014, 46(12): 1323−1334.

[79] Ling Z, Hui E. Structural change in housing submarkets in burgeoning real estate market: A case of Hangzhou, China[J]. Habitat International, 2013, 39: 214−223.

[80] Logan J. Cycles and trends in the globalization of real estate[J]. The restless urban landscape, 1993: 35−54.

[81] Love I, Zicchino L. Financial development and dynamic investment behavior: Evidence from panel VAR[J]. The Quarterly Review of Economics and Finance, 2006, 46(2): 190−210.

[82] Malpezzi S, Chun G H, Green R K. New Place - to - Place Housing Price Indexes for US Metropolitan Areas, and Their Determinants[J]. Real Estate Economics, 1998, 26(2): 235−274.

[83] Malpezzi S, Mayo S K. Getting housing incentives right: a case study of the effects of regulation, taxes, and subsidies on housing supply in Malaysia[J]. Land Economics, 1997: 372–391.

[84] Malpezzi S. Housing prices, externalities, and regulation in US metropolitan areas[J]. Journal of Housing Research, 1996, 7: 209–242.

[85] Mankiw N G, Weil D N. The baby boom, the baby bust, and the housing market[J]. Regional science and urban economics, 1989, 19(2): 235–258.

[86] Manning C A. Explaining intercity home price differences[J]. The Journal of Real Estate Finance and Economics, 1989, 2(2): 131–149.

[87] Mayo S, Sheppard S. Housing supply under rapid economic growth and varying regulatory stringency: An international comparison[J]. Journal of Housing Economics, 1996, 5(3): 274–289.

[88] McCallum B T. Robustness properties of a rule for monetary policy[C]. Carnegie–Rochester conference series on public policy. North–Holland, 1988, 29: 173–203.

[89] Mishkin F S. Housing and the monetary transmission mechanism[R]. National Bureau of Economic Research, 2007.

[90] Monk S, Whitehead C M E. Evaluating the economic impact of planning controls in the United Kingdom: Some implications for housing[J]. Land Economics, 1999, 75(1): 74–93.

[91] Muth R F. The demand for non–farm housing, in" The Demand for Non–Durable Goods" (AC Harberger, Ed.)[J]. Chicago: University of Chicago Press, 1960.

[92] Netzer D. Economics of the property tax[J]. Washington: Blockings Inst., 1966.

[93] Nicholas T, Scherbina A. Real estate prices during the roaring twenties and the Great Depression[J]. Real Estate Economics, 2013, 41(2): 278–309.

[94] Nyblom J, Harvey A. Tests of common stochastic trends[J]. Econometric theory, 2000, 16(02): 176–199.

[95] Odom−Forren J, Hahn E J. Mandatory reporting of health care−associated infections: Kingdon' s multiple streams approach[J]. Policy, Politics, & Nursing Practice, 2006, 7(1): 64−72.

[96] Peng R, Wheaton W C. Effects of restrictive land supply on housing in Hong Kong: an econometric analysis[M]. Joint Center for Housing Studies, Harvard University, 1993.

[97] Persyn D, Westerlund J. Error−correction−based cointegration tests for panel data[J]. Stata Journal, 2008, 8(2): 232.

[98] Pesaran M H. A simple panel unit root test in the presence of cross - section dependence[J]. Journal of Applied Econometrics, 2007, 22(2): 265−312.

[99] Raymond Y C. Housing price, land supply and revenue from land sales[J]. Urban Studies, 1998, 35(8): 1377−1392.

[100] Ridde V. POLICY IMPLEMENTATION IN AN AFRICAN STATE: AN EXTENSION OF KINGDON' S MULTIPLE - STREAMS APPROACH[J]. Public Administration, 2009, 87(4): 938−954.

[101] Ridker R G, Henning J A. The determinants of residential property values with special reference to air pollution[J]. The Review of Economics and Statistics, 1967, 49(2): 246−257.

[102] Sabatier P A. Theories ofthe policy process[J]. Boulder, CO: Westview, 1999.

[103] Scherbina A, Schlusche B. Asset price bubbles: a survey[J]. Quantitative Finance, 2014, 14(4): 589−604.

[104] Schmidt C M. Policy evaluation and economic policy advice[J]. AStA Advances in Statistical Analysis, 2007, 91(4): 379−389.

[105] Shanahan E A, McBeth M K, Hathaway P L, et al. Conduit or contributor? The role of media in policy change theory[J]. Policy Sciences, 2008, 41(2): 115−138.

[106] Simon H A. The incidence of a tax on urban real property[J]. The Quarterly Journal of Economics, 1943, 57(3): 398−420.

[107] Smets F. Financial asset prices and monetary policy: theory and evidence[J]. 1997.

[108] Son J Y, Kim K H. Analysis of urban land shortages: the case of Korean cities[J]. Journal of Urban Economics, 1998, 43(3): 362–384.

[109] Taylor J B. Discretion versus policy rules in practice[C]. Carnegie–Rochester conference series on public policy. North–Holland, 1993, 39: 195–214.

[110] Toal W D. Regional impacts of monetary and fiscal policies in the postwar period: some initial tests[M]. Federal Reserve Bank of Atlanta, 1977.

[111] Tsai I. Housing affordability, self–occupancy housing demand and housing price dynamics[J]. Habitat International, 2013, 40: 73–81.

[112] Vargas–Silva C. Monetary policy and the US housing market: A VAR analysis imposing sign restrictions[J]. Journal of Macroeconomics, 2008, 30(3): 977–990.

[113] Wagner M, Hlouskova J. The performance of panel cointegration methods: results from a large scale simulation study[J]. Econometric Reviews, 2009, 29(2): 182–223.

[114] Weiner S. How information literacy becomes policy: an analysis using the multiple streams framework[J]. library trends, 2011, 60(2): 297–311.

[115] Westerlund J. Testing for error correction in panel data[J]. Oxford Bulletin of Economics and Statistics, 2007, 69(6): 709–748.

[116] Wetherilt A V. Money market operations and volatility in UK money market rates[J]. Bank of England Quarterly Bulletin, 2002, 42(4).

[117] White M, Allmendinger P. Land–use planning and the housing market: A comparative review of the UK and the USA[J]. Urban Studies, 2003, 40(5–6): 953–972.

[118] Wong S K, Yiu C Y, Chau K W. Trading volume–induced spatial autocorrelation in real estate prices[J]. The Journal of Real Estate Finance and Economics, 2013, 46(4): 596–608.

[119] Wu J, Adams R M, Plantinga A J. Amenities in an urban equilibrium model:

Residential development in Portland，Oregon[J]. Land Economics，2004，80(1): 19−32.

[120] YE L I N，WU A M. Urbanization，land development，and land financing: Evidence from Chinese cities[J]. Journal of Urban Affairs，2014，36(s1): 354−368.

[121] Zahariadis N. Ambiguity，time，and multiple streams[J]. Theories of the policy process，1999: 73−93.

[122] Zell S. Modern Sardine Management[J]. Real Estate Issues11，1986: 1−5.

[123] 艾明江，位鸣玉．中央政府与地方政府的利益相关性与政策冲突——基于房地产调控政策变迁的分析 [J]. 重庆工商大学学报（社会科学版），2013，30(1): 80−86.

[124] 白锐，刘洪科．我国城市拆迁政策变迁分析 [J]. 社会主义研究，2010 (4): 88−91.

[125] 柏必成．改革开放以来我国住房政策变迁的动力分析——以多源流理论为视角 [J]. 公共管理学报，2010，Vol.7(4): 76−85.

[126] 本杰明·M·弗里德曼，弗兰克·H·哈恩．货币经济学手册（第一卷)[J]. 北京: 经济科学出版社，2002.

[127] 毕亮亮．“多源流框架”对中国政策过程的解释力 − 以江浙跨行政区水污染防治合作的政策过程为例 [J]. 公共管理学报，2007，14(2): 36−41.

[128] 蔡冰菲．保障性住房建设中地方政府与中央政府的博弈分析 [J]. 社会科学家，2009(12): 40−43.

[129] 曹刚锋，徐佳伦．房地产市场博弈中银行行为对宏观调控的影响及对策 [J]. 国家行政学院学报，2010 (5): 119−123.

[130] 曹荣庆．论房地产市场宏观调控的“财政拐点”[J]. 经济理论与经济管理，2011(3):32−38.

[131] 曹振良．房地产经济学通论 [M]. 北京：北京大学出版社，2003.

[132] 曾晖．城市住宅价格时空分布规律研究 [D]. 南京林业大学，2012.

[133] 陈会广，刘忠原，张耀宇．房地产市场及其细分的调控重点区域划分理论

与实证——以中国 35 个大中城市为例 [J]. 资源科学，2012，Vol.34(10): 1871−1880.

[134] 陈庆云 . 公共政策分析 [M]. 北京：北京大学出版社，2006

[135] 陈胜 . 试析西方住房市场中的国家干预——一项社会学的考察 [J]. 中山大学学报 (社会科学版)，2007，47(4): 14−17.

[136] 陈水生 . 动机，资源与策略 : 政策过程中利益集团的行动逻辑 [J]. 南京社会科学，2012(5): 64−65.

[137] 陈涛，潘慧峰，樊夕 . 中国货币政策对房地产市场影响的理论与实证分析 [J]. 广东金融学院学报，2012，27(4): 14−24

[138] 陈伟 . 35 个大中城市房地产市场聚类分析 [J]. 城市开发，2006(1): 82−83.

[139] 程均丽 . 异质预期下的货币政策 : 相机还是承诺 [J]. 国际金融研究，2010 (3): 18−26.

[140] 戴国强，张建华 . 货币政策的房地产价格传导机制研究 [J]. 财贸经济，2009 (12): 31−37.

[141] 丹尼尔・F・史普博 . 管制与市场 [M]. 上海：上海人民出版社，1999.

[142] 丁晨，屠梅曾 . 论房价在货币政策传导机制中的作用——基于 VECM 分析 [J]. 数量经济技术经济研究，2007(11): 106−114.

[143] 丁聪，刘应宗 . 中国房地产市场政府调控政策的动态博弈分析 [J]. 西安电子科技大学学报 : 社会科学版，2012，22(3): 55−60.

[144] 丁烈云，袁本芳 . 制度设计社角下的本轮房地产宏观调控的特点 [J]. 商业研究，2008(8): 191−192.

[145] 丁任重 . 中国房地产业的调控效应与走势分析 [J]. 理论动态，2010 (11): 16−25.

[146] 丁悦，李崇明，丁烈云 . 均衡理论下房地产市场宏观调控政策分析 [J]. 统计与决策，2008(8): 48−51.

[147] 董志勇，官皓，明艳 . 房地产价格影响因素分析 : 基于中国各省市的面板数据的实证研究 [J]. 中国地质大学学报 : 社会科学版，2010，Vol.10(2): 98−103.

[148] 杜江，许多，李恒．中国大中城市地价对房价影响的实证研究 [J]. 重庆大学学报：社会科学版，2011，17(1): 30−34.

[149] 杜静，杨骋，李德智．基于系统动力学的住房保障和住房市场关系研究 [J]. 现代管理科学，2012(10): 46−49.

[150] 杜葵，孙俊玲．城市土地供应机制及模式优化研究 [J]. 昆明理工大学学报 (理工版)，2003，28(3): 125−127.

[151] 范广垠．我国房地产政策宏观分析的模型与方法——以 1998—2009 年房地产政策为例 [J]. 同济大学学报：社会科学版，2010，Vol.21(1): 118−124.

[152] 范俏燕．房地产市场的多方博弈和金融风险研究 [J]. 南方金融，2009(7): 12−15.

[153] 方重，梅玉华．论房产税改革对房地产市场的调控效应 [J]. 当代经济管理，2008，30(4): 87−89.

[154] 高炳华．住宅市场博弈分析 [J]. 华中师范大学学报 (人文社会科学版)，2008(3): 50−56.

[155] 高波，王先柱．中国房地产市场货币政策传导机制的有效性分析：2000−2007[J]. 财贸经济，2009(3): 129−135.

[156] 高波，王先柱．中国货币政策房地产行业效应的实证分析 [J]. 广东社会科学，2009(5): 25−33.

[157] 宫玉泉．土地供应政策与房地产市场 [J]. 宏观经济研究，2005 (7): 41−42.

[158] 顾斌．上海房地产市场政策变迁与持续发展研究 [D]. 同济大学，2006.

[159] 关静．政策变迁的理论与实践浅析 [J]. 行政与法，2012 (3): 25−28.

[160] 郭建波．世界住房干预理论与实践 [M]. 北京：中国电力出版社，2007.

[161] 郭树华，王旭．人民币汇率与房地产价格关联效应研究 [J]. 经济问题探索，2012(1): 32−37.

[162] 韩蓓，蒋东生．房地产调控政策的有效性分析 [J]. 经济与管理研究，2011(4): 42−46.

[163] 韩冬梅，屠梅曾，曹坤．房地产价格泡沫与货币政策调控 [J]. 中国软科学，2007(6): 9−16.

[164] 韩芳，陈彤．我国房地产市场宏观调控的变迁特征与演化机理分析——基于 2004－2010 年的政策实践 [J]. 城市发展研究，2011，18 (10): 74－77.
[165] 何溪明．房地产周期及其宏观调控政策研究 [D]. 南开大学，2010.
[166] 何晓群．多元统计分析 [M]. 北京：中国人民大学出版社，2008.
[167] 胡健颖，苏良军，金赛男，等．中国房地产价格有几成泡沫 [J]. 统计研究，2006 (1): 39－42.
[168] 胡晓添，濮励杰，潘捷．城市土地市场对房价的时空影响研究——基于南京与广州的比较分析 [J]. 江西农业大学学报，2006(5): 793－796.
[169] 淮建军，刘新梅，雷红梅，等．中国房地产市场管制中四大利益集团联盟的博弈分析 [J]. 系统工程理论与实践，2008(6): 30－37.
[170] 淮建军，刘新梅，雷红梅．我国房地产市场管制中四人联盟与对抗的博弈分析 [J]. 系统工程，2007，25(12): 34－41.
[171] 黄安仲．货币政策工具与中介目标选择：基于公开市场操作的研究 [J]. 财经论丛，2006(4): 48－54.
[172] 黄飞雪，王云．基于 SVAR 的中国货币政策的房价传导机制 [J]. 当代经济科学，2010，32(3): 26－35.
[173] 黄静，王洪卫．土地供给方式对房价的影响研究——基于面板误差修正模型的实证分析 [J]. 上海财经大学学报，2012，14(4): 90－97.
[174] 黄武军，许维胜，刘天虎，等．房地产开发商 Cartel 联盟合作博弈的稳定性分析 [J]. 计算机工程与应用，2009，45(26): 12－15.
[175] 黄武军，杨继君，吴启迪．基于指派博弈的房地产市场运行机制研究 [J]. 管理学报，2011，8(7): 1093－1096.
[176] 黄忠华，虞晓芬，杜雪君．土地供应对住房价格影响的实证研究——以上海市为例 [J]. 经济地理，2009，29(4): 624－627.
[177] 江其务．经济后转轨期的货币金融改革 [M]. 北京：经济科学出版社，2003.
[178] 姜丽宁，崔文田．不动产抵押贷款的博弈分析与机制设计 [J]. 预测，2009，28(6): 43－47.
[179] 金碚．房地产政策须有科学的认识基础 [J]. 经济研究信息，2007 (2): 45－46.

[180] 金相郁．20 世纪区位理论的五个发展阶段及其评述 [J]. 经济地理，2004，24(3): 294−298.

[181] 卡尔・E・瓦什．货币理论与政策 [M]. 北京：中国人民大学出版社，2001.

[182] 孔丹凤．中国货币政策规则分析——基于泰勒规则和麦克勒姆规则比较的视角 [J]. 山东大学学报：哲学社会科学版，2008 (5): 57−66.

[183] 孔行，刘治国，李国平，等．我国房地产市场的价格波动与宏观调控效应分析 [J]. 西安交通大学学报：社会科学版，2009，29(5): 28−35.

[184] 孔行．我国房地产价格形成机理与波动研究 [D]. 哈尔滨工业大学，2010.

[185] 孔煜，高波．中国房地产市场的量价波动关系——基于联立方程模型的实证分析 [J]. 中央财经大学学报，2012 (7): 66−73.

[186] 况伟大．房地产税，市场结构与房价 [J]. 经济理论与经济管理，2012(1): 10−19.

[187] 兰宜生．关于增加城市住房土地供应和降低房价的几点思考 [J]. 中国经济问题，2010 (3): 59−62.

[188] 李成，王彬，马文涛．资产价格，汇率波动与最优利率规则 [J]. 经济研究，2010 (3): 91−103.

[189] 李峰，高炳华．市场预期与房价关系研究——基于房地产市场异质有限理性预期的实证分析 [J]. 价格理论与实践，2012 (7): 43−44.

[190] 李建碧，姚林．中国房地产泡沫区域差异：基于因子分析的实证研究 [J]. 经济研究导刊，2010(21): 114−115.

[191] 李健，邓瑛．推动房价上涨的货币因素研究——基于美国，日本，中国泡沫积聚时期的实证比较分析 [J]. 金融研究，2011 (6): 18−32.

[192] 李凯．基于投资组合理论的房地产调控政策有效性分析 [J]. 统计与决策，2012 (8): 53−55.

[193] 李猛．对中国房地产调控措施的反思——基于货币政策的视角 [J]. 云南社会科学，2011 (1): 92−96.

[194] 李淑华，杨凌志．中国房地产市场宏观调控政策的频变根源 [J]. 经济导刊，2009(9): 92−93.

[195] 李因果，何晓群．面板数据聚类方法及应用 [J]. 统计研究，2010，27(9): 73−78.

[196] 李勇刚，高波．信贷约束对住宅市场的影响效应——基于动态面板模型的研究 [J]. 中南财经政法大学学报，2012(2): 93−99.

[197] 李正全．发达国家政府干预房地产市场的政策，演变趋势及其借鉴意义 [J]. 世界经济研究，2005(5): 63−67.

[198] 李中建．我国农民工政策变迁：脉络，挑战与展望 [J]. 经济学家，2011 (12): 70−76.

[199] 梁学平．我国财政政策变迁的路径依赖及其原因阐释 [J]. 中央财经大学学报，2007(10): 6−10.

[200] 林建永，薛艳杰，于辉．房地产业及其调控：微观经济学分析 [J]. 理论探索，2008(2): 87−91.

[201] 刘斌．最优货币政策规则的选择及在我国的应用 [J]. 经济研究，2003(9): 3−13.

[202] 刘旦．房产新政对房地产市场的影响——基于利益相关者博弈行为分析 [J]. 现代经济探讨，2010 (8): 38−41.

[203] 刘会洪．房地产宏观调控的政策误区——对我国 2003−2006 年房地产宏观调控政策的分析与思考 [J]. 经济体制改革，2007 (5): 157−160.

[204] 刘雷．房地产开发商与政府之间的博弈分析 [J]. 财经问题研究，2008(8): 103−106.

[205] 刘彤，杨海燕．基于消费者决策视角的 2010−2011 年土地政策导向分析——以四川房地产市场为例 [J]. 西南民族大学学报（人文社科版），2012(1): 109−113.

[206] 刘霞辉．我国房地产市场发展的几个问题——政府不应该干预房价吗 [J]. 经济学动态，2006 (6): 38−42.

[207] 刘玉峰，张亮，刘丹．我国房地产经济泡沫的形成机理与区域性特征 [J]. 重庆建筑大学学报，2004，26(4): 96−100.

[208] 龙奋杰，沈悦，刘洪玉，等．住宅市场与城市经济互动机理研究综述与展望 [J].

城市问题，2006(1): 44−51.

[209] 龙奋杰．中国主要城市住宅市场差异的经济分析 [M]. 北京：清华大学出版社，2008.

[210] 卢为民，于晓峰．土地政策在房地产市场调控中的作用 [J]. 城市问题，2010(2): 60−62.

[211] 卢为民．宏观调控中的土地政策传导机制 [J]. 浙江学刊，2010 (3): 188−191.

[212] 卢为民．土地政策与宏观调控 [M]. 北京：经济科学出版社，2008.

[213] 罗思东．城市区域理论及其政策导向 [J]. 厦门大学学报 (哲学社会科学版)，2011 (3): 1−8.

[214] 罗运阔，钟太洋．曾建玲．国有土地使用权双轨供应的社会成本 [J]. 江西农业大学学报 (社会科学版)，2003，2(2): 66−69.

[215] 马君潞，武岳．金融调控政策对房地产市场的影响 [J]. 财经科学，2008(2): 41−47.

[216] 迈克尔，豪利特．拉米什．公共政策研究——政策循环与政策子系统 [J]. 生活・读书・新知三联书店，2006.

[217] 孟彩云，王聪．房地产价格，泰勒规则与宏观经济调控——基于 2000—2010 年我国宏观经济数据的检验 [J]. 当代财经，2012(2): 59−68.

[218] 米切尔・黑尧．现代国家的政策过程，赵成根译 [M]. 北京：中国青年出版社，2004.

[219] 牟玲玲，李佩，陈立文．信息不对称条件下房地产市场博弈序贯均衡分析 [J]. 系统工程，2010 (9): 76−81.

[220] 欧阳珑．中国房市，股市与货币政策传导效应的实证研究 [J]. 兰州学刊，2009(10): 46−48.

[221] 彭鸿斌．北京市商品住宅价格研究 [D]. 重庆：重庆大学，2010.

[222] 平新乔，陈敏彦．融资，地价与楼盘价格趋势 [J]. 世界经济，2004(7): 3−10.

[223] 齐杏发．转型期地方政府重叠利益行为模式研究——以房地产调控为例 [J]. 华东经济管理，2012，26(5): 131−133.

[224] 秦岭，姚一旻．我国银行信贷与房地产价格关系研究 [J]. 经济社会体制比较，

2012(2): 188−202.

[225] 邱崇明，李辉文．房价波动，银行不稳定和货币政策 [J]. 财贸经济，2011(3): 116−122.

[226] 全诗凡，张洪．土地供应政策对房价的影响分析——基于空间面板计量的实证研究 [J]. 中国证券期货，2011(1): 32−33.

[227] 冉光和，郑久平．2003 年以来我国房地产调控政策的效果、问题与创新 [J]. 贵州社会科学，2010，252(12): 26−30.

[228] 任超群，张娟锋，贾生华．土地供应量对新建商品房市场的影响——基于 35 个大中城市的实证研究 [J]. 软科学，2011，25(5): 1−4.

[229] 邵挺，袁志刚．土地供应量，地方公共品供给与住宅价格水平——基于 Tiebout 效应的一项扩展研究 [J]. 南开经济研究，2010 (3): 3−19.

[230] 沈悦，刘洪玉．住宅价格与经济基本面：1995−2002 年中国 14 城市的实证研究 [J]. 经济研究，2004(6): 78−86.

[231] 施建刚，白庆华，戴金波．三种房地产估价方法相互关系的研究 [J]. 中国房地产，2000(10): 45−47.

[232] 石弘．政府在房地产调控中的角色错位与失位研究 [J]. 经济前沿，2007(12): 74−76.

[233] 宋旺，钟正生．我国货币政策区域效应的存在性及原因 [J]. 经济研究，2006(3): 46−58.

[234] 唐健，徐小峰．近年来房地产调控中的土地政策评析 [J]. 中国土地科学，2011，25(3): 9−15.

[235] 唐齐鸣，熊洁敏．中国资产价格与货币政策反应函数模拟 [J]. 数量经济技术经济研究，2009 (11): 104−115.

[236] 汪利娜．货币政策在房地产调控中的不确定性 [J]. 财经科学，2008(5): 1−9.

[237] 汪洋．中国货币政策工具研究 [M]. 北京：中国金融出版社，2009.

[238] 王刚．货币政策调控对房地产市场的影响研究 [D]. 西南财经大学，2010.

[239] 王光玉．中国城镇住房价格宏观波动及其微观机制研究 [D]. 西南交通大学，2008.

[240] 王军，聂规划 . 房地产开发商声誉与客户预期动态博弈研究 [J]. 武汉理工大学学报，2008，30(9): 151−153.

[241] 王来福，郭峰 . 货币政策对房地产价格的动态影响研究——基于 VAR 模型的实证 [J]. 财经问题研究，2007(11): 15−19.

[242] 王来福 . 预期，不可置信的承诺与政策失效——来自房地产行业的实证检验 [J]. 财经问题研究，2008(9): 56−62.

[243] 王鹏，王灿华 . 基于适应性预期的房地产价格驱动因素分析 [J]. 财贸研究，2012(4): 49−57.

[244] 王琴英 . 我国房价调控效应的区域比较分析 [J]. 价格理论与实践，2012 (9): 38−40.

[245] 王骚，靳晓熙 . 动态均衡视角下的政策变迁规律研究 [J]. 公共管理学报，2005，2(4): 26−30.

[246] 王松涛，刘洪玉，李真 . 韩国住房市场中的政府干预 [J]. 城市问题，2009(3): 82−89.

[247] 王松涛，刘洪玉 . 土地供应政策对住房供给与住房价格的影响研究 [J]. 土木工程学报，2009，42(10): 116−121.

[248] 王松涛，刘洪玉 . 香港住房市场中的政府干预及其启示 [J]. 城市问题，2008(5): 70−77.

[249] 王松涛，刘洪玉 . 以住房市场为载体的货币政策传导机制研究 [J]. 数量经济技术经济研究，2009 (10): 61−72.

[250] 王松涛，任荣荣，龙奋杰 . 住房市场的政府干预：来自新加坡的启示 [J]. 城市发展研究，2008，15(3): 121−127.

[251] 王松涛 . 中国住房市场政府干预的原理与效果评价 [J]. 统计研究，2011，28(1): 27−35.

[252] 王文斌 . 我国房地产价格波动形成机制及影响因素研究 [D]. 天津：南开大学，2010.

[253] 王先柱，赵奉军 . 房地产市场货币政策效应：基于我国 35 个大中型城市的实证分析 [J]. 经济体制改革，2010 (3): 157−161.

[254] 王晓芳，毛彦军，徐文成．我国房价在货币政策信贷传导渠道中的作用研究——基于 SVAR 模型的实证分析 [J]. 中央财经大学学报，2011 (6): 41-45.

[255] 王晓芳．运输政策变迁的制度分析 [D]. 北京：北京交通大学，2006.

[256] 王晓明．银行信贷与资产价格的顺周期关系研究 [J]. 金融研究，2010 (3): 45-55.

[257] 王妍．银行与房地产开发企业的动态博弈分析 [J]. 系统工程，2010 ，28 (12): 52-55.

[258] 王媛，贾生华．不确定性，实物期权与政府土地供应决策：来自杭州的证据 [J]. 世界经济，2012(3): 125-145.

[259] 王岳龙．地价对房价影响程度区域差异的实证分析——来自国土资源部楼盘调查数据的证据 [J]. 南方经济，2011 (3): 29-42.

[260] 王筝，王艺，仲伟周．房地产市场政府调控的效度分析和政策建议 [J]. 管理现代化，2010 (6): 41-43.

[261] 王子龙，许箫迪，徐浩然，等．房地产市场信息不对称的动态博弈 [J]. 系统工程，2008，Vol.26(12): 8-13.

[262] 望晓东，张效军，袁中友．房地产宏观调控政策绩效评价及相关思考 [J]. 经济体制改革，2008 (4): 163-167.

[263] 魏巍贤，原鹏飞．住房价格上涨的金融支持及检验——基于 VEC 模型的实证分析 [J]. 财贸研究，2009(2): 83-89.

[264] 魏玮，王洪卫．房地产价格对货币政策动态响应的区域异质性——基于省际面板数据的实证分析 [J]. 财经研究，2010，36 (6): 123-132.

[265] 魏玮．货币政策对房地产市场冲击效力的动态测度 [J]. 当代财经，2008(8): 55-59.

[266] 魏玮．货币政策对房价波动的区域异质性研究 [M]. 上海：复旦大学出版社，2011.

[267] 吴福象，姜凤珍．保障房、高档房与我国房地产市场调控——基于东中西三大地带省际面板数据的实证分析 [J]. 财经理论与实践，2012，33(5): 86-

90.

[268] 吴焕军．土地政策在房地产调控中的政策效果评价 [J]. 中南财经政法大学学报，2011(6): 23−27.

[269] 吴锦华．我国城市房价波动的区域性及调控 [J]. 中国金融，2012 (20): 74−76.

[270] 武康平，丑婷．从房地产市场看土地需求及对土地政策的建议 [J]. 经济经纬，2005(4): 57−60.

[271] 武康平，胡谍．房地产市场与货币政策传导机制 [J]. 中国软科学，2010 (11): 32−43.

[272] 武少俊．房地产调控——政府的责任与政策的导向 [J]. 金融研究，2007(3): 82−88.

[273] 夏明．从投入产出数据看房地产发展对我国经济的影响 [J]. 经济学动态，2009 (11): 11−15.

[274] 项卫星，李宏瑾．市场供求与房地产市场宏观调控效应——一个理论分析框架及经验分析 [J]. 经济评论，2007 (3): 110−115.

[275] 肖教燎，贾仁安，毛燕玲．土地调控政策：传导机制与理论命题 [J]. 江西社会科学，2010 (3): 182−187.

[276] 肖争艳，彭博．住房价格与中国货币政策规则 [J]. 统计研究，2011，Vol.28(11): 40−49.

[277] 谢百三，陈小明．我国房地产市场宏观调控的效果及其未来的政策取向 [J]. 当代财经，2006(10): 87−90.

[278] 谢平，罗雄．泰勒规则及其在中国货币政策中的检验 [J]. 经济研究，2002 (3): 3−12.

[279] 谢志岿，曹景钧．房地产调控：从行政控制到利益协调——目标替代的非正式规则与房地产调控模式转型 [J]. 公共行政评论，2012(3): 86−112.

[280] 辛园园，冯长春．基于 35 个大中城市的房地产市场区域划分和用地政策调控 [R]. 北京大学不动产研究中心课题成果，2011.

[281] 辛园园，杨子江．35 个大中城市住宅市场差异研究 [J]. 特区经济，2011 (10):

272−275.
[282] 邢毓静，朱元倩，巴曙松．从货币政策规则看中国适度宽松货币政策的适时退出 [J]. 金融研究，2009 (11): 49−59.
[283] 熊方军．我国房地产市场分类宏观调控研究 [D]. 电子科技大学，2008.
[284] 薛志勇．公众预期对我国房地产宏观调控政策影响分析 [J]. 北京行政学院学报，2012(3): 89−92.
[285] 薛志勇．预期对我国住房市场政策调控效果影响的实证分析 [J]. 城市问题，2012 (6): 63−67.
[286] 严金海．中国的房价与地价：理论，实证和政策分析 [J]. 数量经济技术经济研究，2006(1): 17−26.
[287] 杨柏国．溯源房地产调控失灵——以中央与地方关系为视角 [J]. 南方金融，2010 (3): 5−12.
[288] 杨德玲，林新奇．中国公共人力资源管理政策的演进与变迁：一个制度经济学的分析框架 [J]. 华中师范大学学报 (人文社会科学版)，2011(1): 53−57.
[289] 杨帆，卢周来．中国的 “特殊利益集团” 如何影响地方政府决策 − 以房地产利益集团为例 [J]. 管理世界，2010(6): 65−73.
[290] 杨继波．土地政策在我国房地产调控中的作用及问题研究 [J]. 建筑经济，2007 (3): 71−74.
[291] 杨立勋，王鹏．不同视角下中国通货膨胀率测度比较研究 [J]. 经济与管理，2011，25(11): 47−53.
[292] 杨璐璐．中国土地供给制度演进轨迹：文献综述及其引申 [J]. 改革，2012 (1): 24−32.
[293] 杨英杰．泰勒规则与麦克勒姆规则在中国货币政策中的检验 [J]. 数量经济技术经济研究，2002 (12): 97−100.
[294] 杨玉静，樊新安．基于心理契约的房地产购销进化博弈行为分析 [J]. 价值工程，2009(7): 100−102.
[295] 易成栋．中国房地产业的地区差异——基于第一次经济普查数据的实证研究 [J]. 经济地理，2007(6): 981−984.

[296] 易宪容．当前我国楼市利益主体的博弈分析 [J]. 中共中央党校学报，2009 (2): 35−40.

[297] 尹伯成．房价、调控与城市住房发展模式的转变 [J]. 东南大学学报（哲学社会科学版），2011，13(4): 73−77.

[298] 余凯．论我国房地产宏观调控的长效机制的构建 [J]. 城市发展研究，2008，15(5): 121−127.

[299] 袁鹏飞．政策变迁整合性分析框架构建研究——基于政策变迁影响因素的分析 [J]. 厦门大学，2009.

[300] 詹姆斯・E・安德森．公共决策 EM3. 唐亮译 [M]. 北京：华夏出版社，1990.

[301] 战友，王伟．经济基本面、住宅价格与居民住房支付能力——以区域差异为视角的面板数据模型估计 [J]. 经济问题探索，2008(9): 171−175.

[302] 张红利，林成．中国房地产市场的制度缺陷与调控政策选择 [J]. 统计与决策，2009(4): 55−56.

[303] 张红利，刘晓君．中国房地产业的可调控性辨析 [J]. 现代经济探讨，2011 (1): 36−39.

[304] 张泓铭．房地产宏观调控原理的基本思考 [J]. 社会科学，2003(9): 5−13.

[305] 张洪．我国城市土地供应政策的经济分析——以云南为例 [J]. 财贸经济，2007 (6): 91−97.

[306] 张晶，陈迅，张荣．地方政府与炒房者之间的微分博弈模型——政府抑制炒房的动态房产税率设计 [J]. 重庆大学学报（社会科学版），2011，17(4): 47−54.

[307] 张娟锋，刘洪玉，任超群．土地管制、市场价格与政策选择 [J]. 财贸经济，2012 (7): 110−117.

[308] 张丽文，张云泬，沈登民，等．限购令下房地产市场的多方博弈分析 [J]. 武汉理工大学学报（信息与管理工程版），2012，34(3): 387−389.

[309] 张农科．政府住房价格干预理论研究 [M]. 北京：中国经济出版社，2012.

[310] 张庆佳，林依标．土地有效供应对房价的影响分析 [J]. 福建论坛（人文社会科学版），2008(4): 22−23.

[311] 张涛，龚六堂，卜永祥．资产回报、住房按揭贷款与房地产均衡价格 [J]. 金融研究，2006 (2): 1−11.

[312] 张伟，李汉文．住房市场动态变化分析——对 2003 年来实施的房地产业宏观调控措施的评价 [J]. 财贸经济，2006 (5): 17−22.

[313] 张妍妍，朱方明．当前中国房地产市场调控的理性思考 [J]. 西南民族大学学报 (人文社会科学版)，2011(5): 148−151.

[314] 张永岳，张传勇，谢晖．我国房地产宏观调控政策效果评估初探——基于公共政策评估的视角 [J]. 上海经济研究，2010(12): 73−81.

[315] 张勇．改革开放后土地使用制度的重要成果——土地政策调控房地产市场的机理分析与评价 [J]. 北京社会科学，2008(5): 18−22.

[316] 张振华．增长联盟 : 分析转型期我国地方政府与经济利益集团关系的一种理论视角 [J]. 天津社会科学，2011 (1): 72−77.

[317] 赵德余．解释粮食政策变迁的观念逻辑 : 政治经济学的视野 [J]. 中国农村经济，2010 (4): 20−29.

[318] 赵进文，高辉．资产价格波动对中国货币政策的影响——基于 1994—2006 年季度数据的实证分析 [J]. 中国社会科学，2009 (2): 98−114.

[319] 赵昕东．中国房地产价格波动与宏观经济——基于 SVAR 模型的研究 [J]. 经济评论，2010 (1): 65−71.

[320] 郑兵云．多指标面板数据的聚类分析及其应用 [J]. 数理统计与管理，2008，27(2): 265−270.

[321] 郑大川，尹晓波．对中国房地产区域分类的探索——基于聚类分析的实证研究 [J]. 华东经济管理，2008，22(2): 52−54.

[322] 郑娟尔．基于 Panel Data 模型的土地供应量对房价的影响研究 [J]. 中国土地科学，2009，23(4): 28−33.

[323] 郑思齐，师展．“土地财政”下的土地和住宅市场 : 对地方政府行为的分析 [J]. 广东社会科学，2011 (2): 5−10.

[324] 郑卫．杭州市城市房屋拆迁补偿政策变迁 [J]. 中国土地科学，2010，24(2): 15−18.

[325] 周晖，王擎．货币政策与资产价格波动：理论模型与中国的经验分析 [J]. 经济研究，2009(10): 61−74.

[326] 周建军，代支祥．论房地产市场调控中的中央与地方政府的博弈 [J]. 财经理论与实践，2012，33(1): 78−82.

[327] 周建军，鞠方．房地产泡沫的虚拟经济决定论及其实证检验 [J]. 财贸研究，2008(3): 1−7.

[328] 周京奎．货币政策，银行贷款与住宅价格 [J]. 财贸经济，2005(5): 22−27.

[329] 周京奎．信念，反馈效应与博弈均衡：房地产投机泡沫形成的一个博弈论解释 [J]. 世界经济，2005(5): 21−27.

[330] 周晓蓉，李霞．中国住宅市场宏观调控政策效果的理论与实证分析 [J]. 宏观经济研究，2012(2): 23−29.

[331] 朱晨，岳岚，陈小华．英国住房规划调控研究及对我国的启示 [J]. 城市问题，2007(11): 91−96.

[332] 朱孟楠，刘林，倪玉娟．人民币汇率与我国房地产价格——基于 Markov 区制转换 VAR 模型的实证研究 [J]. 金融研究，2011 (5): 58−71.

[333] 朱媛玲．我国房地产市场价格区域差异的计量研究 [D]. 长春：吉林大学，2012.